O CAMINHO DO HERÓI COTIDIANO

Estratégias para Encontrar o seu Espírito Criativo

Lorna Catford, Ph.D.
Michael Ray, Ph.D.

O CAMINHO DO HERÓI COTIDIANO

Estratégias para Encontrar o seu Espírito Criativo

Ilustrações
NANCY ROSSER HUTCHINS

Prefácio
M. SCOTT PECK

Tradução
CECÍLIA CASAS

EDITORA CULTRIX
São Paulo

Título original: *The Path of the Everyday Hero – Drawing on the Power of Myth to Meet Life's Most Important Challenges.*

Copyright © 1991 Lorna Catford e Michael Ray.

Todos os direitos reservados. Nenhuma parte deste livro pode ser reproduzida ou usada de qualquer forma ou por qualquer meio, eletrônico ou mecânico, inclusive fotocópias, gravações ou sistema de armazenamento em banco de dados, sem permissão por escrito, exceto nos casos de trechos curtos citados em resenhas críticas ou artigos de revistas.

A Editora Pensamento-Cultrix Ltda. não se responsabiliza por eventuais mudanças ocorridas nos endereços convencionais ou eletrônicos citados neste livro.

Dados Internacionais de Catalogação na Publicação (CIP)
(Câmara Brasileira do Livro, SP, Brasil)

Catford, Lorna
O caminho do herói cotidiano : estratégias para encontrar o seu espírito criativo / Lorna Catford e Michael Ray ; ilustrações de Nancy Rosser Hutchins ; prefácio M. Scott Peck ; tradução Cecília Casas. -- São Paulo : Cultrix, 2006.

Título original : The path of the everyday hero.
3ª reimpr. da 1ª ed. de 1994.
ISBN 978-85-316-0440-9

1. Autoconfiança 2. Auto-estima 3. Conduta de vida 4. Criatividade 5. Felicidade 6. Realização pessoal I. Ray, Michael. II. Hutchins, Nancy Rosser. III. Peck, M. Scott. IV. Título

06-7286 CDD-158.1

Índices para catálogo sistemático:
1. Vida : Gerenciamento : Psicologia aplicada 158.1

O primeiro número à esquerda indica a edição, ou reedição, desta obra. A primeira dezena à direita indica o ano em que esta edição, ou reedição foi publicada.

Edição   Ano

4-5-6-7-8-9-10-11-12-13   07-08-09-10-11-12-13

Direitos de tradução para o Brasil
adquiridos com exclusividade pela
EDITORA PENSAMENTO-CULTRIX LTDA.
Rua Dr. Mário Vicente, 368 – 04270-000 – São Paulo, SP
Fone: 6166-9000 – Fax: 6166-9008
E-mail: pensamento@cultrix.com.br
http://www.pensamento-cultrix.com.br
que se reserva a propriedade literária desta tradução.

*A todos aqueles que ousam ser guiados
pelo seu espírito criativo;
suas vidas testemunham
a realidade do herói que existe em todos nós.
Vocês são os nossos mestres.*

Sumário

PRIMEIRA PARTE:	VIVER COMO UM HERÓI	15
Capítulo 1:	O Caminho do Herói Cotidiano	17
Capítulo 2:	Como Vai a Sua Luta?	27
Capítulo 3:	O Herói Cotidiano e o Processo Criativo	36
Capítulo 4:	A Jornada do Herói no Mito e na Vida Cotidiana	45
SEGUNDA PARTE:	OS DESAFIOS	63
Capítulo 5:	O Primeiro Desafio: Descubra e Persiga o Seu Verdadeiro Objetivo *Persival e o Santo Graal*	65
Capítulo 6:	O Segundo Desafio: Traga o Amor para a Sua Vida *A Bela e a Fera*	103
Capítulo 7:	O Terceiro Desafio: Viva Livre de Preocupações Aqui e Agora *O Camponês que Desposou uma Deusa*	135
Capítulo 8:	O Quarto Desafio: Conquiste o Equilíbrio Pessoal e Profissional *Teseu e o Minotauro*	173
Capítulo 9:	O Quinto Desafio: Descubra o Seu Caminho para a Prosperidade *Cinderela*	204
Epílogo:	Viva o Seu Próprio Mito	242

Agradecimentos

Escrevemos este livro porque constatamos que o mundo precisa saber que os verdadeiros heróis são os homens e as mulheres que vivem o cotidiano com ânimo compassivo, enchendo de alegria a própria vida e a do próximo. Escrever o livro para nós equivaleu, sem dúvida, à trajetória do herói. Não poderíamos tê-lo realizado sem o carinho, a sabedoria e os vivos exemplos heróicos de muitos aliados que encontramos ao longo do caminho.

Devemos muito aos nossos alunos da Universidade de Stanford, da Universidade Estadual de Sonoma, e a muitos grupos de trabalho, por terem inspirado, adotado e criticado a nossa obra. Agradecemos a M. Scott Peck por ter escrito uma introdução que descortinou para nós uma nova perspectiva a respeito desta tarefa. Unimo-nos para enviar o nosso afeto a Rochelle Myers, uma heroína de primeira linha, por sua liderança e visão ao instituir o curso de criatividade em Stanford. E à mágica de Sylvia Lorton que, enquanto revisávamos intermináveis versões do manuscrito, tornou possível o impossível. Desejamos, individualmente, agradecer aos nossos pais (que, por mais estranho que pareça, foram se tornando cada vez mais heróicos, à medida que envelhecíamos) por terem plantado as sementes de nosso heroísmo cotidiano e por serem nossos modelos face aos desafios.

Lorna deseja expressar toda a sua gratidão a Jean Houston, Atena encarnada, pelo incentivo que constituiu o seu esforço de transformação, essencial à jornada do herói, e ao gênio de Joseph Campbell, por seus ensinamentos ministrados em Esalen, anos atrás, e que suscitam tanta admiração. O espírito criativo do marido de Lorna, Bruce Robinson, alma-irmã e grande companheiro, está vivo nestas páginas, sob a forma de centenas de horas de TLC, consulta computadorizada, resumos e outros reclamos do caminho que conduz ao Monte Olimpo. Ao pequeno trapaceiro Amber Catford-Robinson, enviamos um grande beijo e muitas risadinhas gostosas por suscitar, ao mesmo tempo e sem despender o menor esforço, estímulo e desafio.

O trabalho de Michael deve-se à benevolência de Gurumayi Chidvilasananda. Como pode alguém agradecer-lhe? Que outra forma de fazer senão tentá-lo? Michael não conhece melhor exemplo de herói cotidiano que o de sua esposa, Sarah, que reúne coragem, sabedoria, amor e amizade sincera, fazendo de sua vida conjugal uma alegre aventura. O seu amor por ela está além das palavras – excetuando algumas. Michael agradece também à sua filha Sandy, por ela demonstrar como o heroísmo pode crescer e como os desafios podem ser enfrentados com elegância.

Queremos também consignar a nossa profunda gratidão e admiração à artista Nancy Rosser Hutchins que, com o encanto e a magia de sua arte, desenhou as ilustrações para as histórias do livro. Ao se ver diante da tarefa de criar com ilustrações, Nancy foi inspirada pela história "O camponês que desposou uma deusa" e, como o herói da história, Ivor, realizou com sucesso cada um de seus desenhos ao confiar na graça e na conscientização de cada momento presente.

A equipe de nossa editora, Jeremy P. Tarcher, Inc., foi a guardiã proverbial do tesouro, proporcionando-nos orientação e assistência no capítulo dos mitos. Onde mais encontrar editores e pessoal de produção que pesquisasse as múltiplas versões das histórias para que tivéssemos certeza das nossas interpretações? Nosso editor, Rick Benzel, encorajou-nos e incentivou-nos com inteligência, sabedoria e afeto. O próprio Jeremy pesquisou e analisou com entusiasmo cada faceta da obra. Jennifer Boynton, da produção, após receber de nós todos os insistentes pedidos para trabalhar além das horas de expediente, conseguiu, afinal, publicar o trabalho.

Para concluir, queremos agradecer a você por fazer uso deste livro. Ele emanou de nossos corações mas, sem você para transformá-lo em realidade, tudo não passaria de um sonho.

Muito, muito obrigado!

Prefácio

Este livro aparentemente poderia parecer mais uma obra ilusória de auto-ajuda. Não é. Trata-se, na realidade, de um livro tão profundo que, possivelmente, será capaz de abalar o mundo.

Capaz de abalar o mundo? O mundo na sua fase atual está, no que respeita à humanidade, correndo um grave risco. Para salvá-lo, é preciso que algo seja abalado, especialmente no que tange a certas ilusões humanas.

Se você pensar um pouco a respeito, verificará que o título deste livro, em si, já pode abalar. Uma de nossas ilusões humanas é a de que os heróis são os seres mais extraordinários que há, vivendo uma existência de glórias inauditas. Porém, sem mais nem menos, somos inseridos num novo conceito muito mais realista: o do herói cotidiano.

Ao lado de outros milhares de pessoas, eu e um dos autores, Michael Ray, estamos profundamente envolvidos nos trabalhos da Foundation for Community Encouragement (FCE). Essa fundação de utilidade pública e de fins educativos e não-lucrativos atua, sobretudo, por meio de grupos de trabalho, onde as pessoas aprendem a se comunicar umas com as outras, em níveis cada vez mais autênticos. São tarefas penosas. As pessoas não se "abrem" facilmente. No entanto, eu prossigo neste meu árduo empreendimento porque ele, paradoxalmente, me traz muita alegria. Uma das causas da minha alegria está no fato de que, nesses grupos, tenho o grato privilégio de testemunhar o que vim a denominar de "heroísmo rotineiro dos seres humanos".

Isso acontece quando as pessoas "se abrem" umas com as outras, deixam cair as máscaras e suas histórias reais emergem. São histórias de erros e de sofrimentos, de medo e de dor, de solidão e de isolamento. Há também histórias de realizações. Algumas vezes, a realização deriva apenas do fato de as pessoas estarem *presentes* durante o processo de realmente vencerem os seus medos e seu isolamento. São histórias de sobrevivência – de sabedoria adquirida a despeito das trevas, de vitória apesar das rejeições, de poder conquistado não obstante a opressão, de amor descoberto malgrado as feridas. Pouco a pouco constata-se que essas narrativas são mais do que histórias de sobrevivência, de cura além da expectativa, de crescimento contra os obstáculos... O homem desconhecido começa a ser visto como herói. E, por fim, homens e mulheres que antes haviam pensado em si mesmos, quando muito como seres comuns, começam a se ver como heróis.

De que modo? Assim: embora o homem (ou mulher) que cruzamos na rua seja, talvez, mais heróico do que ele se julga ser, não é suficientemente heróico. O mundo, tão necessitado de salvação, precisa *desesperadamente* de mais heroísmo ainda. Necessita, não de Napoleões, mas do herói cotidiano que equilibra o orçamento, que ama você a cada momento em que você esteja se sentindo cansado e irritadiço, o tipo de heroísmo capaz de proclamar que o rei está nu, mesmo quando todas as redes de televisão apregoam o contrário.

Depois de um certo ponto não podemos nos tornar ainda mais heróicos, a menos que compreendamos que somos heróis e que já estamos percorrendo a trajetória do herói. Não basta sermos heróis inconscientes. Para exercer com maior vigor a nossa capacidade de heroísmo precisamos admitir, antes de tudo, que já possuímos essa capacidade. Em outras palavras, precisamos conscientemente identificar-nos como heróis. E este é o segundo aspecto deste livro capaz de abalar tanto o mundo (leia-se salvar o mundo): ele não só abre os nossos olhos para a realidade do heroísmo cotidiano, como nos concita a reconhecer a nossa identidade de heróis.

Essa aceitação não ocorre facilmente. Os seres humanos parecem carrear o desejo inato de querer que outros, em vez deles, sejam os heróis. Acredito que isso é devido ao trabalho que dá. Sob muitos aspectos, é muito mais cômodo pensar em nós como pessoas comuns. Portanto, não é de se esperar – não é mesmo? – que toquemos sem rodeios num assunto tão impopular, que o lembremos quando é muito menos penoso esquecê-lo, que ergamos um peso do qual outros nem tenham conhecimento, que suportemos uma carga que uma outra pessoa (talvez um herói *verdadeiro*) possa suportar.

Permitam-me ilustrar o problema recontando uma experiência que tem raízes na minha tradição cristã. Eu acredito que fiéis de outras religiões tenham tido experiências idênticas. De qualquer forma, não há muito tempo, eu era um dos seiscentos participantes – virtualmente todos cristãos, escritores, clérigos, teólogos ou terapeutas – de uma conferência profissional sobre espiritualidade e cura, em que Harvey Cox, teólogo de Harvard, fazia uso da palavra. Ele estava nos brindando com uma magnífica interpretação de uma das mais impressionantes páginas de cura do Novo Testamento. Nela, Jesus é abordado por um homem muito rico, extremamente preocupado, que lhe pede que o acompanhe e salve a sua filha doente, em estado grave. No caminho, no entanto, uma pobre mulher surge na multidão e aproxima-se furtivamente de Jesus para tocar-lhe o manto, a fim de se curar de uma hemorragia crônica. Em vez de se zangar, Jesus parou, não só para curá-la, como para enaltecê-la. A seguir vai para a mansão do homem rico, onde a família está em prantos pelo fato de Jesus ter se atrasado e a menina estar morta. Jesus determina que os familiares se calem e que o deixem a sós com a criança. Depois que todos saíram, Jesus ordena à menina que acorde – e ela obedece; então a leva à sua família, sugerindo que lhe dêem algo para comer.

Em meio à palestra, o professor Cox pediu aos membros da audiência que se sentissem identificados com os personagens da história, que se levantassem. A grande maioria identificou-se com a mulher que sofria de hemorragia ou com o pai preocupado ou com a menina. Porém, quando interrogados, somente seis (eu inclusive), admitimos que nos identificávamos com Jesus.

Neste ponto existe algo de seriamente errado. Eu sei de outros que não se ergueram por acharem que pareceria arrogante fazê-lo. Mas isso, em si, constitui um equívoco, uma vez que as pessoas não querem parecer arrogantes por fazerem exatamente aquilo que a sua religião dita. Considerando que Cristo é, supostamente, o nosso herói, que um dos mais famosos clássicos do Cristianismo se intitula *A Imitação de Cristo*, como é que somente uma, em cem pessoas que se dizem cristãs, deseja publicamente identificar-se com Cristo? Não é a identificação com Cristo muito do que o Cristianismo pressupõe? O problema, na minha opinião, não está tanto numa falha dos cristãos, mas num problema humano. É mais fácil adorar os heróis do que imitá-los.

E mais, seja qual for a sua religião, este livro o abalará, não só por propor a realidade do heroísmo cotidiano mas por insistir, mesmo causando medo, em encorajar-nos a aceitar essa realidade e a superar a nossa relutância muito humana em sermos consagrados e em assumir nossa verdadeira identidade de heróis. E, finalmente, ele abala por preconizar um certo tipo de sofrimento.

Sim, mais um ídolo destruído. Felizmente! Os autores são, na verdade, heróis destemidos, por apregoarem algo tão chocante à nossa cultura – que abjura a dor – como abençoar todo tipo de sofrimento.

Nem os autores nem eu somos amantes da dor. Se tenho uma dor de cabeça, a primeira coisa que faço, ao ter oportunidade, é ir até a cozinha e tomar duas doses superpotentes de Tylenol. Não vejo nenhuma virtude nessa dor de cabeça, tanto no que me diz respeito quanto à pessoa que estou tentando atender no meu consultório. Como médico, considero a dor como inimiga – um sofrimento inútil e desnecessário infligido a mim ou a outras pessoas. Observem, porém, a ressalva – um certo sofrimento é necessário e construtivo!

Em todos os capítulos deste livro você deparará com um desenho em forma de U. Seu significado é incrivelmente simples: os pontos superiores simbolizam o plano elevado, lugares em que, por inocência ou por sabedoria nós nos sentimos bem, e onde a vida parece fácil. Entre eles, porém, existe uma curva bem pronunciada. O que simboliza? – O fundo do poço. Muitas vezes haverá um gráfico mostrando que, para ir de uma extremidade a outra do U, teremos de passar pelo fundo do poço.

Os poços são diferentes a cada turno. Podemos permanecer neles por horas, dias, semanas, meses ou anos. São mais profundos em certas ocasiões que em outras. (Se forem bastante fundos ou se exigirem de nós um tempo demasiado, você deverá suspeitar que pode estar encalhado em algum ponto, precisando de ajuda profissional para safar-se – e um pouco dessa dor talvez seja desnecessária. Não é proveitoso deixar de levar os poços a sério.) Eles podem estar apenas apontando um erro. Ou só aparentando uma crise da meia-idade. Ou outra coisa qualquer. Mas os poços existem. Sempre machucam. Sempre carreiam um certo grau de depressão.

Os autores pretendem aqui dignificar a crise e a depressão. Elas constituem uma parte essencial, normal, necessária e *saudável* da jornada do herói. Isso pode soar como uma notícia má para aqueles que cultivam a ilusão americana de que a vida deve ser fácil, de que a saúde mental se caracteriza pela ausência de crises e de que alguma coisa deve estar errada com você se você se sentir, o mínimo que seja, deprimido. Mas significará boas novas para os mais realistas, capazes de questionar a sua própria sanidade ao acreditarem que deve existir algo mais na vida do que permanecer infalivelmente felizes, gozarem de um tranqüilo conforto e serem indiscutivelmente espirituosos. Significará boas novas também para algumas pessoas que estejam no fundo do poço. Pode levá-las a suspeitar, com razão, que a sua noite escura particular esteja associada a um supremo esforço de desenvolvimento psicoespiritual – com uma vibração despertando as suas almas.

O que se traduz em boas novas para todos nós. O suprimento de heróis jamais igualará a demanda, e a demanda parece extremamente aguda neste momento. Você é importante! Venha tomar parte na jornada. Você é muito mais necessário e querido do que imagina!

Dr. M. Scott Peck

PRIMEIRA PARTE

VIVER COMO UM HERÓI

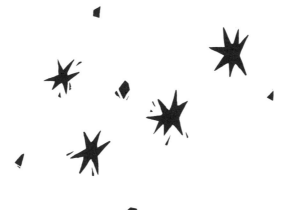

1

O Caminho do Herói Cotidiano

Sua vida parece bem-sucedida, mas você, às vezes, não tem o pressentimento de que ela poderia ser vivida de uma forma mais completa? Acaso não anseia por um sentimento de mais cordialidade e harmonia, ou percebe num repente que há, neste planeta, muito mais a caminhar do nascimento à morte, muito mais do que você já caminhou?

Encontrei o meu herói: sou eu!

George Sheehan

Alguma vez já se sentiu atado a uma existência que não está, em absoluto, correspondendo à maneira que você esperava? Desejou, alguma vez, encontrar a varinha de condão que transformaria seus conflitos e frustrações diárias em gloriosas aventuras heróicas com final feliz?

Ou a sua vida vai indo bem, exceto quanto a um determinado aspecto? Talvez, no íntimo, você deseje ardentemente uma afeição sincera, ou as responsabilidades profissionais ameacem destruir a sua vida particular, ou não tenha encontrado uma ocupação realmente importante, que faça a sua vida digna de ser vivida...

Se puder se enquadrar em qualquer uma dessas situações humanas, aliás muito normais, entenderá o que Peggy Lee quis dizer com a canção *"Is that all there is?"* ["É tudo o que há?"] Você sabe que o brilho de um objetivo há muito perseguido, uma vez alcançado, pode se ofuscar. Sabe que a vida é mais que a conquista de um propósito particular: é uma jornada ao pico das montanhas, uma queda em abismos aparentemente insondáveis e novamente a ascensão.

Este livro convida-o a tomar um novo rumo. Ele parte do princípio de que todos nós, conscientes ou não, estamos em marcha, traçando um caminho para nossas vidas. Por ter consciência do seu caminho, em vez de uma destinação ou meta específicas, você pode viver cada dia da sua vida com mais alegria, com maior intuição, maior vontade, ânimo e compaixão. *O Caminho do Herói Cotidiano* mostra como, a cada momento,

> *O dicionário é o único lugar em que o sucesso antecede o trabalho.*
>
> Arthur Brisbane

você pode ser um herói a seus próprios olhos. E o segredo é que, se você pode ser um herói para si mesmo, poderá dar o melhor de si para o próximo e para o mundo.

Este livro oferece, especificamente, um curso personalizado para o desenvolvimento de um maior poder pessoal e de realização, apresentando um sistema prático de criatividade destinado a solucionar cinco importantes desafios da vida adulta. Ele o ajuda a encarar esses desafios, não como obstáculos, problemas ou fracassos, mas como testes da grande escola da vida, como oportunidades para invocar e usar uma sabedoria e um poder pessoal que você talvez ainda não sabe que possui. Este livro lhe oferece os instrumentos de que necessita se – segundo as palavras do mitólogo Joseph Campbell – desejar "ir em busca da felicidade e sentir, realmente, a alegria de viver".

O que significa viver como herói

> *Os heróis surgem, sob todas as formas e dimensões,*
> *fazendo em suas vidas sacrifícios especiais pelo próximo.*
> *Ninguém lhes dá medalhas; o mundo não sabe os seus nomes.*
> *Mas aos olhos de alguém são, assim mesmo, heróis.*
>
> Paul Overstreet

Quando nos referimos ao herói cotidiano, empregamos o termo *herói* para significar o homem ou a mulher que, segundo a definição do dicionário Webster, é o "personagem que desempenha o papel principal em qualquer acontecimento ou ação importante". Na nossa opinião, essa "ação importante" consiste, simplesmente, na capacidade de invocar o nosso espírito criativo para que ele nos guie na vida. Assim, os heróis cotidianos são os homens e mulheres que encontraram e estão manifestando o seu espírito criativo. Acreditamos que quase todas as pessoas podem fazê-lo, se abrirem os olhos e o coração para essa possibilidade.

Viver como herói não deixa de ter os seus altos e baixos. Isso faz parte da natureza do caminho do herói cotidiano. De fato, é justamente para administrar esses percalços que você precisa ser heróico. Mas como aprender a fazê-lo? O segredo está no próprio caminho. Se adotar uma atitude heróica para solucionar os desafios, você se habilitará a encarar tudo o que lhe acontecer na vida como uma lição que irá guiá-lo, com mais profundidade, à fonte da criatividade, com todos os seus benefícios.

O trabalho pioneiro do poeta Robert Bly, do mitólogo Joseph Campbell, da psicóloga Jean Houston, além de outros, mostra como o modelo da jornada do herói, descrito nos mitos, nos contos de fadas e no folclore, equivale a um mapa arquetípico que leva à superação das barreiras que encontramos no nosso caminho. Esse trabalho afirma que os homens e as mulheres são seres completos e complexos, vivendo, simultaneamente, no mundo exterior das responsabilidades cotidianas e também (mesmo que nem sempre prestemos atenção a isso) nas sutis esferas interiores da psique humana. Viver uma vida criativa pode comparar-se à jornada do herói mítico, iniciada de forma bem pouco heróica mas que, no transcorrer da marcha por uma estrada crivada de provas através das quais terá que chegar a novos páramos de sensibilidade, perícia ou sabedoria, sofre uma transformação.

A jornada do herói, da qual falamos aqui, diz respeito à nossa transformação interior e à subseqüente transformação de nossa vida exterior, ao aprendermos a ativar nossos recursos criativos ocultos e a entrar em contato com as forças transcendentais que nos apóiam. À medida que, nesse sentido, nos tornamos heróicos, aprendemos a encarar de maneira diferente os nossos desafios, os quais, conseqüentemente, perdem o seu poder sobre nós. Tanto Bly como Campbell e Houston enfatizam que, sendo a metáfora e a história a linguagem pela qual compreendemos a psique e a sua relação com a nossa experiência pragmática diária, existe um enorme valor em pensarmos em termos de jornada heróica ao enfrentarmos o desafio de viver uma vida criativa.

O verdadeiro herói enfrenta os desafios de uma forma especial. Ser herói é estar apaixonadamente comprometido com o transcurso de alguma ação. Se você voltar o olhar para os grandes momentos da sua vida, verá que muitos deles resultaram de situações que, a princípio, pareceram impossíveis ou mesmo aterrorizantes. Lembre-se, por exemplo, do primeiro encontro com a sua namorada, do seu primeiro emprego, do seu primeiro salto para mergulhar ou da primeira vez em que você saiu andando de bicicleta. Você assumiu consigo mesmo o compromisso de fazê-lo. A natureza heróica desse compromisso o apoiou. Como Goethe dizia:

> Com referência a todos os atos de iniciativa e de criação existe uma verdade fundamental – cuja ignorância destrói incontáveis idéias e magníficos planos: a de que, desde o momento em que uma pessoa assume um compromisso de forma definitiva, a Providência também o assume. Todas as coisas contribuem para concretizar o que, de outra forma, jamais teria ocorrido.

Ser herói é estar comprometido, no mais alto sentido possível, com a jornada da vida. Consiste em acreditar que podemos encontrar o caminho que nos conduzirá além do que parecem ser abismos insondáveis para o cume do Monte Olimpo, morada dos deuses míticos. Consiste em descobrir a nossa natureza divina – essa fonte poderosa, criativa que cada um de nós traz dentro de si – e de viver de acordo com ela.

*Estarei dizendo isto com um suspiro,
Em algum lugar, a séculos e séculos que ainda hão de vir:
Duas estradas se bifurcavam num bosque, e eu –
eu segui pela menos trilhada,
e isso fez uma grande diferença.*

Robert Frost

Não deixaremos de explorar e, ao término da nossa exploração deveremos chegar ao ponto de partida e conhecer esse lugar pela primeira vez.

T. S. Eliot

Ser herói não é a mesma coisa que estar em conflito e em competição com os outros. Bem ao contrário. O herói de que falamos é um guerreiro pacífico, englobando tanto as assim chamadas qualidades femininas de proteção como as masculinas de força e afirmação. O caminho do herói cotidiano é, como um de nossos amigos o chama, o caminho do envolvimento desapegado. Quando você o percorre, você certamente se diverte com os desafios da vida e se alegra com a marcha, não estando, porém, apegado aos resultados, sobrecarregado com a idéia de acreditar neles – embora você venha, provavelmente, a ganhar mais créditos pela obtenção de resultados cada vez mais positivos.

Ao procurar – e encontrar – a sua criatividade interior, o herói poderá reconhecê-la no próximo e vir a se constituir, portanto, no último jogador da equipe. Um espírito de comunidade, na mais autêntica acepção da palavra, ocorre com as pessoas que, na vida, participam dessa jornada de heróis.

Nos últimos cinco anos, um maior número de educadores, psicólogos, escritores e assessores de empresa tem introduzido em seu trabalho a idéia da vida como uma jornada de herói. Isso tem demonstrado, amiúde, ser um catalisador de profundas mudanças pessoais naqueles que a adotaram, resultando num aumento de auto-realização e domínio dos desafios, em escala pessoal e profissional. Temos trabalhado com esse modelo junto a nossos alunos, clientes e junto a nós mesmos, durante os últimos quinze anos. Temos visto pessoas passarem por uma notável mudança de atitude, de confiança, e terem sucesso quando começam a viver suas vidas como se fossem heróis, sobretudo ao enfrentarem os cinco desafios apresentados nesta obra. Este livro foi desenvolvido de tal forma que a solução a que você chegar, quanto a qualquer desses desafios, equivalerá a uma versão resumida da própria jornada do herói.

O que significa viver com criatividade

Se você é como a maioria das pessoas, poderá se assustar com a palavra criatividade aplicada a si mesmo. Na nossa sociedade, parece que usamos essa palavra somente para pessoas geniais ou que estejam ligadas ao mundo das artes. Porém, estamos tratando neste livro de algo que você já experimentou muitas vezes na vida, embora não tenha percebido o suficiente para senti-lo como uma parte fundamental da sua jornada. É algo que acontece todos os dias, algo bem *corriqueiro*: a criatividade real da vida e de uma vida real.

Se você, alguma vez, contemplou o rosto de uma criança recém-nascida – sobretudo se gerou essa criança –, então sabe o que é criatividade. Você foi criativo quando foi bem-sucedido no trato com um cliente difícil ou quando encontrou o presente perfeito para a pessoa que você ama. Criatividade é o que você sente quando acerta uma jogada perfeita no tênis ou no golfe – não pelo fato de a bola ter caído num determinado lugar ou pelo fato de você vencer ou não a partida, mas devido à sensação e à experiência de ter feito uma boa jogada.

> *O homem comum está envolto na essência heróica que rege o mundo.*
>
> Sam Walter Foss

Você está sendo criativo quando, no estado que os psicólogos chamam de estado de *fluência*, e os atletas de *"psique"*, você fica tão absorto na sua atividade que, nesse momento, qualquer coisa fora dela simplesmente deixa de existir: o surfista sobre as ondas, o esquiador na rampa, o cantor na canção.

Criatividade é despertar pela manhã e se sentir excitado pela perspectiva de um novo dia. Você está sendo criativo quando faz uma contribuição, quando coopera com o mundo de uma forma importante para si próprio, quando seu trabalho está ligado a algo que lhe agrada tanto que, mesmo sendo muito bem remunerado, você, secretamente, estaria disposto a pagar por esse privilégio.

Você, no passado, agiu com criatividade quando fez com que as preocupações e temores se esvanecessem; quando tomou, confiante, as decisões certas; quando produziu muito, com o mínimo esforço; quando sentiu coerência e interconexão na sua comunicação com terceiros; quando a sua vida lhe pareceu mais significativa e florescente. Em certos momentos, você chegou a sentir o verdadeiro êxtase da vida.

Em suma, você está sendo plenamente criativo sempre que age de acordo com a sua alma, com o seu eu, com a sua essência interior – de acordo com a parte mais elevada, mais completa do seu ser, a parte em que você pensa quando percebe que detém muito mais potencialidade do que tem revelado ao mundo. Essa sua faceta pode demonstrar intuição, vontade, alegria, benevolência e vigor ilimitados, e realmente o faz. A criatividade é um dom que todos recebemos ao nascer. Podemos mostrar a nossa gratidão por esse presente, reconhecendo-o e, conseqüentemente, desenvolvendo o seu poder. Trazer à luz a própria e incomparável marca da criatividade e incorporá-la à sua vida e ao mundo poderá ser a coisa mais importante que lhe caiba fazer.

A jornada deste livro se refere à busca de como expressar o seu eu superior na vida de todo dia. Agora mesmo, nestes tempos de alta tecnologia, nossas máquinas, nossos negócios, nosso trabalho profissional e nossa própria qualidade de vida são o que são por obra dos homens. Se não gostamos do que fizemos, se sentimos que ainda há muito a caminhar, só

Herói, portanto, é o homem, ou a mulher, capaz de lutar e vencer suas limitações pessoais e históricas do dia-a-dia.

Joseph Campbell

poderemos proporcionar uma vida melhor a nós mesmos e ao resto da humanidade se apelarmos aos nossos recursos humanos para resolver esses desafios. A exemplo dos cruzados do rei Artur, na busca do Santo Graal, nossa jornada é motivada pelo fato de que a busca nunca tem fim e é feita de aventuras sem conta que podem nos enriquecer pessoalmente e aprofundar o nosso entendimento da vida e de nós mesmos. Este é o único caminho que vale a pena percorrer no mundo de hoje.

Como usar este livro

Cada capítulo deste livro procura inspirar novas formas de você se relacionar com a vida e com o universo. Os quatro primeiros capítulos preparam-no para a jornada do autodesenvolvimento. No Capítulo 2, você irá determinar qual dos cinco desafios da vida adulta está, neste momento, despertando a sua natureza oculta de herói. No Capítulo 3, explicamos o que queremos dizer com a idéia de viver com criatividade e, no Capítulo 4, cuidamos do conceito da jornada do herói. Cada um dos Capítulos de 5 a 9 trata de uma pequena jornada heróica e diz respeito a um determinado desafio de grande importância na vida, servindo-nos da linguagem do mito e da metáfora. Primeiramente, recontamos a lenda ou a história que capta a forma de solucionar esse desafio especial. Então verá como certos aspectos do livro refletem características da sua situação atual. Você se acostumará a viver segundo um lema que resume a mensagem vital do capítulo e se dedicará a atividades e exercícios que, no que concerne a esses desafios, lhe darão acesso a seus recursos – ainda ocultos – de criatividade. Para avaliar o seu aproveitamento quanto ao uso deste livro, recomendamos que faça anotações diárias do progresso alcançado na solução dos respectivos desafios, antes e depois de ter completado a jornada, ao longo de cada capítulo.

Neste livro, você participará da jornada do herói por meio de algumas das mais profundas histórias de todos os tempos. São contos que lhe proporcionarão o mesmo tipo de percepção e de energia que os melhores sonhos lhe podem oferecer; eles atingem uma profunda sabedoria e grau de coragem que você, possivelmente, nem sabe que possui. Eles tocam uma verdade que transcende o indivíduo, o espaço e o tempo. Mesmo um conto tão conhecido como *Cinderela* pode ser esclarecedor quando lido e examinado à luz de um desafio crítico-existencial. Uma vez liberada essa energia, os exercícios se transformam em aventuras ao longo do seu caminho de herói, para que tome conhecimento de cada desafio.

No Capítulo 4, o conto folclórico intitulado *A Bela Adormecida* apresenta você à riqueza e aos benefícios da metáfora que simboliza a jornada do herói, enquanto elementos da história ilustram os diferentes aspectos dessa marcha universal.

No Capítulo 5, você seguirá rumo ao esclarecimento de seu objetivo na vida, usando a lenda de Persival e do Santo Graal, que integra a saga do rei Artur. Você verá quais os fatores que impedem Persival (que representa você) de reconhecer e ir no encalço do seu verdadeiro objetivo e depois notará a transformação à medida que o seu eu vai evoluindo. Como em todos os capítulos anteriores, os exercícios transferem temas da história para o contexto da sua própria vida.

Uma vida não questionada não merece ser vivida.

Platão

No Capítulo 6, o seu esforço no sentido de desenvolver relações afetivas tem início com o conto *A Bela e a Fera*, no qual você vê que os personagens do título retratam diferentes aspectos de você mesmo, nos seus relacionamentos. Os exercícios que seguem o encorajam a analisar o significado simbólico de cada personagem e a considerar a possibilidade de novos relacionamentos.

Sua jornada rumo a uma vida finalmente livre de preocupações tem início no Capítulo 7, com uma história muito menos conhecida, intitulada *O Camponês que Desposou uma Deusa*. Por meio de concentração e de confiança, tanto em seus próprios recursos criativos como na graça transcendental que parecia emanar de sua mulher, o camponês torna-se literalmente capaz de mover montanhas. Os exercícios contidos neste capítulo oferecem-lhe uma série de modos de aprender a fazer o mesmo – metaforicamente – na sua própria vida.

Para enfrentar o desafio de contrabalançar tanto o lado pessoal como o profissional de sua vida, você será ajudado pelo mito grego de Teseu, no Capítulo 8. Você então aprenderá como permanecer em estado de alerta quanto a esses dois aspectos da sua vida e os exercícios lhe mostram diversas formas de fazê-lo.

No Capítulo 9, você ficará surpreso ao ver que refletir sobre a história de Cinderela pode ajudá-lo a compreender a prosperidade de um ponto de vista histórico. Depois de descobrir aspectos seus em Cinderela e em suas meias-irmãs, você estará em condições de analisar o que realmente confere à sua vida um rico sentido de valor.

Existem diversas formas de você usar este livro. Você poderá lê-lo do começo ao fim e depois fazer os exercícios correspondentes a cada desafio, como uma espécie de sintonização psicológica; poderá usá-lo como um curso de cinco semanas para ser feito em casa; ou então ler os quatro primeiros capítulos e seguir diretamente para o capítulo que diga respeito ao desafio de maior importância para você, no momento. Faça como achar melhor.

> Eu nunca viajo sem o meu diário. A gente precisa sempre ter algo de sensacional para ler no trem.
>
> Oscar Wilde

Qualquer que seja a sua escolha, recomendamos com ênfase que despenda uma semana ou mais com cada capítulo sobre os desafios específicos que a vida apresenta, a fim de assimilar-lhe as idéias, fazer os exercícios e ter tempo para refletir sobre as suas descobertas. Ganhará muito mais com isso do que se apenas ler os capítulos sem fazer os exercícios. Seria um pouco como ler um livro de receitas sem cozinhar ou provar a comida: a verdadeira satisfação não está realmente aí.

Também incluímos aqui alguns exercícios de meditação. Você poderá ler cada um deles várias vezes, até assimilá-los, e então deixar o livro de lado e fazer o exercício, ou pedir a um amigo que leia a meditação para você. Como alternativa, muitas pessoas gravam as instruções enquanto as lêem, obedecendo a um ritmo compassado, e depois as ouvem. Esta é uma forma sobretudo relaxante de fazer os exercícios de meditações e de facilitar a sua repetição.

Se você descobrir um exercício ou um tipo de atividade que lhe sejam particularmente proveitosos, não hesite em adaptá-los e em aplicá-los a outras situações da sua vida. A premissa maior deste livro consiste em você usá-lo da forma que melhor lhe aprouver. Siga o conselho de Jean Houston: "Dê um jeitinho, mas que esse jeitinho signifique algo para você."

Você também pode escrever um diário para anotar as suas respostas a essas atividades. Embora esses exercícios possam ser feitos diretamente no livro, um diário lhe proporcionará uma reflexão, uma anotação e uma ilustração mais completas. Com um diário desse tipo, começará a surgir uma sinergia entre as várias coisas que você registra. É melhor ter um caderno próprio para esse fim do que usar folhas avulsas para fazer os exercícios.

Como ser um herói cotidiano: uma história

Antes de começar, achamos importante dizer-lhe que, até certo ponto, conscientemente ou não, você já está no caminho do herói cotidiano. Você já pode detectar no próximo aquilo que M. Scott Peck denomina de "heroísmo rotineiro dos seres humanos", mas é muito provável que tenha dificuldade para reconhecê-lo em si mesmo. De fato, quanto mais você o reconhecer em si mesmo, mais o reconhecerá no mundo e mais apto estará para viver dessa forma maravilhosa. Ideamos este livro para ajudá-lo na jornada, partindo do princípio de que você *é* um herói cotidiano e de que *pode* enfrentar os desafios da vida, com todas as suas qualidades e limitações.

Explicaremos (como tão freqüentemente o fazemos nesta obra) o que queremos dizer com uma história. Essa história, intitulada *Tanto Aqui Como Lá*, é antiga mas, como as outras deste livro, tem o potencial necessário para o entendimento do tempo presente. Nós a lemos e a ouvimos contada por diversas pessoas, sendo que, por último, pelo mestre de meditação Gurumayi Chidvilasananda. Porém, vamos contá-la à nossa maneira.

Tanto Aqui Como Lá

Parece que, em tempos idos, havia um rei chamado Akbar, que tinha um primeiro-ministro inteligente e brilhante, chamado Birbal. Akbar estava sempre fazendo perguntas, com as quais esperava desconcertar Birbal, mas Birbal estava sempre pronto a responder, salvando assim a sua vida e o seu ministério.

Um dia, Akbar perguntou a Birbal se ele podia trazer até ele alguém que estivesse Aqui e não Lá. Birbal trouxe à presença do rei um ladrão, dizendo: "Este ladrão está no mundo somente tentando obter dinheiro e bens para aumentar a sua riqueza Aqui."

Então Akbar ordenou a Birbal: "Traga-me alguém que esteja Lá e não Aqui." Birbal lhe respondeu trazendo um asceta andarilho – um sadhu ou pedinte – e disse: "Ele negligencia por completo todos os aspectos deste mundo, incluindo o seu corpo e o seu bem-estar, para se fixar inteiramente no mundo de Lá."

"Muito bem", disse Akbar. "Agora traga-me alguém que não esteja nem Aqui nem Lá." Birbal retirou-se por um momento e então voltou, apresentando ao rei um mendigo, dizendo: "Este homem não está nem Aqui nem Lá, porque tem sempre inveja de todos no mundo. Não está, de forma alguma, participando do mundo e, ao mesmo tempo, não se preocupa com questões de ordem espiritual. Assim, ele também não está Lá."

"Você está outra vez de parabéns", exclamou, satisfeito, Akbar. "Agora, será possível que exista no mundo alguém que esteja, ao mesmo tempo, Aqui e Lá?"

"Sim, Majestade", respondeu Birbal, e trouxe à presença do rei um honesto casal de empregados domésticos. "Este homem e esta mulher trabalham no mundo e cuidam de sua família, porém sempre com o pensamento em Deus. Por trabalharem no mundo e por permitirem que suas práticas espirituais os guie nos bons e nos maus momentos, eles são um homem e uma mulher que estão, ao mesmo tempo, Aqui e Lá."

"Ótimo!", disse Akbar, e começou imediatamente a matutar sobre o novo desafio que apresentaria a Birbal.

Como ilustra a história acima, usamos a palavra *cotidiano* não apenas para indicar que você pode ser um herói o tempo todo, como para significar que ser herói é uma coisa comum; que é inerente a todo homem e a toda mulher o direito de viver a sua vida com heroísmo (embora a maioria de nós ignore essa possibilidade). Nós o convidamos a reconhecer que você, em tudo o que fizer, pode ter tudo o que quiser, ser tudo o que quiser, fazer tudo o que quiser. Neste tipo de jornada criativa, você precisa marchar com entusiasmo, sabendo que se você, como o herói arquetípico, enfrentar os seus desafios, vencê-los-á, algumas vezes de maneira fácil e inesperada, e outras não tão facilmente. Mas pelo fato de você ser guiado por forças superiores, poderá encontrar dentro de si um enorme cabedal raramente usado.

Nós partimos do princípio que cada um de nós vem ao mundo com um número determinado de qualidades e de limitações. O mistério da alma e de nossos recursos interiores é infinito. Todos nascemos com o dom divino da criatividade, que é individual

Venham até a borda, ele disse.
Eles disseram: "Nós temos medo."
Venham até a borda, ele insistiu.
Eles foram.
Ele os empurrou... E eles voaram.

        Guillaume Apollinaire

– cada pessoa tem um jeito próprio de ser criativa e de percorrer a estrada da vida. Como um de nossos conferencistas disse: "Nunca existiu, nem jamais existirá, a combinação de moléculas e átomos que é você. Sua missão no mundo é esgotar esse potencial."

Essa é uma boa filosofia a adotar enquanto usa este livro: reconhecer e agradecer pelas suas qualidades e limitações. Cada desafio lhe dá a oportunidade de descobrir quem você é e de que estofo você é feito, além de lhe dar a oportunidade de se relacionar com algo maior do que você próprio.

Podemos nos confortar com as palavras de Goethe (já antes citadas): "Desde que você tenha assumido um compromisso, a Providência também o assumirá. Todas as coisas contribuem para concretizar o que, de outra forma, jamais teria ocorrido." Algumas pessoas dizem que Deus ajuda a quem se ajuda, ou que você, se estiver decidido a fazer o esforço, pode confiar na graça. Estando na jornada do herói e disposto a enfrentar um dos desafios deste livro, é imperioso que reconheça não só a criatividade que existe dentro de você, como também as forças criativas maiores que estão ao seu redor e que, se você estiver aberto a elas, poderão guiá-lo.

Não se esqueça de suas limitações. Os desafios da vida, de um modo geral, não são completamente resolvidos. A verdadeira paz brota da descoberta de que certos aspectos dos desafios você tem, simplesmente, que descartar. Como diz a prece, tantas vezes repetida: "Senhor, concedei-me serenidade para reconhecer as coisas que não posso mudar, coragem para mudar as que posso e sabedoria para perceber a diferença." O caminho do herói cotidiano reveste-se desse tipo de serenidade, desse tipo de coragem e de sabedoria, mais importante do que, simplesmente, resolver problemas.

Agora chegou o tempo de você começar a jornada. Como o poeta Guillaume Apollinaire nos lembra em seu poema transcrito acima, tudo o que você tem a fazer é dar o primeiro passo, embora, às vezes, isso seja muito difícil. Esperamos que este livro lhe dê o empurrão de que você necessita.

2

Como Vai a Sua Luta?

Agora que você embarcou nesta jornada, precisa conhecer a característica mais importante tanto da criatividade como da própria vida: o desafio. Do desafio derivam todos os aspectos superiores da vida. O combustível da criatividade consiste num tipo especial de combate.

Contra o que você está lutando? – Contra tudo o que se anteponha a uma vida rica e plena.

Por que você está lutando? – Para ser criativo. Para atingir o seu eu superior.

Onde se situa o campo de batalha? – Em toda parte.

Quando ocorre a luta? – A todo momento.

Como você luta? – O herói luta sem agressividade e sem espírito de competição, mas com honra, com coragem, com benevolência e com a ajuda da graça.

Quais são as suas armas? – A sua essência interior, dotada das qualidades de intuição, vontade, alegria, força e, o que é mais importante, da sabedoria benevolente, que afirma ter você dentro de si esse recurso criativo que lhe permite reconhecê-lo nos outros.

Na tradicional jornada mítica, o herói é auxiliado pela magia. Que "magia" você pode empregar? Tenha fé na sua criatividade; interrompa os julgamentos negativos; pratique uma observação precisa e faça perguntas engenhosas.

Que tesouros você busca nesse caminho? – Conhecer a finalidade da vida, fazer amizades sinceras, viver livre de preocupações, alcançar o equilíbrio pessoal e profissional e também a verdadeira prosperidade na jornada. Os cinco desafios correspondem à sua busca desses cinco tesouros.

Este capítulo ajuda-o a avaliar como vai indo a sua luta. Responda a cada uma das perguntas que seguem com uma ou duas sentenças. Não pense na resposta: apenas escreva o que lhe vier à mente. Isso lhe dará uma melhor idéia do que cada

O artista criativo, o poeta e o santo precisam combater os verdadeiros deuses (em contraposição aos deuses ideais) da nossa sociedade – o deus do conformismo, assim como os deuses da apatia, do sucesso material e do poder explorador.

Rollo May

> Em todo trabalho criativo que realizei, a primeira coisa que surgiu foi um problema, um enigma implicando aflição. Vem, a seguir, uma reação voluntária, concentrada, envolvendo um grande esforço. Depois disso, um período desprovido de pensamento consciente e, finalmente, a solução.
>
> Bertrand Russell

desafio representa para você, neste momento em que você inicia a sua jornada.

Objetivo: *Que atividades dão a você, na sua vida, uma sensação de significado?*

Relacionamentos Afetivos: *Com quem você mantém relações gratificantes e duradouras?*

> A melhor maneira de sair é sair sempre completamente.
>
> Robert Frost

Tempo e Preocupações: *Você tem bastante tempo para fazer o que quer sem se sentir preocupado? Qual o seu problema com relação a tempo e preocupações?*

Equilíbrio: *Até que ponto você está satisfeito com os lados pessoal e profissional da sua vida? Você gostaria de mudá-los?*

Prosperidade: *O que faz você se sentir valioso? Por que você tem direito à prosperidade?*

Talvez você já esteja visualizando, de uma forma mais heróica do que antes, os cinco desafios de sua vida. No passado, a batalha para encontrar o seu próprio objetivo estava ligada a um trabalho bem remunerado e que contasse com a aprovação da família, dos amigos e da sociedade. Agora, as pessoas estão à procura de algo diferente – de um trabalho que seja pessoalmente significativo para elas próprias, pouco importando a opinião de terceiros. Como a psicóloga Jean Houston afirmou em seus seminários, a pergunta não é "Qual é o meu trabalho?"

(ou o nome do serviço). A pergunta é "Qual é o meu Trabalho?" – com T maiúsculo, indicando um objetivo superior na vida.

Encontrar um relacionamento satisfatório também costumava ser visto sob a ótica de encontrar alguém que agradasse à família, aos amigos e à sociedade. Mas como um herói, o seu desafio consiste em reconhecer que o amor emana de você e não de terceiros. Segundo o mestre de meditação Gurumayi Chidvilasananda: "Existe no coração dos seres humanos amor suficiente para encher o universo." Achar e cultivar um afeto verdadeiro começa com o reconhecimento desse amor dentro de si mesmo. Então, você poderá experimentar esse sentimento com os outros, como uma forma de viver uma vida criativa.

Para que servem os cartuchos na batalha? Eu, ao contrário, sempre levo chocolate.

George Bernard Shaw

A batalha contra o tempo e as tensões costumava ser travada com o aprendizado de técnicas de administração do tempo. Mas agora, mesmo alguns dos mais proeminentes defensores desses pontos de vista admitem que, a longo prazo, eles não funcionam. O novo desafio resume-se em viver o momento presente em tudo o que você faz. Em vez de adotar técnicas, a luta procura evitar a preocupação e o criticismo e desobstrui a mente de tal forma que a essência do herói pode emergir.

Antigamente, as pessoas pensavam que conquistar o equilíbrio pessoal e profissional consistia em distribuir, de uma forma aproximada, igual quantidade de tempo às várias partes de suas vidas. Agora você sabe que certos aspectos vitais em si próprio contêm, às vezes, mais energia que outros. Sua luta consiste em descobrir a sinergia dinâmica entre as partes competitivas da sua vida.

As pessoas costumavam pensar que a prosperidade era alcançada pela aquisição de riquezas e de outros bens exteriores, como o poder, o *status* ou propriedades. Agora você compreende que esses objetivos exteriores podem entrar em conflito com um rico sentimento intrínseco de autovalia. A luta consiste em reconhecer que você merece experimentar esse sentimento de prosperidade em cada momento da sua vida.

Auto-avaliação: Que desafios estou enfrentando agora?

A seguinte auto-avaliação, constituída de duas partes, irá ajudá-lo a se conscientizar de uma forma bem mais profunda, tanto dos desafios como das áreas mais calmas da sua vida. Ela lhe permitirá fazer um balanço da sua existência a partir do momento em que você iniciar a sua jornada criativa, ao longo das páginas deste livro. Uma vez que tenha uma idéia precisa de onde você se encontra neste momento, ser-lhe-á mais fácil

> *É bem um problema de três aspectos!*
>
> Sir Arthur Conan Doyle

traçar o caminho que deseja seguir. Pode ser também que lhe interesse servir-se desta auto-avaliação para verificar o que aconteceu com você antes e depois dela. Faça-a agora e, ao terminar o livro, torne a fazê-la, para ter uma noção mais exata de quanto você caminhou.

A primeira parte da auto-avaliação adota um enfoque tipicamente quantitativo. Trace um círculo ao redor das trinta afirmações que refletem, com mais precisão, as suas reações e depois some as respostas a fim de avaliar a importância relativa dos cinco desafios da sua vida, agora. A segunda parte convida-o a usar um diagrama indicando a rota da sua jornada criativa, para nela se situar com relação aos cinco desafios.

Auto-avaliação: primeira parte

Desenhe um círculo ao redor do símbolo que mais de perto diz respeito à sua resposta a cada uma das sentenças afirmativas abaixo:

Código:
— Discordo totalmente
- Discordo
* Não tenho opinião ou não saberia responder
+ Concordo
++ Concordo plenamente

1. Ao fim de cada dia de trabalho, sinto-me exausto. — - * + ++
2. Para mim, o tempo parece se expandir para dar espaço a tudo o que tenho de fazer. — - * + ++
3. Considerando o meu treinamento e minha experiência, eu deveria ser muito mais bem-sucedido. — - * + ++
4. Estou quase sempre aborrecido com a minha vida. — - * + ++
5. Não sei realmente qual o meu objetivo na vida. — - * + ++
6. Não me importo de fazer um trabalho entediante, desde que ele faça parte do meu trabalho verdadeiro. — - * + ++
7. A maior parte do tempo, eu me sinto só. — - * + ++
8. Eu me sinto recompensado quanto à minha qualidade de vida, pouco importando o meu salário. — - * + ++
9. Tenho pelo menos um amigo íntimo, com o qual posso falar de tudo. — - * + ++
10. Adoro o meu trabalho e estou fazendo exatamente aquilo que gosto de fazer. — - * + ++
11. Eu mereço, realmente, prosperar em todas as áreas da minha vida. — - * + ++
12. Eu gostaria de não ser tão obcecado pelo trabalho. — - * + ++
13. Eu me preocupo em demasia. — - * + ++
14. Eu gostaria de melhorar o meu poder de comunicação com pelo menos uma pessoa no trabalho. — - * + ++

15. Freqüentemente, procuro satisfação pessoal à custa de meu trabalho. — - * + + +
16. Se eu tivesse de morrer amanhã, pelo menos teria contribuído com alguma coisa para o mundo. — - * + + +
17. É fácil para mim arrumar tempo para o lazer. — - * + + +
18. É impossível ter tudo, isto é, ter simultaneamente uma vida pessoal e uma vida profissional gratificantes. — - * + + +
19. As pessoas que passam o tempo fazendo o que as realiza são narcisistas. — - * + + +
20. Só o fato de estar perto de certas pessoas me deixa de mau humor. — - * + + +
21. Eu me sinto muito feliz por contar com tanto amor na minha vida. — - * + + +
22. Minha vida pessoal é excelente e eu adoro o meu trabalho. — - * + + +
23. A habilidade que eu tenho para controlar as minhas preocupações é muito grande. — - * + + +
24. Em suma, sou uma pessoa maravilhosa. — - * + + +
25. De um modo geral, dou-me bem com as pessoas. — - * + + +
26. O relaxamento, no que me diz respeito, constitui para mim uma grande prioridade. — - * + + +
27. A autocrítica, para mim, é um problema. — - * + + +
28. Para ser bem-sucedido na vida, você precisa, antes de mais nada, preencher as expectativas de terceiros. — - * + + +
29. Quando a minha vida se desequilibra, eu mudo as coisas para corrigi-la. — - * + + +
30. Você não pode apenas viver o momento presente; você precisa pensar sempre no seu futuro e no seu passado. — - * + + +

De nada adianta deixar um dragão vivo fora de suas cogitações, se você vive perto dele.

J. R. R. Tolkien

Contagem

A importância de cada desafio será demonstrada pelas suas respostas a seis das trinta afirmações anteriores. Você terá, para cada desafio, um número de pontos de 6 a 30. Quanto mais alta a contagem, maior a pressão exercida pelo desafio.

Verifique os seus pontos, de acordo com as seguintes instruções:

Existem três boxes a serem preenchidos para demarcar cada desafio: dois para os subtotais e um para o total. Os números situados à esquerda de cada boxe correspondem a uma avaliação. Anote ao lado dos números os seus pontos referentes a cada declaração. Observe que cada coluna de boxes, relativa a cada subtotal, tem um sistema diferente de contagem. Acrescente então os seus pontos ligados aos desafios e escreva o total no boxe da direita. Determine os pontos correspondentes a cada afirmação, da seguinte maneira:

		*	+	++	++	+	*		
1	2	3	4	5	1	2	3	4	5

A vida vai ficando cada vez mais dura perto do topo.

Friedrich Nietzsche

Objetivo na vida

Declaração nº	Contagem
4	
5	
19	
Subtotal	

Declaração nº	Contagem
6	
10	
16	
Subtotal	

+ − Objetivo na vida | TOTAL

Relacionamentos afetivos

Declaração nº	Contagem
7	
14	
20	
Subtotal	

Declaração nº	Contagem
9	
21	
25	
Subtotal	

+ − Relacionamentos afetivos | TOTAL

Tempo e Preocupações

Declaração nº	Contagem
1	
13	
30	
Subtotal	

Declaração nº	Contagem
2	
23	
26	
Subtotal	

+ − Tempo e Preocupações | TOTAL

Equilíbrio pessoal e profissional

Declaração nº	Contagem
12	
15	
18	
Subtotal	

Declaração nº	Contagem
17	
22	
29	
Subtotal	

+ − Equilíbrio Pessoal e Profissional | TOTAL

Prosperidade

Declaração nº	Contagem
3	
27	
28	
Subtotal	

Declaração nº	Contagem
8	
11	
24	
Subtotal	

+ − Prosperidade | TOTAL

Agora verifique a sua contagem. Em geral, um total superior a 24 pontos sugere que existem áreas na sua vida nas quais você gostaria de ver alguma mudança. Seria bom que iniciasse a sua jornada criativa, neste livro, com o capítulo que tem relação com o seu maior número de pontos. Uma contagem total de 12 pontos para qualquer desafio indica que, no momento, tudo está bem com você quanto a essas áreas da sua vida. Talvez você prefira utilizar os capítulos que contêm esses desafios como um curso estimulante ou como uma oportunidade para analisar um ou dois aspectos do desafio que o preocupa.

Você precisa fazer aquilo que pensa que não é capaz de fazer.

Eleanor Roosevelt

Claro que um questionário como este somente lhe proporciona um quadro rudimentar da importância relativa que cabe a cada um dos desafios. O fato de pôr em contraste os cinco desafios fornece um ponto de partida para a jornada de auto-avaliação apresentada nestas páginas. Agora, passe para a segunda parte da auto-avaliação, que adota uma forma mais intuitiva de determinar a sua posição face aos cinco desafios.

Auto-avaliação: segunda parte

Discorremos anteriormente sobre a idéia de que a vida é uma jornada, ou mesmo uma série de jornadas. Ao testá-lo, os desafios com que você se depara fazem a sua vida digna de ser vivida. Você está disposto a erguer-se e a enfrentá-los? Que recursos criativos, ocultos, você pode invocar para esse fim?

São os desafios da vida que imprimem à jornada a sensação de altos e baixos. Você vai seguindo, despreocupado, por uma estrada plana, até que algo sobrevém para perturbá-lo. Você pode tropeçar de leve ou cair pesadamente: este é o lado negativo. Ou então você procura um modo de enfrentar o desafio com a rapidez de um raio ou com o lento despertar do conhecimento: este é o lado positivo. Você volta novamente à estrada plana, só que, desta vez, pelo fato de ter enfrentado um desafio, você, de certo modo, está mais rico ou mais sábio, e o plano agora consiste num plano novo ou, metaforicamente, num plano mais elevado. Assim, um mapa da sua jornada seria mais ou menos como segue:

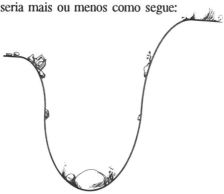

Objetivo na vida

Vemos, ao lado, uma série de curvas que ilustram os caminhos básicos que conduzem à resolução de cada um dos desafios. A um dado momento no tempo, você pode se encontrar em qualquer ponto de cada um desses desafios – apenas por começar a cogitar do problema, temporariamente bloqueado ou em vias de resolvê-lo. Ou talvez ele nem constitua um problema na ocasião, e você já esteja em outro nível, tendo resolvido tudo muitíssimo bem. É provável que você encare cada um dos desafios de um modo diferente, pulando um, parando em outro ou ficando em relação a um terceiro completamente confuso. As figurinhas abaixo ilustram alguns modos de você descrever os seus sentimentos quanto a seus desafios.

Reserve, agora, alguns minutos para esquecer a auto-avaliação que acabou de fazer, na primeira parte deste questionário. Procure alcançar um estado mental tranqüilo, no qual não esteja se analisando, mas permitindo a si mesmo sentir o que cada desafio representa para você, neste momento. Para tanto, você precisa, antes de mais nada, ler cuidadosamente as instruções que seguem e depois executá-las. Ou, se você está usando este livro em companhia de mais alguém, peça a essa pessoa que leia pausadamente as instruções para você.

Relacionamentos afetivos

Tempo e preocupações

Certifique-se de que está sentado confortavelmente, com as costas retas e apoiadas. Descruze as mãos e as pernas. Você pode fechar os olhos ou só olhar para o chão, sem fixar nada. Fique assim sentado por uns momentos, em silêncio, atento à sua respiração. Não procure respirar de outro modo: apenas mantenha-se atento à respiração, de forma a que sua mente não fique povoada de pensamentos. Deixe-a concentrada na sua respiração, inspirando e expirando, tranqüilamente. Inspirando e expirando.

Se você começar a pensar nos desafios ou no desconforto do corpo ou em outras coisas, deixe esses pensamentos passarem ao largo. Volte novamente a atenção para a sua respiração natural. Inspirando e expirando.

Depois de alguns minutos, observe o mapa do objetivo traçado à margem. É uma curva que se destina a determinar o desafio referente ao sentido da vida. Em que ponto dessa jornada você se encontra hoje?

Observe as imagens e as sensações que seu corpo reflete agora. Observe a sua sensação ao fazer a si mesmo essa pergunta. Desenhe uma das figurinhas sobre o traço da curva, usando a posição sobre a mesma e a postura corporal para representarem o lugar em que você se encontra neste momento, com relação à sua busca. Faça isso sem pensar nem analisar. Deixe que a sua intuição, mais que a sua mente, decida como e onde desenhar a figurinha.

Equilíbrio pessoal e profissional

Agora, feche os olhos por alguns momentos. Observe novamente a sua respiração. Afaste todos os pensamentos da mente e fique atento apenas à sua respiração natural. Depois de cerca de cinco movimentos respiratórios, abra os olhos e olhe para a curva seguinte. Sinta, novamente, as suas imagens e sensações e deixe que a sua intuição determine onde e como desenhar uma figurinha sobre a curva. Faça o mesmo com todas as outras curvas.

Ao terminar, olhe para as cinco figurinhas que você desenhou. Observe se elas estão colocadas de forma a refletir a sua posição em cada uma dessas jornadas. Se, agora que você tem uma idéia de conjunto, algumas delas precisarem ser refeitas, refaça-as.

Prosperidade

As duas auto-avaliações que você acabou de concluir são formas muito diferentes de analisar a jornada. Na primeira parte, fizemos-lhe algumas perguntas e lhe dissemos o que a sua contagem significava. Na segunda parte, apresentamos-lhe figuras e a você coube a palavra final quanto à sua posição face aos cinco desafios.

Ambas as atividades são necessárias para elucidar os desafios que você está enfrentando no momento, e qual a sua posição ao se confrontar com eles. A primeira atividade é a mais comum. Nela você foi convidado a pensar, a anotar e depois a calcular os pontos. A segunda pediu que você se acalmasse e relaxasse, de forma a poder fixar a atenção naquilo que os seus sentimentos mais profundos pudessem estar lhe dizendo. Pediu-lhe que usasse a intuição, que observasse cuidadosamente os seus sentimentos, sem julgá-los; que fizesse perguntas e acreditasse que, dessa maneira, poderia chegar a uma avaliação.

Juntas, essas atividades conjugadas permitiram-lhe usar várias de suas aptidões para enfrentar desafios. Os exercícios deste livro convidam-no a estudar uma série de possibilidades e a empregar toda a sua capacidade para enfrentar os cinco desafios do dia-a-dia.

3

O Herói Cotidiano e o Processo Criativo

Qual é o seu processo criativo?

No Capítulo 2, você teve a oportunidade de avaliar a sua posição perante o modo de enfrentar os cinco desafios da vida. Antes de seguir viagem efetivamente no sentido de transformar suas aspirações em realidade, procure refletir sobre a maneira pela qual você antes resolvia os seus desafios. Qual a natureza da sua criatividade pessoal?

Nossas aspirações são as nossas possibilidades.
Robert Browning

Relembre uma experiência criativa pela qual você tenha passado. Ela pode ser muito recente – ocorrida nesta mesma manhã – ou há muitos anos. Pense numa circunstância que o desafiou e na qual você teve, para solucioná-la, que apelar para seus recursos ocultos. Esse fato não precisa ser do tipo que abala a face da Terra. Por exemplo, você pode ter descoberto um caminho mais curto e mais rápido para chegar ao trabalho; ter tido sucesso em seu trato com um cliente difícil; ou encontrado um meio de gostar de fazer uma tarefa entediante. De fato, compenetrar-se de que você pode ser, de verdade, uma pessoa criativa, mesmo que não venha a tornar-se uma atração universal ou a pintar a *Mona Lisa*, constitui um passo importante no sentido de viver de acordo com o seu eu verdadeiro. Quando descobrir isso, será muito mais fácil para você ser criativo em qualquer momento.

Um de nossos alunos declarou recentemente que não podia pensar em nada criativo que tivesse feito. Disse-nos ser um indivíduo correto e racional ao extremo. Depois, após outras pessoas terem relatado as suas experiências criativas, ele falou: "Oh! Eu pensava que no entendimento de vocês ser *criativo* equivalesse a ser um grande artista! Nunca considerei criativas as coisas de todo dia." É exatamente esse tipo de criatividade cotidiana que buscamos aqui.

Examinemos agora o seu traço pessoal de criatividade. A menos que você tenha vivido uma vida inegavelmente incomum, deve ter se defrontado, pelo menos uma vez, com uma circunstância em que temia não alcançar o objetivo almejado. É, porém, bem mais provável que tenha, eventualmente, chegado a uma solução. Talvez se tratasse de um desafio para construir uma engenhoca mais eficiente. Ou de um plano para economizar dinheiro todo mês, ou de saber o que dizer àquela pessoa que você ama mais do que ousa demonstrar.

Reserve agora alguns minutos para relembrar algumas de suas experiências criativas. Umas, muito significativas e outras, em comparação, bem insignificantes; não importa. Simplesmente deixe-as flutuar através de sua mente. Sente-se, relaxe e imagine estar assistindo a um documentário sobre todas as experiências criativas que teve. Deixe as suas lembranças se associarem livremente, de forma que você possa rever vários tipos diferentes de suas experiências criativas e recordar muitas possibilidades de criação.

Atente, em especial, para uma experiência que pareça ficar mais tempo que as outras em seu pensamento. Reviva-a aos olhos de sua mente e lembre-se do que o levou a isso, do que aconteceu, como se sentiu antes e depois de resolvê-la e o que você fez. Agora responda às seguintes questões sobre a sua experiência criativa:

A atitude de uma criança inventando um novo jogo com seus amiguinhos; Einstein formulando a teoria da Relatividade; a dona de casa criando um novo tipo de molho para carne; um jovem escritor às voltas com o seu primeiro romance são, todos eles, nos termos de nossa definição, criativos, sem que haja a menor intenção de colocá-los numa ordem de maior ou menor criatividade.

Carl Rogers

Qual foi a circunstância que o desafiou?

O que sentiu quando teve, pela primeira vez, consciência desse desafio? Qual a sua primeira reação?

Que foi que você fez, em primeiro lugar, para tentar enfrentar o desafio?

37

Como surgiu a idéia para vencer, afinal, o desafio?

Quando sou, por assim dizer, absolutamente eu mesmo – completamente só e de bom humor; é nessas ocasiões que minhas idéias fluem melhor e mais abundantemente.

Wolfgang Amadeus Mozart

Como você se sentiu ao ter essa idéia?

O que fez? Complementou a idéia? Como resolveu, afinal, a questão?

O que você notou nesse caso? Você teve a impressão de não conseguir contornar a situação? Quando as possibilidades começaram a surgir, você se sentiu animado ou aliviado? Você ficou surpreso com a facilidade com que a idéia ou a solução lhe ocorreu? Ela pareceu surgir do nada ou você teve tempo de reconhecer determinadas gradações que culminaram na sua percepção? Seu processo criativo obedeceu a um padrão?

Embora os aspectos específicos da sua experiência criativa lhe pertençam – e lhe pertencem de maneira absoluta –, existem certas fases fundamentais a que a maioria das pessoas se submete durante o processo criativo, seja pintando um quadro, articulando um projeto comercial ou resolvendo uma questão pessoal: 1.) preparação; 2.) frustração; 3.) incubação; 4.) estratégia; 5.) iluminação e 6.) verificação.

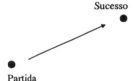

Preparação

Na etapa inicial do processo criativo, você tem uma idéia de para onde vai e do que quer. Você reúne os dados para fazer o que deve ser feito para chegar lá. As coisas parecem bem claras e você tem a impressão de que pode atingir o objetivo. Dá a partida e está otimista quanto a alcançar o sucesso através de um caminho ligeiramente ascendente, como ilustra o desenho na margem. Essa perspectiva inicial de possibilidade criativa enche-o de confiança na sua tarefa.

Na experiência criativa que você analisou no exercício anterior, você sentiu essa confiança prévia, característica deste estágio preparatório? Até que ponto?

> *Em suma, no fundo de nossos corações sabemos que a liberdade é o reverso do medo.*
>
> Marilyn Ferguson

Frustração

Existe uma armadilha no processo criativo. As coisas nem sempre acontecem como foram planejadas. Você quase sempre se enreda nas malhas de um desafio imprevisto e sente como se tivesse, temporariamente, perdido contato com o seu objetivo ou caído no fundo de um poço sem fim. Às vezes, a situação parece desesperadora.

No entanto, esse mesmo desafio é o catalisador da sua verdadeira criatividade porque o obriga a encontrar um meio alternativo e a descobrir o seu talento e a sua capacidade, que aguardavam, em silêncio, para serem usados em caso de emergência. Este é um ponto importante na frustração; ela constitui um componente *necessário* do processo criativo. Se você se deparar com esse impasse, não cometa o erro de desistir do seu projeto.

Durante o processo criativo descrito por você, ocorreu algum período de frustração? Em caso positivo, como aconteceu? Recorde outras experiências criativas. Que frustrações estiveram associadas a elas?

Incubação

A busca de um novo caminho para atingir o seu objetivo pode assumir muitas formas. É provável que, algumas vezes, você desista, temporariamente, de enfrentar o desafio. Resolve fazer outra coisa, mas o problema, mesmo inconscientemente, continua a martelar o seu cérebro. Esse é o processo de incubação, que muitas pessoas descrevem como característico da revelação criativa.

Mas a idéia de uma incubação passiva e misteriosa não é tudo. Se você, na verdade, não assumir o controle dessa fase,

O indivíduo realmente criativo está sempre pronto a abandonar as velhas classificações e a reconhecer que a vida, sobretudo a sua própria vida – absolutamente única – é rica de novas possibilidades.

Frank Barron

se ficar sentado esperando que as musas o procurem, isso significa que nada pode fazer para despertar ou desenvolver a sua criatividade. E se as musas nunca chegarem? Quanto tempo vai esperar?

Quando você pensa na sua experiência criativa, acaso se lembra de ter simplesmente permanecido sentado tentando se inspirar ou de ter feito algo que o ajudasse a encontrar a solução?

Estratégia

Muitas das mais sérias críticas à nossa cultura e a seus caminhos podem ser melhor resumidas em termos de morte da criatividade.

Carl Rogers

Numa tentativa de investigar os mistérios da incubação, pedimos a sessenta pessoas que estavam enfrentando problemas em seu trabalho, durante algumas semanas, à medida que procuravam esclarecer os seus respectivos desafios, que escrevessem um diário. Ao final desse período, essas pessoas foram entrevistadas em profundidade e seus diários analisados.

Descobrimos que cada uma dessas pessoas desenvolveu uma série de estratégias para vencer o seu desafio particular: estratégias intelectuais, tais como fazer uma lista dos prós e dos contras, elaborar planos detalhados ou meditar sobre os problemas; estratégias sentimentais, como procurar apoio moral, avaliar os sentimentos nessas determinadas circunstâncias ou, para se sentir melhor, apelar para o senso lúdico e para a distração; estratégias físicas, como relaxamento e ginástica; estratégias espirituais, como meditação, visualização, recursos oníricos ou diálogo com um guia interior. Por fim, estratégias que não se encaixam em nenhuma dessas categorias como: estímulos cerebrais regulares para suscitar idéias; vislumbres sensoriais durante o banho, mudanças no ambiente ou a continuação de um diário. E mesmo quando pensaram que a sua grande idéia surgira de forma inesperada, como resultado da incubação, sua evolução poderia, realmente, ser detectada nos seus diários.

A questão é que aqueles que enfrentaram os desafios de maneira mais inspirada e efetiva usaram uma série de estratégias para abrir, digamos assim, uma brecha criativa. Comportaram-se diante de sua tarefa como heróis; não se sentaram passivamente, esperando que a inspiração os encontrasse. Na verdade, diversas vezes durante o seu processo criativo específico, vacilaram entre a incubação e a estratégia.

O que você fez para encontrar uma solução para o desafio que representava a sua experiência criativa?

> *Heureca! Encontrei!*
>
> Arquimedes

Iluminação

A culminância da incubação e da estratégia é a abertura dessa brecha criativa – a iluminação, que se resume em um "Ah!" – às vezes acompanhado de um sentimento de excitação ou de espanto por você ter encontrado a forma de resolver o desafio. Outras vezes, ela chega de mansinho, acompanhada de uma sensação de "Isso é tão óbvio!"...

Que tipo de sentimentos acompanharam a sua iluminação?

Verificação

É muito importante a última fase do processo criativo – quando você testa a sua idéia e a concretiza. Você vê como as pessoas reagem a ela. De certo modo, esta é a parte do processo criativo que o traz de volta ao terreno plano. Mais uma vez, as coisas caminham serenamente (até um próximo desafio); porém, desta vez, você tem a sensação de uma sabedoria recém-descoberta.

O que a fase de verificação da sua experiência criativa envolveu?

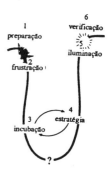

Mapeando as fases do processo criativo

Quando você analisa o seu processo criativo à luz dessas fases, compreende que a idéia inicial de uma linha reta, para

41

enfrentar o seu desafio, pode ser considerada, de certa forma, irreal. De fato, o mapa do trajeto que a criatividade segue lembra mais as curvas do caminho destinado a enfrentar os desafios da auto-avaliação de que tratamos no último capítulo. Parece-se um tanto com a curva que vemos na margem anterior.

Nada de grande se cria de repente.

Epiteto

Você começa a trilhar um terreno sólido e depois é apanhado por acontecimentos fortuitos que o atiram, temporariamente, no fundo de um poço sem fim.

Nessa fase intermediária, tudo pode acontecer. É esta a treva misteriosa em que as idéias germinam e, depois, subitamente florescem. Algumas vezes assomam em função do tempo, após um período de incubação. Ou então por você, ao longo do caminho, fertilizá-las com as suas estratégias criativas.

As quatro armas do herói criativo

Além das estratégias que o envolvem intelectual, emocional, física e espiritualmente, é possível que você tenha usado quatro armas para enfrentar o desafio da sua experiência criativa relembradas no exercício anterior. O processo criativo requer, virtualmente, que você as use. São elas: 1) Confiança na sua criatividade; 2) Suspensão de julgamentos negativos; 3) Observação precisa e 4) Perguntas engenhosas.

Essas armas foram mencionadas no Capítulo 2. Nós as denominamos "as armas *mágicas* do herói". Assim como o herói do mito recorreu aos poderes da magia nos momentos mais críticos de suas façanhas, estas armas podem servir de magia para você. Você pode se servir do poder que elas têm para romper os bloqueios criativos e solucionar qualquer tipo de desafio. Se precisar de iluminação criativa, lembre-se simplesmente de usar essas quatro armas para ver como elas trazem à tona muitas soluções possíveis.

Ter confiança na sua criatividade pode ajudá-lo a eliminar aquela incômoda vozinha interior de crítica, tão pungente: a voz do julgamento. Uma vez que tenha optado por um enfoque positivo, você começa, naturalmente, a observar e a fazer perguntas. Isso gera mais confiança na sua criatividade e, conseqüentemente, mais capacidade de colher e usar os benefícios proporcionados pelas outras armas.

Quando você se encontra nesse poço aparentemente sem fim, para não desistir você precisa confiar na sua criatividade. Essa confiança tem que ser tão sólida quanto a sua certeza de que o sol nasce e se põe todo dia no horizonte ou de que, depois que você saltar, a força da gravidade o atrairá para o centro da terra.

Como São Paulo disse em sua carta aos hebreus: "[A fé é] a prova das coisas ocultas e a substância das coisas almejadas." Esse grau de fé é o que a sua criatividade requer. Você precisa, apenas, ter a certeza de ser criativo e encontrará o caminho da solução. Saber que o processo criativo o conduzirá para além da experiência desestabilizadora de acreditar que você estava num beco sem saída, poderá restaurar a sua confiança em si mesmo. Você está realmente no caminho. É neste momento que cabe lembrar a frase de Robert Browning: "Nossas aspirações são as nossas possibilidades."

> *A fé é a opção da mais nobre alternativa.*
>
> Dean Inge

Para seguir pela estrada criativa, você tem de *renunciar aos seus julgamentos* e expectativas de que só existe uma maneira certa de resolver um problema. Ao fazer isso, você estará aberto a todas as outras possibilidades que poderá encontrar – a todos os tipos de revelações inesperadas, durante a incubação. Se você tivesse dado ouvidos àquela vozinha interior de crítica, dizendo que você não podia, não devia, não teria condições de fazê-la, provavelmente não chegaria mesmo a nenhuma experiência criativa.

Para ter certeza de que sairá do fundo do poço e de que chegará a um novo plano, você precisa pôr em prática a observação exata para descobrir em que ponto se encontra; observar o que está acontecendo e o que a situação exige, agora, de você. E também procurar, dentro de si, dados sobre como proceder. Você se sente tenso? Excitado? Temeroso? Confiante? O que lhe diz a intuição?

E, é claro, *fazer perguntas engenhosas* o tempo todo, para realmente atinar com o que está ocorrendo. O que você sabe sobre essa situação desafiadora? O que mais tem que saber? O que ainda não está claro? Como sentem as outras pessoas? Por que as coisas são como são? Quais as crenças e idéias dos principais personagens? O que aconteceria se você achasse melhor tentar algo diferente?

Lembre-se de usar essas quatro armas mágicas. Conserve-as ao seu lado durante a jornada e use-as sempre que precisar ser criativo ante a aproximação de um desafio. Lembre-se da curva que desenhamos para o processo criativo. Você não pode, por definição, ser criativo se tudo sempre vai bem: você só teria que seguir a sua fórmula de sucesso. O processo criativo o desafia a desenterrar os seus tesouros ocultos e a transformar os seus desafios em aventuras gloriosas.

Pode estar certo de que está começando a vislumbrar que este processo criativo de preparação, frustração, incubação, estratégia, iluminação e verificação o acompanhará o tempo todo em sua vida. Sob muitas formas – grandes e pequenas – você despenca do terreno plano da preparação para o profundo vale da frustração, somente para emergir num nível novo da iluminação e da verificação. Este é o caminho do herói cotidiano. Você enfrentará cada um dos desafios criativos, usando as quatro armas mágicas. E quanto mais atenção você dedica a esse processo, mais natural ele se tornará.

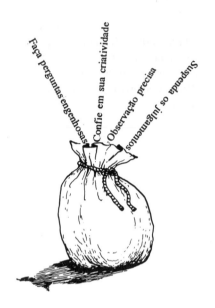

4

A Jornada do Herói no Mito e na Vida Cotidiana

Em qualquer experiência criativa, você é como um herói rumo à aventura. Existem, em sua jornada, alguns fatores de sucesso que podem, até certo ponto, predizer se a sua rota conduz ao desenvolvimento de relações mais satisfatórias ou à superação de um sentimento de insignificância em seu campo profissional. Neste capítulo, examinaremos esses fatores.

A maioria das jornadas do herói implica passar por lugares tenebrosos – penetrar em cavernas nas montanhas, adentrar o mundo subterrâneo ou passagens em labirintos para, finalmente, emergir na luz.

Jean Shinoda Bolen

Como a jornada do herói se assemelha à sua vida

A jornada do herói tem sido o tema-chave dos mitos, dos contos de fada e das histórias, através do tempo e do espaço. O herói, de modo geral, não parece especialmente heróico a princípio. Em vias de defrontar-se com um desafio que rompa um estado inicial de inocência, o herói adentra um reino onde se ocultam graves perigos. Com a ajuda de amigos, sai ileso desse mundo, para vencer o desafio e regressar ao lar, trazendo consigo um tesouro ou o dom da sabedoria. Sua volta é festejada e a vida reassumida – embora a jornada do herói a tenha modificado.

Cultura após cultura, a mesma história surge com variações regionais, como uma metáfora relativa a algum aspecto da evolução humana. Idries Shah, o grande contador de histórias, comenta que, apenas de Cinderela existem mais de trezentas e cinqüenta versões. O que mantém essas histórias vivas até nossos dias?

Assim como as crianças, nós adoramos as histórias em que os protagonistas vencem algum poder ameaçador, com coragem, lucidez, sorte, habilidade ou com a ajuda de terceiros. Nossa identificação infantil com o herói nos confere um senso de autonomia, nobreza e criatividade. No livro *The Uses of*

Um herói ousa partir de um mundo medíocre para uma região de maravilhas sobrenaturais: lá são encontradas forças fabulosas e uma batalha decisiva é ganha: o herói retorna dessa misteriosa aventura com o poder de cobrir de dádivas seus semelhantes.

Joseph Campbell

Minha alma não é covarde.

Emily Brontë

Enchantment, Bruno Bettelheim afirma que reagimos aos contos de fadas como crianças, porque eles são expressões metafóricas dos desafios que enfrentamos nesse dado momento. Pelo fato de, conscientemente ou não, imitarmos o herói, desenvolvemos as nossas capacidades latentes para solucionar os desafios com criatividade.

Quando adultos, trazemos estas histórias dentro de nós – e elas perduram em nossa cultura por séculos – porque encerram mais verdades que as palavras revelam. Elas nos emocionam e ecoam nos mais profundos planos de nossa psique. Transmitem verdades profundas que, intuitivamente, percebemos. De fato, dependendo da ocasião, apreciamos a história por seu enredo, por seu particular contexto cultural, pela ilustração de uma verdade psicológica universal ou por seu significado simbólico, que nos fala muito de perto num determinado momento. "Os mitos proporcionam a multiplicidade de significados, inerentes à nossa vida", diz o psicólogo junguiano James Hillman. "Os mitos não nos dizem como. Eles simplesmente fornecem-nos o meio invisível que nos motiva a imaginar, a questionar, a ir mais fundo."

Os mitos e as histórias são um espelho da alma humana. Eles nos recordam o nosso potencial, as divinas possibilidades da nossa existência. Vemos, na linguagem do imaginário, a probabilidade de transformarmos nossos desafios e sofrimentos em jóias de sabedoria. Jean Houston observa que os mitos nos estimulam com a essência da "grande história", da inacreditável resolução de nossos desafios, quando enredados na trama da nossa "história pessoal", repleta de lutas e de sofrimentos.

A grande história consiste no mito arquetípico da transformação. Resume-se na conclusão da jornada do herói. Nela, os heróis se confrontam com a sua mortalidade e, nesse processo, descobrem sua divindade inata. A apoteose do herói equivale a um despertar; o herói transcende os dragões míticos e é alçado ao domínio dos deuses. O herói aprende o que é compaixão e o que é força. A grande história não conhece "falhas". É uma história de purificação e de integridade. É imorredoura e constitui a base de onde partem os mitos e os contos folclóricos.

Nossa história pessoal equivale à nossa jornada pessoal de transformação. Apesar disso, não raro vemo-nos envolvidos em todo tipo de problema e de confusões, e não os transcendemos. Na verdade, ficamos de tal modo presos à nossa história pessoal que dela não conseguimos nos livrar. Tornamo-nos míopes e esquecemos que, se confiarmos no caminho que traçamos, ele nos conduzirá à luz.

Em suma, a grande história mostra-nos o caminho de nossas possibilidades humanas. É por essa razão que cada um dos cinco capítulos que tratam de desafios específicos da vida

(Capítulos 5 a 9) começam com uma história. Você pode lê-la para alcançar uma introspecção a respeito de algum particular desafio que estiver enfrentando. De certo modo, a história fala ao herói oculto que existe dentro de você. Ela invoca a sua sabedoria interior e o convida a encetar uma aventura que supera a resolução do desafio de sua vida cotidiana, até chegar à aventura mais profunda de conhecer e atingir a realização do seu eu mais criativo. Pode-se dizer que o convida a reconhecer o "deus" que existe dentro de você e no mundo que o rodeia.

A jornada do herói é, então, uma jornada de transformação espiritual. Se nos referimos à solução dos desafios específicos de sua vida, ou se tratamos da natureza do processo criativo, isso lhe dá o direito de pensar em si mesmo como uma espécie de alquimista heróico, abrindo caminho para descobrir algo valioso e belo no que parece medíocre. Como William James, o avô da psicologia, disse: "Acredito que a vida vale a pena ser vivida e a sua crença tornará isso verdade." Você poderá fazê-lo apenas brandindo a sua vara de condão metafórica e mudando o seu modo de ver, a fim de encarar e experimentar uma velha situação sob um novo prisma. Ou poderá optar por um ataque total e direto e por uma busca através de zonas perigosas e estranhas. É possível que você esteja cônscio de sua ânsia de transformação ou que chegue a ela acidentalmente.

Qualquer que seja a sua jornada heróica particular, o mitólogo Joseph Campbell descreve-a assim: "Não importa se ela é grande ou pequena, nem o estágio ou nível de vida; o chamado ergue a cortina sempre, num mistério de transfiguração – um rito ou momento ou mudança espiritual que, ao se realizar, equivale a uma morte e a um renascimento. Os horizontes da vida familiar foram transpostos; os velhos conceitos, os velhos ideais e os antigos padrões emocionais já não satisfazem; chegou o momento de transpor o umbral."

O caminho do herói cotidiano o conduz além desse umbral. A jornada do herói implica dizer adeus às suas lutas e tornar-se receptivo a novas revelações e perspectivas, freqüentemente inesperadas. Quando você compreender que a jornada em que se encontra dentro de sua história pessoal espelha-se na metáfora do mito, poderá esperar auxílio por parte da grande história.

É claro que, para chegarmos ao ponto de ruptura, precisamos passar por uma mudança fundamental no que diz respeito às crenças que, conscientemente ou não, todos mantemos sobre as nossas próprias limitações.

Willis Harman e
Howard Rheingold

Marchando, sereno, segui pela estrada ampla, livre e cheio de vida
– o mundo diante de mim.

Walt Whitman

Com que história da jornada do herói você se identifica?

Procure lembrar-se de uma história que trate da jornada de um herói, que lhe diga alguma coisa. Saiba que a jornada do

Ele era um perfeito cavaleiro, extremamente gentil.

Geoffrey Chaucer

Com a grande história quero me referir àquela que nos permite distinguir padrões de conexões, assim como vínculos e metáforas que nos ajudem a abarcar e a compreender a nossa existência.

Jean Houston

herói não tem, necessariamente, que se apresentar sob a forma de um mito ou de um conto folclórico.

Pode apresentar-se sob a forma de um filme, uma canção, uma ópera, um romance, um poema ou uma história infantil. Pode basear-se em histórias bíblicas, como Davi e Golias, ou em histórias existenciais, como "O milagre do trabalhador" ou "O nascer do sol em Compobello". É preciso também considerar que essas histórias apenas retratam parte da jornada do herói. É reconhecendo as limitações de seus protagonistas que você verá, num contraste, o que pode fazer para seguir a rota do herói na sua vida cotidiana.

Examine os seguintes títulos e escolha uma história de que gosta. (Não importa que não esteja familiarizado com todas elas, ou que queira acrescentar alguma outra à lista.)

Joãozinho e Maria	Jonas e a Baleia	Deméter e Perséfone
"A Metamorfose"	Chapeuzinho Vermelho	Guerra nas Estrelas
Puff, o Dragão Mágico	A Maquininha que Podia	O Coelho de Veludo
Édipo Rei	Peter Pan	Tristão e Isolda
Alice no País das Maravilhas	Branca de Neve	A Odisséia
Eros e Psiquê	O Pequeno Príncipe	

Outra história _____

Agora, durante alguns instantes, reflita sobre as seguintes perguntas:

Qual, em sua opinião, é a melhor destas histórias?

Que parte da história é a sua preferida ou que parte você considera a mais fascinante?

Com que personagem ou desafio você mais se identifica?

De que forma essa história se relaciona com a sua vida, neste preciso momento?

Que pistas, diretas ou indiretas, ela lhe fornece quanto a viver a sua vida nos moldes de uma jornada de herói?

> *A jornada da heroína começa com a "separação do feminino" e termina com a integração do "masculino e do feminino".*
>
> Maureen Murdock

Você conseguiu responder à maioria das perguntas? Observe como circunstâncias de sua vida podem se espelhar numa história e sugerir uma série de coisas imaginárias, que lhe falem diretamente.

> *Vou agir como se o que eu fizer fizesse alguma diferença.*
>
> William James

A Bela Adormecida: Um exemplo da jornada do herói

Aparentemente, *A Bela Adormecida* não passa de um conto bem tradicional de príncipe e princesa. "Bom para crianças, mas sem pé nem cabeça e tremendamente voltado para o sexo" –, pode ser a sua opinião. Não se deixe levar pelas aparências! Essa história é um exemplo da grande história da jornada do herói. É a história da maneira calada, receptiva, tradicionalmente feminina ou *yin* de chegar ao poder e da maneira assertiva, extrovertida, tradicionalmente masculina ou *yang* de atingir as verdades profundas. É uma história em que cada uma dessas qualidades precisa da outra para se completar e tornar-se única, assim como nós temos necessidade da união sagrada entre o nosso coração e a nossa mente, porque nossa missão é enfrentar os desafios que encontramos na vida. É uma história de processo criativo e de metamorfose espiritual. É uma metáfora que diz respeito ao caminho do herói cotidiano. À medida que você for lendo a história da Bela Adormecida, observe o que ela lhe revela no tocante à sua própria vida.

A Bela Adormecida

Em tempos que já se vão, numa terra distante, situada além do sol e das nuvens, nasceu uma princesa mais bela que o sol. O rei e a rainha convidaram todos os súditos e todas as fadas para virem conhecer e abençoar a sua filha recém-nascida.

Uma das fadas, porém, estava descontente com essa criança: sentia inveja de sua beleza. Depois que todos a haviam abençoado, ela chegou na ponta dos pés até a beira do berço.

"Oh, real princesa, permita-me também expressar um desejo", grunhiu. "Que você, quando completar dezesseis anos, minha linda rosa, pique o dedo no fuso de uma roca de fiar... e morra!"

Soltou uma gargalhada perversa, rodopiou ao redor do salão e, em meio ao silêncio dos convidados estupefatos, partiu.

O rei e a rainha não cabiam em si de tanta tristeza. Subitamente, ouviu-se um barulhinho de asas e uma pequena fada muito bonitinha pairou, ofegante, no meio do salão.

"Desculpem-me por chegar atrasada", falou, arquejante. "Eu estava preparando uma poção mágica para fazer as plantas crescerem e não tinha a intenção de não comparecer à bênção da princesa." E olhando em volta, perguntou: "Por que tanta tristeza em dia tão venturoso?"

Contaram-lhe sobre a praga lançada pela fada má.

"Bem, eu não posso desfazer essa praga, mas posso atenuá-la. A princesa não morrerá ao picar o dedo; ela cairá adormecida – mas dormirá durante cem anos."

O rei e a rainha pararam de chorar. "Então certamente poderemos acordá-la, já que ela estará dormindo", disse a rainha. Apesar disso, todas as agulhas e fusos foram banidos do reino e anunciou-se que a princesa, até completar dezesseis anos, não poderia ultrapassar o território do palácio.

A princesa tornou-se uma mocinha formosa, feliz, inteligente e muito amada. Aproximava-se o dia de seus dezesseis anos e preparava-se uma grande festa. Atingiria a maioridade e chegaria o momento de atravessar os limites do palácio e conhecer os seus domínios.

Enquanto preparavam-se as festividades, a princesa passeava pelo palácio. Subitamente, deu com uma porta que jamais notara. "Que estranho", pensou, "vivo aqui há dezesseis anos e nunca vi essa porta. O que haverá além dela?"

Abriu-a e divisou uma velha curvada sobre uma roca, fiando lã. Claro que a princesa não tinha a menor idéia do que aquela velha estava fazendo, porque nunca havia visto uma roca de fiar.

"Você gostaria de tentar, querida?", perguntou a velha, estendendo-lhe o fuso.

A princesa estendeu a mão para apanhá-lo e, rapidamente, a velha (que era, na verdade, a fada má), jogou-o em suas mãos para que ferisse a pele delicada.

"Oh!", exclamou a princesa. "O que aconteceu?" E, apavorada com a velha, saiu correndo do quarto.

Mas assim que chegou ao corredor, foi dominada por um forte cansaço e caiu ao solo, profundamente adormecida.

O rei, a rainha e os vassalos, todos foram incapazes de acordá-la, de forma que a colocaram numa cama, na ala extrema do palácio. E então, por milagre, o rei, a rainha, os vassalos e todos os súditos do reino caíram também, imediatamente, em sono profundo, para só acordarem com a princesa. O país ficou em ruínas. Roseiras cresceram em todos os muros do palácio. Nada se movia no seu interior. As roseiras foram crescendo, crescendo...

Cem anos depois, em outras terras, que se estendiam além da lua e das estrelas, um jovem príncipe completou dezesseis anos.

"É tempo de você partir e tornar-se um homem", disse o rei, seu pai. E então o príncipe, montado em seu melhor ginete, partiu ao encontro da aventura.

Durante muitas semanas cruzou regiões inóspitas. Lutou contra demônios e dragões e a todos venceu e salvou muitas vidas. Um dia, escutou um barulhinho de asas e uma fadinha muito bonita pairou, ofegante, diante dele.

"Perdoe-me por estar atrasada", falou, arquejante. "Eu estava preparando uma poção mágica para as flores crescerem e não tinha a intenção de não estar presente às suas aventuras. Você tem realizado feitos varonis e salvo centenas de aldeões das garras de demônios e dragões. Mas foi escolhido para realizar mais um feito."

"Qual?", perguntou o príncipe.

"Distante daqui, numa terra situada além do sol e das nuvens, existe um palácio escondido por trás de um roseiral tão cerrado, que ninguém jamais conseguiu atravessar. Você precisa descobrir um caminho através dos arbustos espinhentos e entrar no palácio. Lá, um grande tesouro o espera. Não é a espada a arma que você usará. Isto lhe servirá melhor." Entregou-lhe uma pequena flauta de madeira e desapareceu.

O príncipe ficou perplexo e, mais ainda, quando descobriu que sua espada havia desaparecido. Apesar disso, partiu em busca do palácio coberto de rosas. Cavalgou durante cem dias e cem noites, cortando terras ignotas e mantendo o espírito alerta por meio de canções que ia tocando na flauta.

Finalmente, deu com o roseiral: uma imensa montanha de rosas e de espinhos. Tentou quebrar alguns galhos, mas eles o feriram terrivelmente e, onde quer que tirasse um ramo, sete surgiam imediatamente no seu lugar.

"Como é que vou conseguir atravessá-las sem a minha espada?", pensava. E sentou-se, olhando-as, já desesperado.

Para se animar, pegou a flauta e começou a tocar uma ária alegre e bem ritmada, de harmonia incrivelmente bela. Seguiu-se um ruído e, então, magicamente, os espinheiros começaram a se curvar. Ele se ergueu rapidamente, caminhou para a abertura entre as roseiras, e mais ramos iam se dobrando. Dava outro passo e o mesmo acontecia. Prosseguiu pela picada que os espinheiros abriam, nunca deixando de tocar a flauta, nunca arrefecendo o ritmo da melodia que emanava de seu instrumento.

A picada conduziu-o até um portão de madeira que se abriu à sua aproximação. Uma vez dentro do palácio silencioso e coberto de pó, mais portas foram se abrindo ao som da flauta do príncipe. A última porta abriu-se com um rangido e o príncipe, ao entrar, parou estupefato.

Lá, adormecida sob delicada rede de teias de aranha, jazia a mais bela jovem que vira em sua vida. Como é que ela podia estar naquele velho castelo empoeirado?

Tão atraído ficou pela sua beleza, que pensou que ia desmaiar. Mas conseguiu curvar-se e dar-lhe um beijo. "Minha Bela Adormecida", murmurou. "Oh, como seria bom se você pudesse me acompanhar e ser minha noiva!"

Então, aconteceu um fato surpreendente. Os olhos da princesa se abriram e ela piscou como se despertando de um sonho. "Oh, meu príncipe", disse num suspiro, "sonhei durante cem anos que você viria." E devolveu-lhe o beijo de um modo muito doce e apaixonado.

Deram-se as mãos e o príncipe tornou a abrir caminho com a flauta até onde estava o cavalo. Cavalgaram em direção ao reino do príncipe, onde se casaram no dia seguinte. No final da cerimônia, ouviram um barulhinho de asas e uma fadinha muito bonita pairou ofegante no meio do salão.

"Desculpem-me por chegar atrasada", falou arquejante. "Eu estava preparando uma poção mágica para fazer as plantas crescerem e não era minha intenção perder a cerimônia do casamento. Princesa, ao beijar o príncipe, você quebrou o feitiço que condenou o seu reino durante cem anos. Ele despertou, cheio de vida e de felicidade. Você será a rainha das terras situadas além do sol e das nuvens."

Com o tempo, o príncipe e a princesa foram proclamados rei e rainha, e os seus reinos foram unidos num só. Sempre juntos e felizes, reinaram dedicadamente por muitos anos.

A Bela Adormecida como uma jornada arquetípica do herói

> *Se uma pessoa segue o princípio heróico da integridade e da fé, quando envolto num conflito, a possibilidade de alguma ajuda inesperada é bem real. Uma intuição, um sonho, uma solução criativa, uma resposta instintiva na ponta da língua ou uma mudança de atitude surgem para socorrer a situação.*
>
> Jean Shinoda Bolen

Como no processo criativo, a jornada do herói consta de seis fases. Descreveremos cada fase de um modo geral e demonstraremos a sua manifestação na Bela Adormecida, recordando-lhes a fase equivalente do processo criativo. À medida que você ler essas descrições, pense não somente na história a que elas se referem, mas também em si mesmo e em sua vida. Conscientize-se dos desafios que está enfrentando e que já enfrentou. Observe como você também atravessou as seis fases descritas a seguir. Após cada descrição, reserve alguns instantes para refletir nas perguntas feitas. Isso o ajudará a identificar muitos aspectos da jornada do herói em sua própria vida.

1. Inocência

> *Comece tudo que você possa fazer ou sonha poder. A ousadia tem dentro de si genialidade, poder e magia.*
>
> Goethe

O herói arquetípico parte num estado de inocência, num estado de relativa ingenuidade e feliz com o *status quo*. Não há nem sinal dos desafios que sobrevirão. Tudo parece estar bem na terra da princesa. Os bondosos monarcas acabaram de ter uma linda filha. O príncipe está se transformando, como deveria, num belo rapaz.

Essa fase equivale à *preparação* inicial do processo criativo, em que qualquer idéia de realizar seja o que for está colocada como uma linha reta e fácil de traçar entre os pontos A e B. Existe a sensação de que tudo está bem com relação ao mundo.

Pense num estado de inocência na sua vida. Quando sentiu que as coisas eram fáceis e seguras ou, pelo menos, comodamente familiares?

2. O chamado da aventura

O paraíso não pode durar. Algo rompe os padrões familiares e desafia o herói incipiente a se submeter a uma prova. O chamado da aventura tem um umbral, cuja transposição indica o princípio da jornada. Ele pode chegar como uma crise, exigindo imediata solução, ou pode se apresentar como o leve tique-taque de um relógio escondido, anunciando a necessidade da maturação. O chamado dirige-se à ânsia secreta que todos nós temos de crescer, de ser tudo aquilo que pudermos. Não atender a esse chamado é bater em retirada, de volta à inocência e à segurança. Quando isso acontece, não existe jornada heróica. Se o herói atender a esse chamado, pode enfrentar perigos e não haverá retorno algum. Atender ao chamado é aceitar o desafio, é arriscar o salto para o desconhecido.

A fada má, com a praga de que a princesa morreria aos dezesseis anos, chama a Bela Adormecida à aventura.

O chamamento do príncipe é menos dramático; chega para ele, simplesmente, a hora de se tornar um homem – como o pai lhe diz.

Essa fase equivale, no processo criativo, à *frustração*. Ela se baseia na convicção de que as coisas vão ser mais difíceis do que pareciam à primeira vista. Existe uma sensação de realizar ou morrer.

Que circunstâncias o chamaram recentemente à aventura? Você atendeu a esse apelo? Em caso positivo, o que aconteceu? Em caso negativo, o que você precisa para dar o salto que exige fé?

3. Iniciação

Uma vez que o herói atenda ao chamado, inicia-se a jornada. Começa com uma entronização a novos e estranhos mundos; uma jornada de amadurecimento e de transformação, na qual o herói confronta-se com a possibilidade de aniquilamento ou de morte. Pode assumir muitas formas. Uma é aquela do grande drama, na qual ele quase se depara com a morte certa e é verdadeiramente posto à prova, para extrair de dentro de si uma força e uma sabedoria desconhecidas e sobreviver. Este é o tipo de aventura descrito nas histórias do Oeste de cavalaria e de cavaleiros errantes. Outro tipo é aquele em que o herói está, de certo modo, fora de si ou adormecido ou levado a mundos subterrâneos; o amadurecimento prossegue nas profundezas misteriosas, invisível a olhos exteriores. "Jonas no ventre da baleia", "Rip Van Winkle" e muitos contos derivados das tradições filosóficas orientais ilustram esse caminho invisível para a transformação.

O uso que o príncipe faz de sua espada para combater demônios e dragões ao partir rumo à sua busca simbólica caracteriza o primeiro aspecto da sua jornada, enquanto o fato de ele compreender a força suave da flauta ilustra o segundo. O sono e o sonho da princesa com o príncipe exemplifica o segundo. Observe que cada um deles não passou apenas por uma aventura, mas por uma série de miniaventuras dentro da grande jornada: o príncipe deparou-se com dragões e durante dezesseis anos procurou-se evitar que se concretizasse o triste destino da Bela Adormecida.

Essa fase equivale à *incubação* em que o herói penetrou no domínio do poço sem fundo, onde germinam forças secretas. É a experiência de não saber como, ou de não saber se a situação terá, um dia, solução. Existe um senso de desistência, de profunda

> *Não é a crítica que conta; não aquele que diz como o homem forte tropeçou, ou onde o autor das façanhas poderia tê-las realizado de um modo melhor. O crédito pertence ao homem que, realmente, enfrenta a arena.*
>
> Theodore Roosevelt

compreensão de que ela não pode ser resolvida por vias normais. É essa capitulação (o príncipe à flauta, a princesa ao sono provocado pela roca de fiar) que possibilita a transformação.

De que maneira, agora, você se encontra, realmente, na jornada heróica da iniciação? Quais são os perigos? Que forma assume a sua rendição?

4. Aliados

O herói recebe ajuda de aliados durante a jornada. Algumas vezes, eles surgem logo no umbral e lhe oferecem amuletos protetores ou conselhos. Outras vezes, surgem num momento de crise e contribuem com a sabedoria necessária para a solução e a transformação. É no ponto de rendição que os aliados geralmente surgem: quando o herói se dá conta de que essa jornada não se completará dentro das estruturas conhecidas das anteriores. Embora os aliados possam assumir a forma de outros personagens ou de objetos, eles, sem dúvida, representam reservas de sabedoria que o herói tem armazenado e que aprende a usar nesse momento. Muitas pessoas religiosas costumam referir-se à intervenção dos aliados em sua vida como uma "graça".

O aliado da Bela Adormecida surge logo no umbral, sob a forma da boa fada que ameniza o feitiço da fada má. Surge como uma aliada do príncipe quando ele se encontra no fundo do poço, orientando-o no sentido de que desista do machismo da típica aventura masculina e tente um enfoque mais suave. Reaparece na cerimônia de núpcias para lembrar à Bela Adormecida o seu poder e para consolidar sua união com o príncipe.

Essa fase equivale à *estratégia* do processo criativo, uma vez que os aliados proporcionam ao herói os meios de concretizar a transformação essencial, necessária para que a história venha a ser uma jornada de sucessos. Assim como a incubação e a estratégia se alimentam do processo criativo e ambas as fases podem ser reeditadas várias vezes, assim também os aliados e a iniciação se entrelaçam na jornada do herói. Os aliados transmitem uma sensação de confiança na existência de uma forma para sair do mundo subterrâneo.

Quem ou o que são os seus aliados, agora que você enfrenta os desafios da sua vida?

5. Rompimento

> *O importante é isto: Estar pronto para, a qualquer momento, sacrificar o que somos pelo que podemos vir a ser.*
>
> Charles Du Bois

Os aliados proporcionam os meios para a solução feliz da iniciação e para a conclusão da tarefa que torna o herói verdadeiramente heróico. Mas esse rompimento só pode resultar da transformação do herói e de novas habilidades. O momento em que o herói reconhece ou expressa essa percepção profunda, assinala a transposição do umbral de retorno, o regresso do mundo subterrâneo para o assim chamado mundo normal.

Embora a Bela Adormecida pareça, a princípio, ser uma receptora passiva do beijo do príncipe – assim como fora uma vítima passiva da maldição da fada má – vimos que ela exorcizou o seu próprio destino, sonhando com o príncipe. Assim, o beijo que rompeu o encadeamento é tanto mérito dele como dela. O rompimento causado pelo príncipe só foi possível depois de ele ter substituído a espada pela flauta e de ter enfrentado as rosas de uma maneira mais delicada que agressiva.

Isto equivale à *iluminação* do processo criativo; em que um novo nível de percepção ou modo de ser é atingido – a sensação de "Ah, é assim!"

Em termos do seu maior desafio atual, como você imagina que ocorreria o rompimento? Qual seria a sua solução ideal?

6. Celebração

A jornada termina com o regresso do herói, carregado de dádivas e de sabedoria, para junto dos que ficaram. Ele é julgado mais sábio, mais profundo ou quase divino. O herói que regressou não é a mesma pessoa que partiu – devido talvez ao casamento ou à mudança de estado, da criança para o adulto ou do mortal para um deus. A jornada bem-sucedida beneficia muita gente e não apenas o herói.

O príncipe e a princesa transformaram-se em rei e rainha. O seu casamento representa a sagrada união essencial do masculino e do feminino simbólicos. A boa fada surge novamente para nos recordar de que os dois reinos são um só; eles, afinal de contas, não são muito diferentes nem estão muito distantes um do outro.

Isto equivale à *verificação* do processo criativo, em que uma nova percepção torna-se sensível no mundo real – excetuando que este, embora outra vez nivelado com o caminho, esteja situado num plano mais elevado que o anterior. Estabelece-se um novo *status quo*, pavimentando a estrada para a nova jornada do herói, o nível seguinte da transformação.

Imagine a celebração do término da jornada atual. O quanto você terá mudado? Como será a sua vida?

Esta, então, é a jornada do herói. Você pode ver como a história esclarece o processo criativo. Se você, enquanto a estiver lendo, pensar em sua vida, poderá provavelmente aquilatar como o modo de encarar os desafios refletem a sua própria jornada de herói.

Se você fez um mapa do caminho do herói, ele deve se parecer com a trajetória ao lado.

Se for mais analítico, você poderá preferir estabelecer a equivalência que segue:

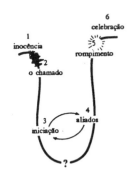

Processo Criativo	Jornada do Herói
Preparação	Inocência
Frustração	Chamado à Aventura
Incubação	Iniciação
Estratégia	Aliados
Iluminação	Rompimento
Verificação	Celebração

Qual a trama da sua jornada de herói?

Quando você estabelece um paralelo entre o processo criativo e a jornada do herói, tem condições de avaliar o quanto viver a sua vida como um herói cotidiano significa passar por uma experiência diária de criatividade. Quantos mais desafios você tiver, maior a probabilidade de que terá capacidade para aperfeiçoar suas habilidades criativas práticas e desenvolver a sabedoria do herói.

Qual a natureza da sua jornada de herói? Quais os desafios que você terá de enfrentar durante o decorrer da sua vida? Qual o seu enfoque usual quando se trata de enfrentar desafios? As pessoas tendem a ser criaturas apegadas a hábitos. Estamos no estágio da inocência e nos sentimos bem com as coisas como estão.

O homem é uma corda esticada entre o animal e o super-homem – uma corda sobre um abismo.

Friedrich Nietzsche

Por enquanto, isso é ótimo – precisamos de uma sensação de estabilidade. Mas o chamado da aventura inevitavelmente nos atingirá e precisamos optar por atendê-lo ou não. O chamado virá sob a forma de uma crise que não será resolvida pelos métodos normais ou sob a forma de uma ânsia natural por uma vida mais completa e plena de sentido.

O poder do herói cotidiano advém do fato de ele prestar atenção ao que já lhe aconteceu na vida. Os heróis dos mitos permitem-se serem levados pela sorte. Cada nova situação representa uma surpresa para eles. Claro, parte deste caminho está sendo aberta pelo que entrar em confronto com você. Mas você poderá ganhar força se estiver consciente do ponto em que se encontra no caminho e de como chegou até aí.

Você pode fazer uma avaliação inicial por meio do exercício que denominamos "O Filme de Sua Vida". De certo modo, isso lhe dá a chance de construir o seu próprio mito ou história. Por esse intermédio, você poderá ver onde esteve e como administrou anteriormente os seus desafios. O valor deste exercício está em que ele atinge o seu conhecimento interior de uma forma que não o faria se apenas respondesse às perguntas sobre a sua vida.

Assim, seja receptivo em todos os exercícios. Dê-lhes uma oportunidade e verá como eles o ajudam. Faça um balanço de suas forças. Perceba quem você é, onde está e onde tem estado.

Preparando-se para assistir ao filme de sua vida

Leia vagarosamente o exercício abaixo, empregando todos os sentidos para tornar as suas memórias e sentimentos os mais reais possíveis. Enquanto lê, veja o filme, cena por cena, dispensando uns poucos minutos para que cada parte se torne clara, antes de passar à seguinte. Planeje reservar cerca de quinze minutos para este exercício, sabendo que o tempo cinematográfico é como o sonho, em que anos de experiência podem transcorrer numa fração de segundo. Você contará apenas com quinze minutos de tempo real, mas terá todo o tempo cinema-

Os problemas agora atingiram a dimensão da alma. A meta é descobrir Deus... Por misericórdia, você quer fazer o favor de acordar?

Christopher Frye

tográfico que precisar para reviver profundamente e ter uma idéia do caminho que percorreu através da vida.

Talvez, na sua opinião, esta experiência pode ser mais intensa e motivar a maior percepção que já teve, se você fizer uma gravação das instruções do filme ou se alguém puder lê-las para que você não tenha de ficar interrompendo o processo da sua imaginação para ler a cena seguinte.

Muitos de nós atravessamos momentos bons e maus em nossas vidas. Os momentos maus correspondem aos desafios que nos levam a nos transformar em nossos próprios heróis. Você pode estar diante de alguns desafios ainda não resolvidos. Quando, durante o filme, você chegar nesse ponto, você pode mudar o *script* para solucionar os desafios, ou observá-los apenas e sentir tristeza em seu coração. Se sentir tristeza, provavelmente estará apto a encetar uma jornada no sentido de superar a dor da sua história pessoal. Se você alterar o filme, veja como o faz e faça disso uma base destinada a trabalhar os seus desafios atuais.

Comece por se certificar se está sentado confortavelmente. Feche os olhos por um momento e inspire e expire algumas vezes. Respire com naturalidade. Simplesmente desloque o foco de seus pensamentos para a sua respiração. Tire uns momentos para recobrar o domínio de si mesmo, sentindo-se relaxado e pronto para ver o filme que está prestes a ser projetado.

O Filme de Sua Vida

Imagine-se num cinema, numa poltrona confortavelmente sentado. Você sente a maciez do tecido e o contorno suave do braço da poltrona. Paira no ar um cheirinho de pipoca e você ouve o barulhinho que as pessoas da parte de trás fazem, mastigando e pegando mais pipoca do saquinho. Está ansioso para que o filme tenha início. As luzes vão se apagando pouco a pouco.

O fundo musical começa a tocar e, na tela, em letras de bom tamanho, surge o título. É: "Seu nome... (As legendas vão se desenrolando e aparece o restante do título) ... Esta é a sua vida."

Que interessante assistir ao que o diretor selecionou para incluir na exibição! Você se reclina na poltrona, pronto para se entreter com uma história profunda e comovente.

A primeira cena começa com o seu nascimento, porém, efeitos especiais foram utilizados para que você a assistisse da perspectiva de um bebê. Você faz contato com as contrações e com a mudança de ambiente. Isso é, sem dúvida, diferente de tudo o que você já experimentou até então. Você se sente inseguro diante desse fato desconhecido, mas também curioso.

Na cena seguinte, você está em casa com algumas pessoas. Como são elas? Quem são? O que estão fazendo? Em que quarto você está? Uma das pessoas tira-o do berço e fala com você. Você se sente seguro e feliz.

A seguir, vem uma seqüência do que parecem ser cenas pré-escolares. Várias pessoas e lugares surgem na tela. Você é o personagem principal de todas essas cenas. Você lembra de pessoas e acontecimentos que havia esquecido. Dedique uns momentos para reviver essa parte da sua vida, com todo o seu sentimento.

A próxima montagem projeta a sua infância e os primeiros anos de escola. Você assiste fascinado e sente-se impelido a participar da ação, a reavivar plenamente a experiência dessa criança que é você.

Agora você está cursando o 2º grau e partes de sua adolescência se precipitam do passado até você. O colégio, os fins de semana, as férias, gente e fatos importantes. Observe como você era, assista aos altos e baixos da sua vida durante essa fase.

O filme prossegue, rodando cenas do primeiro período de sua vida adulta. Amigos, parentes, eventos relacionados com o trabalho e o lazer, alegrias intensas e sofrimentos pungentes, tudo cria vida de novo.

Agora a cena focaliza você. Onde você está? O que está fazendo? Quem está com você? Como é que você se sente? Qual é o seu trabalho? Quem é você? Quem é você, realmente? A câmera arrasta-se neste ponto e o brilhante diretor demonstra possuir o dom de revelar o que existe debaixo da superfície.

As cenas focalizam, agora, a sua maturidade. Um homem maduro (que é você) está sentado numa poltrona, rodeado da família e de amigos. Quem está lá? Onde você está? Você está pensando no que fez com a sua vida. Que trabalho realizou? Quem amou? Onde esteve? O que deu sentido à sua vida? Você fez na vida o que quis? O que foi? Qual a grande sabedoria que você adquiriu como resultado dos desafios que enfrentou?

O filme termina, afinal. É um filme profundo. Ele o emociona intensamente. Quando cessa a música das últimas cenas, você se encontra diante de um novo entendimento e respeito pelo herói do filme. As luzes se acendem e você vai para a rua, na certeza de que assistiu a algo de grande importância para si próprio.

Faça gestos de bondade, realize atos insensatos de beleza.

Anônimo

Esse exercício ativou a sua imaginação criativa e todos os seus sentidos foram usados para fazer reviver a sua jornada na vida e ilustrar o caminho que você deve seguir. É possível que

> *Através de toda a história, a doença mais comum e mais debilitante para o ser humano tem sido sentir os pés frios.*
>
> Anônimo

agora você esteja confuso. Talvez se recorde de alguns pontos-chave da sua jornada: desafio e iniciação no caminho, sensação de queda num poço sem fim ou festas após você transcender e transformar as batalhas.

Os desafios de sua vida

Use a tabela que lhe demos para anotar os desafios mais significativos que encontrou em cada estágio de sua vida, com os seus resultados. Tente se lembrar dos eventos que o forçaram a apelar para a sua criatividade. Registre os resultados, tanto positivos como negativos. É possível que não se lembre de nada importante num determinado estágio, como é possível que se lembre de muita coisa importante. No que se refere à maturidade, anote o que achar, por antecipação, que serão os seus maiores desafios.

Provavelmente, você começou a divisar um rumo ou paradigma nos diversos desafios importantes para você. Recapitule a lista dos seguintes desafios:

- Perseguir um verdadeiro objetivo.
- Atrair e conservar relações afetivas em sua vida.
- Viver o momento presente, livre de preocupações.
- Alcançar equilíbrio pessoal e profissional.
- Encontrar o caminho da prosperidade.

Quais destes cinco desafios é o mais importante para você? Nos quadrados à esquerda, referentes a cada estágio de sua vida, anote quais os desafios que encontrou (ou cujo encontro antecipa) nesse estágio.

Estágio da Vida	Desafios	Resultados
1ª infância *Desafios?*		
Anos escolares *Desafios?*		
Mocidade *Desafios?*		
Presentemente *Desafios?*		
Maturidade *Desafios?*		

Que padrão de conduta (se houver) você observou quanto à forma de resolver ou não os seus desafios? Você tem uma maneira especial de reagir a certas situações? Este exercício pode ter-lhe proporcionado algumas revelações. É provável que você tenha aprendido cedo a maneira de como sobreviver no seio da família. Existem certos tipos de desafios dos quais você foge e outros aos quais vai de encontro? Você aprendeu a assumir compromissos, aos quais, depois, se sentiu preso como numa armadilha? Você acha seguro evitar compromissos a qualquer preço? Acha difícil tomar decisões? Reage melhor em certos tipos de situações do que em outros? Com que tipo de gente você se sente mal e com quem se sente à vontade?

Se você acha que não existem novos horizontes, observe um rapaz tocar a campainha da casa da primeira namorada.

Olin Miller

No espaço aqui reservado, ou em seu diário, anote qualquer modo seu, habitual, de enfrentar os desafios que passaram no filme de sua vida. A sua missão, à medida que trabalha com este livro, é arregimentar os componentes de um modo de ser, que constituam a sua força, desprezando aqueles que o impeçam de ser, verdadeiramente, um herói cotidiano.

Lembre-se, neste caminho você é o herói. Permita que este livro seja um aliado seu quando encetar esta jornada criativa rumo à solução de seus desafios, e deixe que o herói oculto que existe dentro de você, saia da toca e brilhe em sua vida.

SEGUNDA PARTE

OS DESAFIOS

O PRIMEIRO DESAFIO

5

Descubra e Persiga o Seu Verdadeiro Objetivo

Buscar a felicidade é viver e trabalhar com paixão e compaixão. Quando você vive dessa forma, acrescenta significado, satisfação, paz e objetivo à sua vida. O problema reside em que, freqüentemente, você não sabe qual é essa felicidade, qual é esse objetivo mais elevado. Você pode, a princípio, sentir um certo prazer em permitir que a vida o leve a esmo, mas cedo ou tarde encontrar-se-á perguntando a si mesmo "Isso é tudo o que há?" E começa a perceber um vazio na vida e a ansiar por um sentido de direção e de realização.

Este capítulo vai prestar-lhe ajuda no que talvez seja a aventura mais importante de sua vida: a busca do objetivo supremo. Todo mundo tem, em todo momento da vida, esse embasamento de propósito – apenas não o reconhece. Agora, você não somente irá se dar conta disso, como começará a assumir a responsabilidade de viver com ele, sempre, em cada etapa da sua vida.

Felizmente, todos os momentos e todas as circunstâncias lhe dão a oportunidade de viver o seu mais alto objetivo. Você tem apenas que abrir os olhos e o coração. Quando sentiu a alegria de estar vivo? Quais os seus valores mais importantes? Como eles se manifestam no seu trabalho cotidiano e no relacionamento com as outras pessoas? O que, nestas últimas vinte e quatro horas, mexeu com a sua alma? Se você respondeu "nada" a esta última pergunta, o que *mexeria* com a sua alma? Viver com um objetivo é o mesmo que viver com a consciência de quem você é e do que você quer. De todos os desafios que defronta, este é o fundamental. Como Joseph Campbell diz, outros desafios parecem descobrir um meio de se desvanecerem mais facilmente, quando você compreende, com clareza, essa questão essencial.

Se você seguir no encalço da sua felicidade, entrará numa trilha que sempre esteve à sua espera, e a vida que você deveria estar levando é a única que lhe cabe viver. Quando você compreender isso, começará a conhecer pessoas que estão dentro do campo da sua felicidade e elas abrirão as portas para você. Eu lhe digo: vá em busca da felicidade sem medo, e as portas se abrirão onde você menos espera.

Joseph Campbell

> *A vida merece algo além do aumento da sua velocidade.*
>
> Mahatma Gandhi

O importante é que não é muito difícil resolver esse desafio da vida, embora às vezes pareça impossível. Lembre-se dos comentários a respeito do processo criativo com referência à jornada do herói, nos capítulos precedentes. Em ambos os processos, o caminho da iluminação ou do rompimento leva-o através do abismo do desconhecido, na rota que o conduzirá a seu destino. Embora o criador não se sinta, a princípio, muito criativo, nem o herói, heróico, o próprio processo de exploração, em si mesmo, traz à tona a natureza criativa ou heróica – em geral de forma surpreendente.

Na mitologia, cada história da jornada de um herói consiste, de certo modo, na busca de um propósito. Sendo assim, ela nos pode servir de inspiração para o que fazemos diariamente. Este capítulo adota a lenda de Persival e do Santo Graal para guiá-lo numa jornada criativa.

A história de Persival tem sido narrada durante mais de oitocentos anos, em inúmeras versões, tanto para crianças como para adultos, em poesia, prosa ou em ópera, como *Parsifal*, de Wagner. Psicólogos da segunda metade do século XX têm feito uso dessa história como uma metáfora para explicar a evolução do homem adulto e continuarão provavelmente a fazê-lo, através do século XXI.

A história é inspiradora porque contém verdades essenciais. À medida que você a ler, reflita em sua jornada pela vida. Que dons e que limitações dados por Deus fizeram parte do começo de sua vida? Que palavras paternas de sabedoria você ainda guarda nos ouvidos, mesmo que sejam fora de moda? Quem ou o que representa o seu Cavaleiro Vermelho? Quem é o seu Gournemant? Quem é a sua Blancheflor? O que é o seu Graal? Por que caminhos você anda como Persival? Qual é a visão que você tem da sua vida?

Neste capítulo, para *preparar-se* para esta parte da sua jornada, leia a história, identifique elementos dela na sua vida e adote um lema para lhe servir de guia. A sua *jornada* consta de exercícios que o desafiam a ver com clareza o seu objetivo. O capítulo termina, como todas as jornadas do bom herói, com o eterno *retorno*, com a chance de reconhecer que você é o seu próprio herói e do quanto você aprendeu em suas viagens.

– PREPARAÇÃO –

Persival e o Santo Graal

Persival era filho de uma mulher chamada Coração Magoado. O marido e os seus dois filhos encontraram a morte lutando como bravos cavaleiros e ela havia criado Persival num lugar distante, para evitar que ele viesse a se sagrar cavaleiro e tivesse a mesma sorte. Persival era, na verdade, um completo inocente. A princípio, ele vive e reage em função de terceiros. Um dos significados do seu nome *Persival* é "ingênuo" e o outro é "aquele que avança impetuosamente através dos vales". Na verdade, ele só veio a conhecer o seu nome e a sua identidade verdadeira muito mais tarde, como veremos nesta história.

Um dia, na primavera, Persival saiu a cavalo para lançar dados – algo que ele fazia muito bem – quando, de súbito, vindos não se sabe de onde, cinco imponentes cavaleiros, em brilhante armadura, passaram a seu lado montados em enormes ginetes. O jovem ficou maravilhado. Pensou que eles fossem deuses ou, pelo menos, anjos. Fez-lhes perguntas após perguntas sobre quem eram, o que faziam com suas lanças, com os escudos e coisas assim.

Depois que eles partiram, voltou à sua casa a fim de comunicar à mãe que iria juntar-se àqueles cavaleiros. Para ela, isso era o pior dos pesadelos, mas ela compreendeu que nada poderia fazer para dissuadi-lo. Concordou em deixá-lo ir, mas deu-lhe três conselhos: deveria ir à igreja diariamente, onde receberia comida e bebida adequadas, teria de respeitar todas as mulheres solteiras, e nunca faria perguntas. Com isso, Persival partiu e começou a sua vida de aventuras.

No dia seguinte, chegou a uma tenda magnífica, armada num prado, encimada por uma águia dourada. Como jamais havia visto uma igreja, julgou ser uma aquela bela tenda. Para obedecer às ordens da mãe, desmontou e entrou. Realmente, havia comida sobre a mesa, de forma que Persival serviu-se de carne de cervo e de vinho.

Sozinha na tenda estava uma linda donzela, adormecida num leito de brocado. Suas aias haviam saído em busca de flores a fim de enfeitar o local para a chegada de seu amante, um cavaleiro. A jovem acordou e Persival atirou-se sobre ela, beijando-a sete vezes e tirando-lhe o anel, pois acreditava que dessa maneira o seu amor estivesse selado para sempre, segundo as regras da cavalaria. Ela protestou e disse que o seu amante em breve retornaria e certamente iria matá-lo pelo que ele fizera. Persival, porém, partiu antes do regresso do amante que, na verdade, ficou furioso quando descobriu o que havia acontecido.

Persival saiu em busca do rei Artur, porque sabia que ele poderia sagrá-lo cavaleiro. Em sua rota, cruzou com um magnífico cavaleiro, vestido inteiramente de vermelho. O Cavaleiro Vermelho vivia aterrorizando o rei Artur e sua corte e ninguém conseguia abatê-lo. Ele havia ameaçado Artur com a perda de seu reino, se ninguém o derrotasse e, ousadamente, arrebatara a taça de ouro do rei – ainda cheia de vinho – para selar o seu insulto. E não houve quem tivesse a coragem de enfrentá-lo.

Desconhecendo tudo isso, Persival, um tolo inocente, dirigiu-se ao homem, dizendo que tinha a intenção de tirar-lhe a armadura, as armas, os arreios e o cavalo. O Cavaleiro Vermelho respondeu, maldosamente, que essa era uma boa idéia e que Persival se apressasse em ir ao seu encontro, depois que fosse sagrado cavaleiro, para tentar fazer a façanha.

Quase todo o mundo na corte de Artur zombou quando o jovem declarou que queria ser sagrado cavaleiro, embora o próprio rei desejasse fazê-lo. Mas então uma jovem, que há seis anos não sorria, aproximou-se de Persival e dedicou-lhe o mais belo dos sorrisos. Ela lhe disse que ele seria o mais valente e o melhor dos cavaleiros. Isso tornava real uma profecia sobre um bobo da corte, segundo a qual a moça só voltaria a sorrir quando visse aquele que seria a fina flor da cavalaria. Sir Kay, um dos escudeiros do rei Artur, muito aborrecido com a presença de Persival, atirou-se sobre a moça e derrubou-a, perguntando-lhe como ousara chamar aquele palhaço de o melhor e o mais bravo dos cavaleiros. Persival não esperou nem mais um minuto. Partiu da corte para desafiar o Cavaleiro Vermelho. Este saudou-o, incrédulo. "Jovem, será que o rei Artur não tem nenhum outro homem que se atreva a defender seus direitos? Diga com franqueza se ninguém virá mesmo." Persival retorquiu ameaçadoramente e atirou-lhe um dardo à cabeça, fazendo-o cair ao solo, morto. Um dos escudeiros de Artur, que havia seguido Persival até o ponto do encontro, ajudou-o a vestir a armadura do Cavaleiro Vermelho, por cima de suas grosseiras vestes de campônio. Persival, então, montou o corcel do Cavaleiro Vermelho e ordenou ao escudeiro que levasse o seu velho cavalo ao rei, devolvendo-lhe a taça de ouro e avisasse a sir Kay de que a afronta à jovem seria vingada.

Persival partiu com a intenção de voltar à casa da mãe, mas no caminho passou pelo castelo de um nobre, Gournemant de Gohort, que o persuadiu a ficar e o treinou na arte da cavalaria. Persival queria muito aprender essa arte e confessou a Gournemant: "Nunca houve algo que eu quisesse aprender tão avidamente. Eu gostaria de saber, tanto quanto você, sobre o manejo das armas." Sua vontade de aprender era tal que se exercitava até sentir-se exausto.

Gournemant ensinou a Persival tudo o que sabia e deu-lhe uma armadura nova, convencendo-o, afinal, a deixar de usar suas roupas de fabricação caseira. Ao colocar uma espora no pé direito de Persival, Gournemant, de fato, sagrou-o cavaleiro. Esse nobre experiente ordenou ao jovem que deixasse de dizer, em tudo o que fazia, que agia assim porque sua mãe o havia aconselhado a fazê-lo. Confirmou, porém, o aviso materno no sentido de sempre prestar ajuda a moças em dificuldades. E, embora não dissesse a Persival para não fazer perguntas, recomendou-lhe que falasse menos. Essa última instrução Persival seguiria à risca, às vezes até em seu próprio detrimento.

Persival deixou Gournemant, ainda pensando em voltar para casa, mas então deparou com outro castelo, desta vez da donzela Blancheflor. Ao sentar-se com ela, que viria a ser o amor de sua vida, permaneceu tão calado – lembrando o conselho de Gournemant de não falar muito – que os cortesãos começaram a cochichar, dizendo que ele era mudo.

Todas as terras ao redor do castelo estavam abandonadas. Dos trezentos e dez cavaleiros que antigamente as guardavam, só restavam cinqüenta. Nessa noite, Blancheflor foi até o quarto de Persival para explicar-lhe porque isso acontecera e falar-lhe da situação do reino. Ele concordou em desagravá-la, enfrentando o cavaleiro que havia criado todos esses problemas. Muito romanticamente dormiram juntos, mas Persival, fiel ao conselho de sua mãe, permaneceu absolutamente casto.

Persival venceu o cavaleiro que andava aterrorizando o reino de Blancheflor e, como faria diversas vezes no decurso de suas aventuras, enviou o cavaleiro vencido ao rei Artur. O reino de Blancheflor foi restaurado, adquirindo o seu antigo brilho, e todas as pessoas – especialmente Blancheflor – queriam que Persival lá ficasse reinando ao lado dela, como se esse reino fosse seu. Porém, mais uma vez ele partiu para voltar à companhia da mãe.

O seu próximo encontro deu-se com um estranho pescador e o seu criado, ambos pescando de bote, num rio. O pescador enviou Persival ao seu castelo, que parecia emergir do vale à medida que o cavaleiro dele se aproximava. Encontrar esse pescador e ir ao seu castelo constituíram, provavelmente, os acontecimentos mais críticos da vida de Persival. O pescador era, na verdade, um rei e o seu castelo guardava o Santo Graal, o cálice usado por Jesus na Última Ceia.

No entanto, Persival pôde ver que o reino do rei pescador estava abandonado. Muitos anos antes, enquanto adorava o Santo Graal, o rei havia olhado para uma mulher enquanto a sua roupa se abrira de maneira reveladora. Por isso ele fora punido e tinha na coxa uma ferida que não cicatrizava.

Agora, o rei pescador tinha de ser transportado em liteira. Seu reino estava completamente desolado. Mesmo com o Graal, não podia ser curado por ele. O seu único momento de felicidade era quando estava pescando. Um bobo da corte profetizara que ele só sararia quando uma pessoa realmente ingênua viesse à sua corte. E mais: que essa pessoa teria de fazer perguntas como "O que vos aflige?" e "A quem serve o Graal?"

Embora Persival fosse essa pessoa, não fez nenhuma das perguntas. Ele observou o sofrimento do rei. Uma lança com a ponta ensangüentada e o próprio Graal foram levados em procissão, passando por ele e pelo rei e entrando numa câmara. Persival teve três oportunidades de perguntar sobre o Graal e a quem eles estavam atendendo naquele aposento, mas, porque Gournemant lhe dissera que falasse pouco e sua mãe aconselhara-o a não fazer perguntas, não as fez. O rei pescador foi levado ao leito e Persival adormeceu, pensando que poderia fazer as perguntas na manhã seguinte.

Mas na manhã seguinte o castelo estava vazio. Assim que Persival e seu cavalo transpuseram a ponte levadiça, esta se fechou e o castelo desapareceu. Por mais que Persival chamasse, desesperado, ninguém lhe respondeu. Sua oportunidade havia sido perdida.

No entanto, fazendo-se valer do significado do seu nome, "aquele que avança impetuosamente através dos vales", Persival partiu a galope, numa vã tentativa de encontrar os habitantes do castelo. Encontrou, sim, uma jovem sentada sob uma árvore, segurando o corpo morto do seu cavaleiro e amante. Ela perguntou-lhe o nome e ele, pela primeira vez em toda a sua vida, pronunciou-o: Persival.

A donzela perguntou a Persival em que lugar ele estivera. Ele contou-lhe e ela censurou-o aborrecida pelo fato de ele não ter feito as perguntas corretas no castelo do Graal. Porque não fizera as perguntas que poderiam ter salvo o rei e o reino, havia causado um grande mal a muita gente.

A moça disse que ele deveria se chamar Persival, o Desventurado, ou Persival, o Azarado. Disse-lhe, também, que era sua prima e que a mãe dele havia morrido de desgosto quando ele a abandonou. Persival deixou a moça para vingar a morte do cavaleiro por ela amado e, de fato, partiu a galope através do vale, em busca do castelo do Graal.

Persival, então, passou por uma série de aventuras, nas quais venceu diversos cavaleiros e os enviou à corte do rei Artur para que o servissem. Com o tempo, Artur compreendeu que Persival era o maior dos seus aliados e partiu, juntamente com os cavaleiros da Távola Redonda, com o objetivo de encontrá-lo. Três desses cavaleiros o encontraram no momento exato em que ele examinava, sobre a neve, três gotas de sangue de um ganso ferido. Essa imagem havia-lhe invocado a sua Blancheflor; viu nas gotas vermelhas o rubro de seus lábios e o tom rosado de suas faces e, na neve, a alvura de sua tez. Os três cavaleiros tentaram afastá-lo do seu devaneio para que pudessem conduzi-lo até o rei Artur. Um por vez, os dois primeiros cavaleiros interromperam o seu delírio e, com grosseria, ordenaram-lhe que retornasse com eles para junto do rei Artur. Eles os abateu, automaticamente, sem raciocinar. Acontece que um desses cavaleiros era sir Kay e, com isso, Persival vingou a dama sorridente da corte do rei Artur. O terceiro cavaleiro, sir Gawain, aproximou-se cortesmente de Persival, respeitando a sua lembrança de Blancheflor e, assim, foi capaz de levá-lo até o rei Artur.

Persival, ao chegar à corte, foi recebido com grandes honrarias. Mas então, a jovem do castelo do Graal surgiu e contou a todo mundo a respeito da dor que Persival havia causado a tanta gente, por não ter feito as perguntas-chave sobre a cura do rei e sobre o Santo Graal. Persival viu-se desacreditado diante de todos e o seu momento de triunfo foi transformado em vergonha.

Persival jurou que, até que soubesse as respostas às perguntas que deixara de fazer, não dormiria duas noites sob o mesmo teto, e que seguiria por qualquer estrada, pouco importava quão estranha fosse, aceitando qualquer provocação, mesmo com desvantagem. A despeito de sua falha indiscutível no castelo do Graal, agora sentia-se apto a enfrentar novamente esse desafio: estava pronto para fazer as perguntas.

Persival, realmente, viveu muitas outras aventuras – cinco anos de proezas – na busca do desafio. Então, numa Sexta-Feira Santa, três cavaleiros o interceptaram, sendo que um dirigiu-lhe a palavra, estranhando que portasse armas num dia santo. Persival pareceu despertar de um sonho. Ele havia esquecido de tudo sobre a sua vida e agora, ao ouvir o cavaleiro falar da Sexta-Feira Santa, alguma coisa o acordou. Perguntou-lhes de onde vinham e eles o conduziram a um eremita que estava celebrando um ofício religioso.

Depois da cerimônia, Persival aproximou-se do eremita, esperando obter respostas às suas perguntas. O homem (que era, na verdade, um tio seu) fez um apanhado de todos os seus erros e, em particular, dos cometidos no castelo do Graal. Disse-lhe que esses erros derivaram do fato de ele não ter dispensado à mãe o tratamento devido e também do fato de ter seguido os seus conselhos muito à risca. Absolveu Persival e disse-lhe para voltar ao castelo do Graal.

Muitos finais para esta história foram escritos por diferentes autores. O melhor é aquele em que Persival volta ao castelo, faz as perguntas certas e cura o rei pescador, cujas terras começaram a prosperar. Algumas versões dessa lenda não respondem à pergunta "A quem serve o Graal?" Algumas dizem que o Cálice havia curado o rei pescador, embora isso não pareça provável pelo fato de ele estar tão doente. A resposta mais lógica é a de que o Cálice tenha servido ao rei Graal, que vivia bem no fundo do castelo. Algumas dizem que o castelo, os seus domínios e o seu rei não passam de metáforas referentes ao corpo, à vida e à alma de Persival e de todos nós.

Os muitos significados de Persival e do Santo Graal

A lenda de Persival, por um lado, narra apenas muitas façanhas medievais de cavalaria. E mesmo assim, esta lenda ingênua e fantasiosa aos olhos do leitor moderno representa, na verdade, um reflexo de nossa vida atual. No começo da nossa vida, éramos como Persival na sua adolescência – inseguros de nós mesmos e capazes de ouvir, apenas cegamente, os conselhos de pais e mestres. Não havíamos ainda entendido o que significava o chamado da aventura. Percorremos os cumes e os vales da vida alcançando, algumas vezes, o auge do sucesso; outras, passando por fracassos que nos abalaram profundamente. Pensamos conhecer nosso objetivo, porém, de modo geral, não sabemos realmente qual o nosso verdadeiro propósito e visão das coisas. Confundimos objetivo com capacidade e com os nossos primeiros sucessos, pelos quais fomos premiados. Ignoramos a presença da graça em nossa vida. Como Persival, muitas vezes não sabemos para onde estamos indo, nem como fazer as perguntas certas que podem iluminar a nossa jornada.

Existem lutas que todos temos que enfrentar. Algumas representam importantíssimas iniciações, nas quais você precisa batalhar para encontrar a sua identidade, como aconteceu com a vitória de Persival sobre o Cavaleiro Vermelho. Outras são de menor monta, sem contudo deixarem de constituir importantes desafios, como a luta quase insignificante com sir Kay, quando foi eliminado um obstáculo enfadonho, porém expressivo, para o encontro do seu verdadeiro objetivo. E em suas batalhas, você pode reconhecer aliados equivalentes aos de Persival, como Blancheflor e Gournemant. Você pode mesmo encontrar uma brecha através da qual descobrirá o seu Graal e se alegrará ao descobrir o seu propósito na vida.

Você também constatará, na sua vida, o uso ou o desuso que Persival faz dos quatro instrumentos do herói, durante todo o transcurso da história. Ele exibe o primeiro, *fé em sua própria criatividade*, quando decide tornar-se um cavaleiro e, com firme confiança, declara ao Cavaleiro Vermelho que vai apossar-se de tudo o que ele possui. Nessa aventura, Persival conhece repetidos sucessos, além das expectativas, simplesmente porque decidiu que seria bem-sucedido. É provável que você já tenha passado por momentos como esses. Talvez possa torná-los mais freqüentes e mesmo mais abrangentes, a fim de poder, na maioria das vezes, viver a sua vida a partir dos seus recursos criativos e de acordo com o seu objetivo único.

No caso de Persival, embora em muitas ocasiões ele demonstre uma certa confiança em sua criatividade, submete-se freqüentemente à influência das opiniões, representadas pelas admoestações de sua mãe e de Gournemant, e pelas críticas de sua prima e da donzela na corte do rei Artur. Na verdade, a sua falta de ação no castelo do Graal pode ser creditada a juízos interiores, assim como podemos reconhecer, em muitos de nossos receios e fracassos, as críticas que interiorizamos, feitas por outras pessoas sobre a nossa vida. Persival, no entanto, faz uso do seu segundo instrumento, ou seja, a *isenção de crítica*, quando ignora o ridículo na corte do rei Artur, sobretudo a respeito de sir Kay. E verificamos, então, uma bela combinação de confiança em sua criatividade e de isenção de crítica, quando ele se recupera do vexame de ter atacado a moça e, confiante, reenceta a viagem.

Persival faz, diversas vezes, uso do terceiro instrumento, a *observação precisa*. Ele o demonstra quando vê os cinco cavaleiros galopando nas proximidades de sua casa, logo no começo da história. Observe que, quando Persival é mais jovem, a sua observação precisa é reforçada pelos conselhos da mãe: pensou que a tenda fosse uma igreja porque a mãe lhe descrevera igrejas. Só mais tarde, quando mais experiente e mais sábio, seus dotes de observação precisa adquiriram a qualidade de uma profunda sabedoria pessoal, que faz parte da ação criativa.

Quando nos tornamos mais amadurecidos, uma forma infalível de chegarmos à observação precisa é analisar tanto com a curiosidade aberta da infância como com a objetividade científica do adulto. Ao fazê-lo, notamos uma certa ressonância, uma sensação no próprio ato da percepção, dizendo-nos quando estamos sendo fiéis aos nossos próprios e exclusivos objetivos, assim como Persival quando estava sendo treinado por Gournemant. Quando Persival atinge o auge do seu entusiasmo pelo treinamento de Gournemant, ele se transforma de rapaz em homem.

Assim como Persival, nós, muitas vezes, enganamo-nos em pensar que esses momentos de entusiasmo representam a suprema verdade da vida, e em sentir que só vivemos verdadeiramente quando impelidos por esse tipo de sentimento. De fato, é só através da experiência que começamos a conhecer por completo os nossos propósitos mais elevados. Devemos ficar atentos para o que gostamos de fazer e fazê-lo bem, e ainda superar esse procedimento rumo a algo bem maior e profundo. Precisamos nos manter questionando e enfrentando o desafio de descobrir coisas e viver de acordo com os nossos objetivos.

Ao fazer *perguntas capciosas*, o quarto instrumento, Persival começa a se mover com rapidez no sentido de encontrar o seu objetivo. No início da busca, ele faz várias perguntas a um dos cinco cavaleiros, sobre a sua lança, a sua armadura, o seu escudo, etc. Mas então – como acontece com muitos de nós –, sua voz interior, de culpa e de criticismo, intervém para impedir que ele faça mais perguntas, justo no momento mais importante. Devido a isso, ele tem que passar por muito sofrimento e enfrentar uma busca mais demorada. Em certo sentido, a princípio, ele não atende ao chamado da aventura para descobrir a sua meta real. Uma vez tendo feito as perguntas-chave e começado a reagir e a responder de acordo com os seus mais elevados propósitos na vida, não somente fluirão grandes benefícios para si mesmo, como para todos que o cercam.

Deve haver na vida alguma coisa além de tudo possuir.

Maurice Sendak

Esse processo ocorre não somente na lenda, como na vida de pessoas de sucesso. Uma vez que você enfrente o desafio de descobrir o seu verdadeiro objetivo, os benefícios dele advindos afetarão todos ao seu redor. Você pode dar-lhes uma contribuição importante todos os dias.

Seu caminho rumo a um objetivo

Pare um instante e lembre-se da lenda como uma história que diz algo de muito profundo sobre o seu caminho. Ponha-se no lugar de Persival e veja o seu papel representado na lenda da sua própria vida. Responda às perguntas que seguem, no espaço abaixo ou no seu diário. Não deixe nenhuma sem resposta.

1. *Que parte da lenda de Persival o faz pensar: "Sim, eu já passei por uma experiência semelhante?" Com que acontecimento ela se relaciona em especial e de que forma você passou por essa experiência, para descobrir ou não o seu objetivo na vida?*

2. *Quais os altos e baixos mais importantes pelos quais você passou na vida, como aconteceu com Persival em suas aventuras?*

Minha força equivale à de dez pessoas, porque é puro o meu coração.

Alfred, lorde Tennyson

3. *Alguma vez você se sentiu atraído pelo brilho ou pela aparência de uma profissão, de um emprego, pessoa ou objetivo, da mesma forma pela qual Persival o foi pelos cavaleiros no começo da história? O que e como foi essa atração para você? O que fez, em sua vida, para tornar reais tais motivações exteriores?*

4. *Você, alguma vez, foi dissuadido a não descobrir ou realizar seu objetivo na vida, por conselhos de pais ou de terceiros — como aconteceu com Persival? Quais foram alguns desses conselhos?*

5. *Você foi alguma vez impedido de fazer perguntas numa ocasião em que, posteriormente, julgou dever tê-las feito? Descreva uma dessas importantes situações.*

6. *Você, alguma vez, mesmo que momentaneamente, teve a sensação de estar fazendo algo muitíssimo bem e quase sem esforço, como Persival ao derrotar os seus inimigos? Que é que estava fazendo? De onde provinha a graça desse dom? Você sente gratidão por isso? A quem ou a quê? E como esse dom ajudou-o ou impediu-o de encontrar o seu objetivo na vida?*

7. *Você consegue se identificar com o significado do nome do nosso herói: "ingênuo tolo"? Você alguma vez se sentiu assim? Como foi?*

8. Você consegue se identificar com o significado do nome do nosso herói, "aquele que avança impetuosamente através dos vales"? De que forma isso se aplica ou não à sua experiência e modo de viver?

9. Existe algo que você esteja buscando, algo que o incite e o inspire a atingir seus objetivos? Qual é o seu Graal?

> O rei interior é aquele que existe dentro de nós e que sabe o que queremos fazer pelo resto de nossa vida, ou pelo restante do mês ou do dia... O rei interior está ligado à chama de objetivo e paixão que arde dentro de nós.
>
> Robert Bly

Ao reconhecer as verdades arquetípicas contidas numa história como a de Persival, você começa a compreender como essas mesmas experiências ocorrem em sua vida. Muitas vezes, você não atina com a sua verdadeira meta. Como Persival, você faz o que os outros mandam até que as circunstâncias pareçam impeli-lo à realização do seu objetivo. O que fazer a respeito? Antes de mais nada, você pode identificar-se e aprender com o herói da história. Você não tem necessidade de entrar em todos os becos sem saída, ou passar por todos os tipos de atribulações pelas quais passou Persival. Você pode se manter atento, sem julgar, e fazer as perguntas adequadas que o ensinem a ter confiança em sua criatividade. Então, quando as dificuldades chegarem, você saberá manipulá-las, alicerçado na força de saber qual é o seu objetivo.

Trace o caminho rumo ao seu objetivo

Nas próximas páginas, você determinará a posição em que se encontra hoje, em seu caminho rumo a uma vida plena de significado e de propósito. É possível que você queira repeti-lo, após ter completado todos os exercícios deste capítulo; terá, então, um registro da sua jornada de herói cotidiano.

Este exercício de auto-avaliação consta de duas partes. Em primeiro lugar, você fará um esboço, um desenho intuitivo-pictórico, equivalente à sua posição no caminho rumo ao descobrimento do seu objetivo na vida. Após o que fará uma ficha, onde anotará alguns breves comentários sobre a sua busca de um objetivo verdadeiro.

Possam, então, mil ações, uma vez encetadas, terminar num único propósito, e que sejam todas bem orientadas, sem derrota.

William Shakespeare

Ficha Visual

Antes de você esboçar o caminho rumo ao seu objetivo, observe, no exemplo, o desenho feito por uma mulher chamada Melissa, o qual poderá lhe dar algumas idéias. Melissa é uma universitária que teve vários empregos e diversos casos amorosos, se bem que, quando fez esse desenho, estivesse recém-casada e feliz e tivesse um emprego de que gostava. Ela nos confidenciou que havia descoberto, na jornada do herói, uma metáfora excelente que lhe serviu de estímulo quando sua vida não corria bem, acrescentando que "o processo de desenhar a mim mesma, no meu caminho, *sempre* me mostra coisas que antes eu não havia percebido. Essas coisas são como um espelho". Veja o desenho de Melissa ao lado.

Melissa desenhou a si própria pulando do chamado ao rompimento, como um vago fantasminha de si mesma esperando-a para lhe dar as boas-vindas na celebração. "Vejo o meu objetivo com bastante clareza", ela disse, "mas não tem sido fácil. Foi por isso que desenhei todos esses outros pequenos trajetos – ascendentes e descendentes – para que eu pudesse chegar onde estou. As algemas da minha confusão ainda estão presas aos meus tornozelos e, se eu me esquecer de ficar atenta ao meu propósito, elas me arrastarão para o mar encapelado do desconhecido. Tenho apenas que saber que parte de mim é sábia, que parte de mim sempre teve noção do meu objetivo. Tenho de me deixar guiar por essa parte."

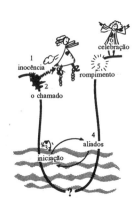

Melissa desenhou figuras para mostrar onde se encontra em sua busca de um objetivo. Você não precisa desenhar figuras. Pode, ao contrário, desenhar formas coloridas ou fazer um rabisco ou uma garatuja para ilustrar como se sente.

Use o traçado básico que apresentamos para criar a sua ficha visual. Empregue marcadores ou tinta colorida e brinque descontraído. Faça uma figura para colar no ponto do caminho em que, intuitivamente, sabe ser o certo para você, a fim de ilustrar os seus sentimentos a respeito de onde se encontra com relação a esse desafio. Use cores ou demonstre isso simbolicamente. Você talvez prefira desenhar outros símbolos ilustrativos de aspectos da jornada, que se refiram ao desafio de viver a sua vida com sentido e objetividade. Se você se sente como se estivesse em muitos lugares ao mesmo tempo, desenhe várias figuras ou símbolos. Não existe uma forma certa ou errada de fazer esse desenho. Trata-se apenas de um meio de você representar e ilustrar aquilo que está encontrando em seu caminho. Ele deve ser intuitivo. Não pense no que vai desenhar. Faça-o espontaneamente e divirta-se com esse registro da sua busca. Não se importe se ele, num sentido real, não for preciso. Existe muita possibilidade de ele ser exato num sentido criativo. Dedique a isso o tempo necessário a fim de que sinta que realmente expressou, visualmente, a sua posição no caminho de identificar e perseguir o seu supremo objetivo.

O maior dos talentos formais é inútil se não atende a uma criatividade capaz de modelar o cosmos.

Albert Einstein

Uma Ficha Visual da Jornada
Onde estou no começo dessa jornada
Data: _____

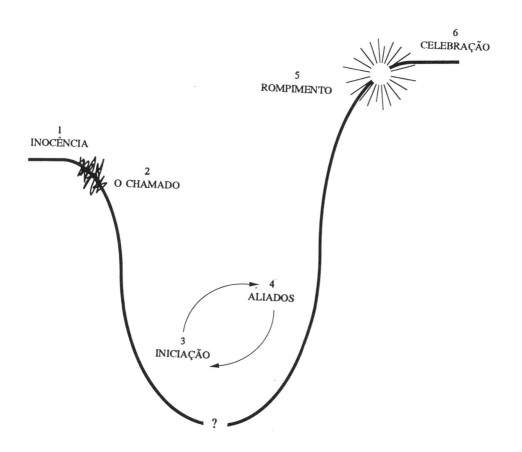

Você não precisa interpretar o que desenha. Lembre-se de que, com freqüência, a sua intuição se expressa por símbolos que a sua mente racional, a princípio, não capta. Não se preocupe. Mais tarde, você poderá rever o desenho e ver que sentido encontra nele. Dessa forma, rever a sua ficha visual equivale a interpretar um sonho cujos símbolos surgiram das profundezas do seu subconsciente, sem que você planejasse ou entendesse.

Essa ficha pode representar uma nova forma de você se expressar. Não fique inseguro a respeito disso. Este é o seu caderno de exercícios e ninguém, a não ser você, verá os seus desenhos (a menos que queira mostrá-los), de forma que é melhor adotar uma maneira mais intuitiva e criativa de entender e de expressar a si mesmo.

Ficha Verbal

Agora você já está em condições de escrever a respeito de onde se encontra nas seis etapas da jornada do herói.

A ficha verbal enumera as etapas e cabe a você elaborar uma sinopse do que fez, está fazendo ou pensa fazer com relação a cada uma delas. Você pode, simplesmente, preparar uma lista de pessoas ou acontecimentos e registrar as suas percepções, reflexões e o que você considera que são os seus próximos passos.

Melissa escreveu uma porção de coisas em sua ficha verbal.

INOCÊNCIA (Sinto-me bem na minha situação)
    Minha vida tem como meta viver com um objetivo.
    No meu trabalho. No meu relacionamento com Artur.
    Ser amada em ambos os casos.

O CHAMADO DA AVENTURA (Identifico e reconheço o meu desafio)
    Quero me livrar da rotina compulsiva e lembrar-me de que trabalho melhor quando motivada emocionalmente.
    Estou sempre chegando a esse ponto e depois fracassando.
    Saio da rota ou me atolo nela.
    Excesso de trabalho. Mantenho-me esquecida do meu verdadeiro propósito.

INICIAÇÃO (Sou realmente testada)
    Ficar presa a detalhes separa-me do meu Eu Superior.
    A pressão do trabalho com o Tim está me forçando a lembrar que tenho de arranjar um tempo para mim.
    Às vezes eu me sinto como se estivesse me afogando.
    Estou começando a pôr em prática o que digo.

ALIADOS (Encontro incentivo e ajuda)
    Artur   Tim   Heather

ROMPIMENTO (Chego a uma nova percepção ou resolução)
O meu objetivo é não ser infeliz!!!!!
Posso atingir os meus objetivos, alcançando o auge da minha forma física e emocional.
Meu mais profundo desejo é o de incentivar as pessoas, *e até a mim mesma*. (Não posso esquecer esse detalhe.)

CELEBRAÇÃO (Regresso, diferente, ao lar)
Ainda não atingi esse ponto. Preciso ter fé.
Terminando o projeto LLN.

> *A expressão: "Siga em frente!" tem solucionado e sempre solucionará os problemas da humanidade.*
>
> Calvin Coolidge

Melissa começa a parte do rompimento, comentando: "Meu objetivo é não ser infeliz!!!" Você, talvez, julgue essa frase pouco estimulante ou significativa; ela, porém, considerou-a de suprema importância naquela ocasião. Observe que ela, quando enumera os seus aliados, refere-se apenas a pessoas. É possível ter aliados que sejam organizações, estações do ano, animais, condições atmosféricas, plantas e mesmo objetos.

Algumas vezes, a redação de Melissa demonstra um certo vínculo com o seu desenho e outras vezes, não. Por exemplo, a confiança em viver de acordo com o seu objetivo supremo está evidente em ambos, e as ondas visíveis em seu desenho sugerem o afogamento que ela descreveu literalmente. Mas ao complementar a sua ficha visual, Melissa ilustrou um guia interior que parece representar um enfoque intuitivo no sentido de viver com um propósito verdadeiro, o que não se vê em sua ficha verbal. Nesta, ela reconhece que tanto as pessoas como o seu trabalho são importantes em sua jornada para atingir o seu verdadeiro objetivo: ser amada. Quando você completar essas duas fichas de auto-avaliação, poderá, como Melissa, ter revelações um tanto diferentes em cada uma delas. O valor está em ter diante dos olhos uma descrição *variada* de si mesmo.

Antes de iniciar a sua ficha verbal, considere a sua vida como a jornada pessoal do herói que, como a de Persival, seja composta de muitas pequenas aventuras que constituem as etapas do caminho. Sente-se em algum lugar silencioso e reserve algum tempo para considerar cada uma das etapas do seu caminho rumo a viver um verdadeiro objetivo, começando com a fase da inocência. Em sua ficha, anote tudo o que lhe vier à mente, em cada uma das fases. Se não tiver nada a dizer numa determinada etapa, deixe essa parte em branco. Como no caso da ficha visual, não há uma forma certa ou errada de fazer este exercício. Faça-o da maneira que seja de maior utilidade para você.

Ficha Verbal da Jornada
Minha posição no início da jornada
Data: _____

Eis um teste para saber se você terminou a sua missão na Terra: se você está vivo, não terminou.

Richard Bach

INOCÊNCIA (Sinto-me bem na minha situação)

O CHAMADO DA AVENTURA (Identifico e reconheço o meu desafio)

Se alguém avança confiantemente na direção dos seus sonhos... via de regra obterá um sucesso inesperado.

Henry David Thoreau

INICIAÇÃO (Sou realmente testado)

ALIADOS (Encontro incentivo e ajuda)

ROMPIMENTO (Chego a uma nova percepção ou resolução)

CELEBRAÇÃO (Regresso, diferente, ao lar)

Faça o que gosta e goste do que faz

A despeito de suas andanças, Persival teve a possibilidade de seguir rumo a seu objetivo. A princípio, era um propósito imaginário, incluindo ir ao encontro do que supunha serem anjos e entrar na tenda que tomou por uma igreja. Porém, mais tarde, foi o seu real e supremo objetivo a busca do Santo Graal. Ela pôde fazê-lo porque, durante quase todo o tempo, fez o que gostava de fazer. E mesmo quando teve de executar tarefas difíceis, agiu com paixão.

Eu gostaria de saber ou de me lembrar como se vive.

Annie Dillard

Se você analisar sua vida, provavelmente descobrirá que, como Persival, sentiu-se mais plenamente realizado quando esteve fazendo o que gostava de fazer, ou quando divisou o supremo objetivo de sua vida, e teve a capacidade de amar mesmo a parte desagradável com ela relacionada. Se as suas experiências parecem não confirmar essas palavras, você se interessará por saber que estudos psicológicos demonstram que os mais importantes fatores de sucesso – em termos de auto-realização e de auto-satisfação – surgem quando as pessoas gostam de fazer o que estão fazendo.

Em nossa observação de heróis cotidianos – homens e mulheres como você, que venceram dessa forma – descobrimos que eles não atuam de acordo com regras rígidas. Pelo contrário, trabalham segundo credos flexíveis, conhecidos por *heurística* – diretrizes rudimentares ou normas gerais empíricas que empregamos para aprender ou descobrir. A palavra *heurística* vem do grego *heuriskein*, significando "descobrir". Em nosso trabalho, aplicamos muitas práticas da heurística em centenas de pessoas e vimos como cada indivíduo pode adotar uma forma pessoal de tratar os desafios da vida, vivendo de acordo com eles. Uma pessoa pode fazer descobertas profundas, apenas vivendo segundo as normas da heurística.

Toda a evidência disponível afirma que é vivendo com espírito criativo ou fazendo aquilo que gosta de fazer, que você descobrirá o seu objetivo. Existe um vínculo místico entre o que sentimos no âmago de nossa alma e o nosso supremo objetivo na vida. Considere esse ponto enquanto termina este capítulo. Viva segundo este lema: FAÇA O QUE GOSTA E GOSTE DO QUE FAZ.

Siga este conselho pelo menos durante uma semana. Mantenha-o vivo no fundo de sua mente. Escreva-o numa folha de papel e carregue-a consigo. Escreva-o num calendário de forma que se lembre, continuamente, de fazer apenas o que gosta e de gostar de tudo o que faz.

Ao passar uma semana com esse lema, você estará em posição privilegiada para descobrir, com mais clareza, qual o seu objetivo e se você vive ou não de acordo com esse propósito. Experimente. Veja o que acontece. Em nossos cursos de criatividade, as pessoas descobriram que viver com lemas constitui um dos principais veículos para o desenvolvimento de sua criatividade prática. Abaixo seguem algumas coisas que você poderá fazer esta semana.

> *Quando você trabalha, você realiza aquela parte do mais querido sonho da terra que, ao nascer, lhe foi atribuída.*
>
> Kahlil Gibran

Faça O Que Gosta e Goste Do Que Faz

- Enquanto você se dedica a alguma coisa mantenha-se consciente. Se chegar à conclusão de que uma certa atividade o desagrada, pare imediatamente e observe como se sente.
- Reserve mais tempo (o mais próximo possível dos 100%) para atividades que sejam intrinsecamente interessantes, que o deixem gratificado e que você considere normal executá-las.
- Se se defrontar com uma tarefa que não se encaixe nesses critérios, encontre uma maneira de transformá-la ou de modificar a sua atitude com relação a ela, de forma que você acabe gostando de executá-la.

Verificamos que os nossos alunos não usufruem dos benefícios de viver segundo esse lema, a menos que dêem uma parada para analisar as suas ações. Reserve, todo dia, um momento determinado (muita gente acha que a melhor hora é à noite) para refletir sobre as suas últimas vinte e quatro horas. Anote as suas experiências num diário ou nas margens deste livro. Lembre-se de que os heróis aumentam a sua probabilidade de criação e poder no trato com os seus desafios.

Não permita que a voz da crítica se interponha em seu caminho. Veja o que acontece quando você vive segundo o lema "Faça o que gosta e goste do que faz".

– A JORNADA –

Agora você está preparado para enfrentar a jornada rumo ao seu verdadeiro objetivo. Já refletimos sobre as analogias entre a história da sua vida e a história de Persival na busca do Graal; preparamos fichas visuais e verbais determinantes de onde você se encontra neste exato momento, no caminho; começamos a viver segundo o lema que norteia este capítulo. Como Persival, você pode tornar mais suave a sua jornada, fazendo o que gosta, gostando do que faz.

Nesta seção dedicada à jornada, você começará por descobrir o que é que gosta de fazer e assumir o compromisso de fazê-lo, tanto quanto possível. À medida que você concretiza esse compromisso, notará como essas atividades podem aproximá-lo da obra de sua vida.

Sua jornada ainda o conduzirá um pouco mais além, a partir do momento em que você, intelectual e fisicamente, considerar a interação entre o seu trabalho (enquanto emprego) e o seu Trabalho (como a sua razão de viver ou o seu mais elevado objetivo). Mesmo que, nesse ponto do caminho rumo a um objetivo possa ter apenas uma pálida idéia desse propósito – como aconteceu no início com Persival – logo discernirá o que é realmente importante para você.

Sua tarefa é descobrir o seu trabalho e, então, com todo o coração, dedicar-se a ele.

Buda

A esta altura, você está pronto para ir ao único lugar onde pode descobrir os seus valores básicos – dentro de si mesmo. Você o fará por meio de uma meditação que lhe permitirá saber qual pode ser o seu Graal e como ele o influenciará. De posse desses conhecimentos, você estará apto a rever a sua vida até este ponto e como se desenrolará a aventura no futuro.

Descubra o que você gosta

Do que é que você gosta? O que é que você faz? São coisas equivalentes ou acha que está preenchendo os seus dias fazendo coisas que não gosta de fazer? No quadro seguinte, faça uma lista das vinte coisas que mais gosta de fazer – aquelas coisas que realmente o fazem sentir que vale a pena viver. Podem ser coisas pequenas, como tomar uma xícara de café de manhã, ou apresentar-se como voluntário para servir a sopa dos pobres, o que é mais importante.

Você, provavelmente, deve estar familiarizado com a velha lista de lembretes – um rol sempre crescente de responsabilidades que tem de cumprir, queira ou não. Você as anota e risca, quando cumpridas. E se demora algum tempo, alguns itens tornam-se obsoletos e anulam-se a si mesmos. Esta lista é muito usada mas, via de regra, não é uma relação de lembretes queridos. É diferente porque cada um de seus itens representa, em si, algo gratificante e não uma responsabilidade. Eis a sua chance de fazer a sua própria lista de lembretes queridos. Comece agora, preenchendo os espaços abaixo. Se houver mais de vinte coisas que você goste de fazer, escreva-as na margem ou em outra folha e as anexe ao livro. Divirta-se. Trabalhe depressa. Ninguém mais precisa ver a sua lista. Não se preocupe com as colunas marcadas com as letras A, B e C. Veremos isso depois.

A	B	Coisas Que Eu Gosto de Fazer	C
		1.	
		2.	
		3.	
		4.	
		5.	
		6.	
		7.	
		8.	
		9.	
		10.	
		11.	
		12.	
		13.	
		14.	
		15.	
		16.	
		17.	
		18.	
		19.	
		20.	

Observe a sua lista e a analise sob a ótica de alguém que não o conheça, mas que esteja tentando saber que tipo de pessoa você é. Na margem ou em seu diário, anote quaisquer percepções que lhe ocorram. Isto pode estimulá-lo a pensar em mais coisas de que você goste de fazer ou a eliminar ou modificar algumas que tenha colocado em sua lista. Então, enquanto ainda nesse estado contemplativo, faça o seguinte:

1. Escreva "Ano Passado" acima da coluna A. Depois assinale, nos quadradinhos da esquerda, com referência a cada item, as coisas que você fez, pelo menos uma vez, no ano passado.
2. A seguir, marque na coluna B as coisas que você fez na semana passada. Escreva "Semana Passada" acima dessa coluna. O que você notou? Quantas coisas e que espécie de coisas você fez? Por que não fez as outras que também figuram na lista? Se escrever ou desenhar algo a respeito das suas reflexões, isso poderá ajudá-lo agora em suas investigações.
3. Escreva "Fazer" acima da coluna C. Coloque um sinal em cada quadradinho dessa coluna, referente a cada coisa que gosta de fazer e que normalmente não faz (e não anotou na coluna B) mas que se compromete a fazer nesta semana. Essa é sua lista de "Fazer". Procure assinalar pelo menos sete coisas, e fazer pelo menos uma coisa por dia.

Quando você, nesta semana, tiver feito alguma coisa de sua lista, ponha um círculo ao redor disso. Faça um plano e coloque o maior número possível de círculos. Ao atravessar a semana, veja o que dá e o que não dá para fazer. Note as razões que você dá a si mesmo para não fazer certas coisas. Observe o que aconteceu quando você faz o que gosta.

Além das vitórias e dos obstáculos

À medida que você procura superar os desafios deste capítulo e viver segundo o lema "fazer o que gosta", passará por dois tipos de experiência, algumas vezes quase que simultâneas. Primeiro, como Persival, terá a grata satisfação de fazer exatamente o que é certo para você. Começará a vislumbrar o Graal da sua vida – como seria fazer menos o que não gosta e mais o que gosta. Você pode mesmo começar a compreender o que seria integrar todas as partes da sua vida no seu verdadeiro propósito de viver.

Ao mesmo tempo, no entanto, mesmo quando considera apenas a possibilidade de fazer somente o que gosta, algumas dúvidas comuns começam a despontar. Você pode se atormentar com bloqueios mentais ou com argumentos que o impeçam de fazer o que gosta como forma de vida aceitável. Quais são algumas das razões que você pode apresentar para não fazer sempre aquilo que gosta? Aponte três delas.

Observe as suas desculpas ou razões negativas. Pergunte a si mesmo de onde vêm. Assim como Persival recebeu conselhos como "Você não deve fazer perguntas" e "Você não deve falar muito", de duas das mais influentes pessoas em sua adolescência, nós também ouvimos os conselhos de pais e mestres, freqüentemente, sem dar-nos conta de estarmos nos prejudicando devido à nossa interpretação servil dos mesmos.

Nos nossos seminários de criatividade, descobrimos que as dúvidas intrínsecas mais comuns, com que as pessoas se deparam quando começam a viver segundo o lema deste capítulo, estão transcritas nas margens.

Se você notar que está de acordo com esses critérios sobre o lema, você está em "boa" companhia. Muitas pessoas acreditam realmente que uma vida com objetivos é medida pela intensidade do seu trabalho e pelo pouco cuidado consigo mesmas. Elas acham que o prazer pessoal não constitui fator relevante numa vida de objetivos verdadeiros.

É provável que para elas não o seja. Porém achamos que viver e trabalhar com alegria e paixão – fazendo aquilo de que se gosta e gostando daquilo que se faz – ganhar dinheiro ou ajudar a terceiros – não é antiético. De fato, você descobre amiúde que, ao viver em coerência com o seu objetivo na vida, você ganha dinheiro e beneficia a terceiros ao mesmo tempo.

Agora, reveja a lista dos vinte itens. Pode não ser viável você agregar sempre todas essas coisas à sua vida, mas pense numa forma de incluí-las em maior número e, sobretudo, aquelas sete que você assumiu o compromisso de executar esta semana.

Existe uma série infinita de maneiras pelas quais você talvez possa entrar em alinhamento com o seu verdadeiro objetivo. Como herói, você tem que encontrar o seu caminho sem se escravizar ao que os outros consideram o modo correto de prosseguir. Para encontrar e percorrer o seu caminho, você tem de querer estar aberto a diferentes experiências, itinerários e provas.

Pense nisso em termos de uma viagem. Cada roteiro conduz a um destino diferente. Em termos absolutos, a solução não está no fato de que uma das rotas seja a melhor, mas no fato de que cada aventura, ao longo delas, é diferente. O jeito é não ficar parado, pensando que alguma determinada direção seja o seu verdadeiro destino. Foi isso mesmo o que aconteceu quando Persival pensou que unir-se a anjos – como julgou os cavaleiros – fosse o seu supremo objetivo. Isto era *parte* da sua jornada para um objetivo, mas não era a sua derradeira meta.

Se você pensa que só existe um caminho que leve ao propósito e à realização, pode se preparar para uma árdua jornada, com grandes probabilidades de decepção. Mas se mantiver um *senso de objetividade* como parte integrante do seu destino e souber que existem várias rotas que o levarão até lá, apreciará a jornada, a despeito do caminho que escolher – o que inclui desfrutar e aprender com os percalços. Quando passar a gostar da sua jornada, você estará vivendo de acordo com um objetivo verdadeiro, rumo ao seu destino.

Comece a pensar em algumas respostas úteis às suas dúvidas interiores, e também nas de outras pessoas, que possam estar afastando você do seu verdadeiro caminho. Antes de prosseguir, reserve algum tempo para meditar sobre as perguntas que seguem. Escreva as respostas aqui mesmo ou no seu diário.

> O trabalho deve proporcionar uma oportunidade de crescimento espiritual e pessoal, assim como financeiro. Se não o fizer, estamos perdendo muito tempo.
>
> James Autry

Que coisas você poderia fazer mais freqüentemente do que faz agora, mesmo que não seja durante todo o tempo? Como você poderia resolver esse caso?

Que coisas você poderia fazer para beneficiar outras pessoas e também a si próprio?

Que coisas você gostaria de fazer por dinheiro? Pense realmente nisso. Como transformá-las num meio de ganhar a vida?

Como você poderia viver a sua vida de forma a tornar evidente o seu verdadeiro objetivo para estar vivo?

Tendo essas perguntas em mente, qual o caminho que você divisa para a sua vida? Não tente ser muito sensível, lógico ou responsável. Apenas reflita sobre as perguntas acima, mas deixe que a sua imaginação criativa trabalhe livremente com essas questões. Não tenha em mente um tipo definitivo de resposta. Medite sobre este tema por uma semana, e depois retorne às perguntas para ver se as respostas sofreram alguma alteração.

Como gostar daquilo que você faz

Mesmo que você pudesse responder a todas as questões acima, de forma a construir uma vida na qual você gostasse de tudo o que fizesse, e também ganhasse dinheiro e beneficiasse pessoas, ainda teria que arcar com certas atividades necessárias, talvez não muito agradáveis. Como você pode conviver com a segunda parte do lema, no que diz respeito a este desafio: Gostar do que faz?

Quanto mais você analisar este assunto, melhor compreenderá que viver nos moldes da segunda parte da proposição está tão relacionado com os seus objetivos mais elevados como a primeira parte. Lembre-se de Persival insistindo no seu treinamento com Gournemant até a exaustão, e de que a parte mais importante da sua vida, em termos de desafio, foi a que sobreveio ao compromisso que assumiu de não descansar até estar em condições de retornar ao castelo do Graal.

Logan Pearsall Smith disse que a verdadeira prova para descobrir se uma pessoa encontrou ou não o seu propósito na vida consiste no amor pelo esforço que ele envolve. O segredo para fazer aquilo de que você gosta resume-se em viver a vida de forma a ter alegria e objetivos. Fazer o que gosta não significa viver na indolência ou de forma egoísta. Nem significa, necessariamente, dispensar benesses a almas sofredoras e depois meditar num jardim florido. Mas significa, *sim*, sentir-se realizado em tudo o que você faz. E significa, também, que você descobriu um meio de gostar de fazer qualquer coisa que *tenha* de fazer.

Quando você vive com um propósito, mesmo o trabalho pesado pode conter um sentido de realização e de objetividade. Por exemplo, você pode ficar aborrecido por ter de limpar a cozinha depois de lidar nela, por ter de ficar acordado até tarde estudando, ou ter de fazer um longo relatório para o seu serviço. Mas, se essas tarefas são necessárias para você expressar o seu eu essencial, você poderá encará-las dentro de um contexto mais amplo. Em vez de ranger os dentes, poderá começar a descobrir maneiras de realizar essas tarefas com a ajuda da graça, concedendo a si mesmo uma pausa para descansar, dando-se ao luxo de pensar ou mesmo transformando-as num divertimento.

O herói cotidiano aceita até os menores desafios e os enfrenta com coragem e criatividade. Ele despende um auto-esforço considerável, mas também acolhe e confia na graça que vem ao seu encontro. O seu desafio, no caso, é pensar numa tarefa que você não pode deixar de cumprir esta semana e que não gosta de fazer. Como desempenhar essa tarefa de uma forma que lhe agrade?

Identifique algo que precisa fazer esta semana. Depois escreva três idéias que lhe ocorram para fazê-lo de maneira agradável.

Algo Desagradável Que Tenho de Fazer

Três Idéias para Gostar de Fazê-lo

Relacione agora os compromissos que tem para esta semana e use, pelo menos, uma das idéias que acabou de escrever. Após você ter, afinal, executado a tão desagradável tarefa, faça uma breve avaliação, aqui ou em seu diário, do que aconteceu durante a sua tentativa de gostar de fazê-la.

> *Eu nunca pensei em ser vitoriosa.*
> *Fiz apenas aquilo que vinha ao meu encontro – aquilo que me dava o maior prazer.*
>
> Eleanor Roosevelt

Avaliação

Você acabou de enfrentar, em sua vida, o desafio de transformar alguma coisa desagradável em algo carregado de significado e objetivo. Como conseguiu fazê-lo?

Claro que esta tarefa não teve tanta importância, em termos de sua vida como um todo. Em certo sentido, esta experiência equivale a um ato de heroísmo, no curso da sua existência, durante a sua jornada de herói – a sujeição de um dragão ou a conclusão de uma tarefa aparentemente impossível. Mas, assim como a transformação de Persival num real cavaleiro partiu de sua evolução interior, derivada do fecho bem-sucedido de suas várias façanhas, também este desafio de gostar do que você não gosta constitui um passo a mais na direção da sua própria sagração. Muitas dessas pequenas jornadas podem conduzi-lo ao descobrimento e forma de viver continuamente de conformidade com os seus elevados fins.

Qual é o seu Trabalho?

Você venceu uma longa caminhada desde a etapa da inocência, da qual partiu para esta jornada. Passou por uma iniciação ao enfrentar o desafio de viver em harmonia com o seu objetivo. Começou por concretizar algumas verdades essenciais a respeito do que precisa fazer na sua vida. Até o presente, no entanto, tem encarado essas atividades como formas de chegar a uma idéia mais clara sobre o seu propósito. Mas o que determina se você ama ou odeia as atividades é o seu sistema subjacente de valores. Agora chegou o momento de analisá-lo.

De certo modo, você poderia dizer que o seu Graal corresponde, em síntese, aos seus valores, e que a obra da sua vida consiste na busca do seu Graal. A fim de responder à questão "Qual é o seu Graal?", você precisa primeiro responder à pergunta "Qual é a Obra da minha vida?"

Adotamos duas formas de expressar a palavra trabalho a fim de estabelecer uma diferença entre o nosso trabalho cotidiano profissional e a Obra da nossa vida. O nosso trabalho é o que realizamos no dia-a-dia, o nosso emprego, a nossa profissão. É o que declaramos em nossos impostos e o que respondemos a quem nos pergunta sobre a nossa ocupação. É o que somos no plano diário da existência, sem sermos heróicos.

A nossa Obra diz respeito à razão de estarmos neste mundo. Encerra os nossos mais elevados desígnios e transcende as tarefas diárias. É o que talvez possamos revelar às pessoas diante do crepitar de uma fogueira, quando trocamos confidências a respeito do que tem ou não tem um significado. Por exemplo, você poderia estar tentando viver uma vida cheia de amor e inspirar outras pessoas a se preocuparem consigo mesmas e com o universo. Com certeza, você já o faz por meio dos seus esforços, procurando, de forma verdadeira, tornar-lhes a vida mais proveitosa. Você pode até encarar a sua Obra em termos de um *amor*, na mais ampla acepção do vocábulo.

No seu discurso inaugural, George Bush disse: "Nós, como um povo, temos hoje este propósito: Tornar mais generosa a face da nação e mais suave a face do mundo." Você pode ou não concordar com ele, mas a verdade é que a sua declaração descreveu um objetivo mais elevado servindo de motivação a ações específicas. Ele falou na Obra do povo americano.

Todos nós temos, ao mesmo tempo, uma Obra e um trabalho, pouco importa se nos damos conta disso ou não. É a nossa Obra que imprime um significado à nossa vida, e muito freqüentemente ela é posta de lado para que façamos o nosso trabalho apenas para pagar as contas. Os dois precisam viver separados? Como fazer para que ambos caminhem juntos? Faça algumas anotações a respeito destas perguntas sobre o seu trabalho e a sua Obra, antes de prosseguir.

Qual é o seu trabalho e qual a sua Obra? Você pode identificá-los?

Como o trabalho a que você se dedica pode se vincular à sua Obra, ou o verdadeiro objetivo do ser?

A psicóloga Jean Houston considera o nosso trabalho como aquele que se realiza num plano horizontal. É visível e honesto. A nossa Obra situa-se num plano vertical –

surge da profundeza do nosso ser e nos conecta ao que temos de melhor e aos nossos ideais. Ela criou este exercício para ajudá-lo a estabelecer a distinção:

Verifique fisicamente a intersecção entre trabalho e Obra

Fique em pé, com os braços abertos na posição horizontal. Imagine que seus braços representam o seu trabalho – a forma pela qual você alcança e concretiza a sua imagem no mundo. Imagine que o seu corpo representa a sua Obra – um eixo vertical entre o chão e o firmamento. Feche os olhos por uns momentos e veja que imagens ou palavras lhe ocorrem com relação ao seu trabalho e à sua Obra.

Continue nessa posição e sinta, fisicamente, a intersecção dessas duas linhas dentro de você. Note que elas se cruzam em algum ponto entre o seu coração e os seus ombros. Você trabalha com amor? Ou sente o peso do mundo nos ombros? Acaso a sua Obra participa do seu trabalho através do coração? Que metáforas e imagens lhe vêm à mente a esse respeito?

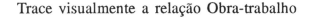

Trace visualmente a relação Obra-trabalho

O gráfico em branco na página seguinte ilustra o eixo horizontal do seu trabalho e o eixo vertical de sua Obra. Desenhe imagens e escreva algumas palavras ao redor desses eixos para descrever o seu trabalho e a sua Obra. Use canetas e lápis coloridos. Quando terminar, situe-se no gráfico, usando linhas ou pontos ou qualquer outra forma de representação gráfica. Por exemplo, você acha que o seu trabalho e a sua Obra estão bem integrados e que você, realmente, vive com o coração? Então pode desenhar um coração no ponto de intersecção das duas linhas. Você vê com clareza a sua Obra e seu objetivo na vida, mas está inseguro quanto ao trabalho que poderia realizar? Então trace uma linha mais forte no eixo vertical, para mostrar que esta é sua atual posição com relação aos dois eixos. Ou talvez você tenha um emprego do qual goste e ainda não se preocupou muito com os seus mais elevados objetivos até agora. Pode colocar um ponto no lado esquerdo do eixo horizontal, representativo do trabalho, para designar *você* neste gráfico. Use a sua imaginação e a sua intuição e veja o que acontece.

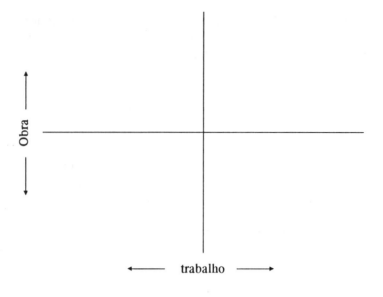

Quem é você? Quais são os seus valores?

O verdadeiro objetivo não se refere apenas a *fazer*; refere-se, também a *ser*. Refere-se a quem você é. Refere-se a viver uma vida de valor, uma vida de integridade, na qual você age de acordo com os seus princípios mais edificantes.

De um modo geral, estamos tão preocupados em fazer coisas dentro de um plano diário que agimos como um piloto automático. Tratamos com pessoas e acontecimentos sem nos preocuparmos em especial com a forma pela qual a nossa interação reflete ou não os nossos valores intrínsecos e objetivos reais. Agimos mais por hábito do que conscientemente. Persival agiu assim com a donzela da tenda no começo de suas aventuras. Ele julgava estar cônscio de seus próprios valores intrínsecos e objetivos reais, mas se estivesse não teria se atirado à moça, apesar dos seus protestos.

Assim também, quando Persival, em busca do Graal, teve oportunidade de fazer perguntas e não as fez, não estava agindo em plena consciência. Ele não estava sendo coerente com o seu valor intrínseco que clamava por ser um cavaleiro que houvesse encontrado o Graal. Os seus atos baseavam-se mais na sua limitada interpretação das opiniões que outras pessoas tinham sobre o seu objetivo.

Uma forma de recordar os seus valores intrínsecos é relaxar e voltar a atenção para dentro de si, e não para fora. Quando, de vez em quando, você reserva algum tempo para deixar de *fazer* e simplesmente *ser*, você se dá ao luxo de diminuir o ritmo o suficiente para ouvir sua voz interior.

Você pode praticar *ser* pela meditação. Algumas pessoas servem-se da meditação exclusivamente para relaxar, algumas a usam para clarear as idéias e outras encaram a meditação como parte de sua prática espiritual.

Às vezes é difícil meditar: nós integramos uma cultura que enaltece a ação e o materialismo e desencoraja as experiências interiores, consideradas místicas. No entanto, a meditação consiste, simplesmente, na prática do relaxamento e da contemplação interior. Você pode praticá-la para o fim que julgar mais apropriado. Experimente fazer a seguinte meditação:

Como nos exercícios anteriores, grave em fita ou tente esta atividade (lendo as instruções em voz alta e pausada) ou peça a alguém que a leia para você. Se não puder contar com esses recursos, leia o exercício até se familiarizar bastante com ele e depois faça-o por inteiro.

Exercite-se em ser você mesmo

Sente-se confortavelmente numa cadeira. É importante que sua coluna permaneça reta, que seus pés e braços não fiquem cruzados e que os pés fiquem plantados no chão. Isso ajuda a aliviar a tensão e permite o fluxo real e o sutil da energia no seu corpo. Não deixe de apoiar as costas ou poderá sentir um certo mal-estar à medida que a meditação progride, o que poderia desviá-lo da sua meta.

Feche os olhos e respire longa, lenta e profundamente, de forma que o seu abdome se levante e os seus pulmões fiquem bem cheios de ar; depois exale normalmente, sem esforço. Inspire de novo, desta vez prendendo um pouco o ar para indicar a pausa entre a inspiração e a expiração, e depois expire. Repita esse procedimento outras vezes, sentando-se bem confortável na sua cadeira, só observando a inspiração e a expiração e não pensando em coisa alguma, a não ser na sua respiração. Você, nesse momento, não tem mais nada a fazer senão permanecer aí quieto e respirar conscientemente. Não tente alterar ou mudar o ritmo da respiração. Apenas respire profundamente e observe. Repita isso por uns poucos minutos.

Se estiver lendo em voz alta, faça aqui uma pausa a fim de ter o tempo necessário para fazer essa respiração. No futuro, quando quiser se deter mais que uns poucos segundos num exercício, notará quatro períodos dentro de parênteses (....), para mostrar que você precisa descansar um pouco nesse ponto, antes de prosseguir.

Agora, ainda de olhos fechados, observe como o seu corpo se sente quando o ar penetra nele. Note como ele fica cheio e se expande quando você aspira e como ele se contrai um pouco na expiração. (....) Observe como você se comporta internamente. Dá para se sentir relaxado no corpo e na mente? Continue a observar a sua respiração e como você se sente. (....) Não deixe de notar todos e quaisquer pensamentos que possam aflorar, mas não lhes dê atenção. Deixe que eles se comportem como pássaros que voam para dentro da sua consciência ou visão, pousam por um momento e depois partem. Observe-os enquanto se comportam como pássaros. Não tente engaiolá-los. Note o silêncio que existe entre os seus pensamentos. Não se mova e, por cinco minutos, apenas seja. Apenas sinta o prazer de estar aí, vivo, e de ser você. (....)

Abra os olhos lentamente e olhe ao seu redor com a mesma espécie de percepção, sem se fixar absolutamente em nada. Exercite-se em estar consciente do mundo à sua volta e do seu mundo interior, sem se prender a pensamentos. (....) Repare na sensação de realmente ver, sem selecionar um objeto como o centro de sua atenção. Veja quão diferente é a sua visão quando você olha e vê as coisas dessa maneira. Na arte marcial do aikidô, isto é mencionado como ver com olhos suaves. Quando enxerga com "olhos suaves", você vê com uma nova e clara visão, nota coisas que não havia percebido antes. Pratique, ao mesmo tempo, os exercícios de ver e de pensar com suavidade. Não deixe que o pensamento interfira e arrebate a sua atenção. Lembre-se de imagens dos pensamentos como pássaros. (....) Dentro desse mesmo esquema de percepção, considere quais os valores que lhe são importantes. Deixe o seu pensamento vagar, tendo isto como tema: "Quais os valores mais importantes para você?" Observe as imagens, sensações ou palavras que afluem à sua consciência. (....)

De acordo com essa percepção, torne-se em termos convencionais ainda mais consciente e faça uma lista dos seus valores primordiais. Não faça apenas uma lista com as palavras amor, honestidade, virtude, na base do piloto automático. *Pergunte* a você, realmente, que valores lhe são primordiais e veja o que vem à sua consciência. Na margem ou em outro papel, escreva as palavras ou frases que descrevam você e o que considera mais importante.

Agora, ainda conservando a sensação de sua essência – do seu cantinho calmo e silencioso – torne a ler a lista e classifique os seus valores humanos. Escreva *1* perto do mais importante, *2* ao lado do segundo mais importante, etc. Contemple a sua gama de valores. Reclassifique-os, se quiser. Reflita sobre as perguntas abaixo e as responda, servindo-se de exemplos bem específicos.

- Como você vive (ou não vive) segundo esses valores? O que está fazendo para assegurar-se de que faz coisas e de que está rodeado de pessoas e de situações que encarnam esses valores?
- Como você estimula esses valores nos outros? O que faz para atrair outras pessoas com esses mesmos valores para dentro da sua vida?
- Como resolve situações em que esses valores não estão presentes?

Como eu vivo segundo esses valores?

Como os estimulo nos outros?

O que faço quando esses valores não estão presentes?

> *O seu trabalho na vida é o que constitui o seu mais importante atrativo.*
>
> Pablo Picasso

Qual é o seu Graal?

O Graal original foi o cálice usado por Jesus na Última Ceia; ele representa o recipiente daquilo que imprime à vida um sentido e um objetivo mais elevado. A busca do Graal por Persival representa a busca da totalidade de sentido em nossa vida. Se o cálice aqui ilustrado fosse o seu Graal, o que haveria dentro dele? Faça uma revisão de todos os exercícios até este ponto e analise a sua experiência de viver segundo o lema deste capítulo. Considere as ações mais queridas de sua vida e os valores que lhes estão subjacentes. Então, complete o Graal que lhe apresentamos com os tons e as formas da Obra da sua vida – do que imprime significado ao seu viver – o seu propósito – à medida que você o percebe, agora. Não use palavras, use símbolos que representem seu mais elevado objetivo. Sinta-os brotando de dentro e de fora de você.

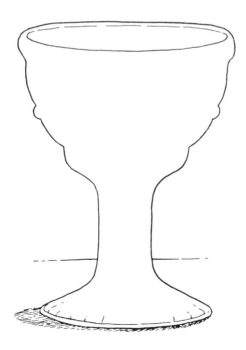

Assuma a responsabilidade por sua aventura

Agora que você tomou conhecimento do seu Graal, está em condições de começar a considerar toda a sua vida – a vivida até agora e a futura – como a história da jornada do herói. Quando você sabe o que gosta de fazer, assim como quais são os seus valores, quando atinge uma visão de conjunto, está apto a ver o que poderá lhe suceder futuramente. E poderá ajustar e administrar os fatos da sua história, como Persival fez com as suas aventuras.

Certa vez alguém perguntou ao escritor Archibald MacLeish como seria a vida no ano 2010. Ele respondeu: "O que fizermos dela." Assim também os heróis cotidianos sabem – com uma certeza que ultrapassa a razão – que o seu futuro será aquele que eles construírem. Você já sabe que tem o poder de avaliar onde esteve, onde está no momento e para onde está se dirigindo na aventura rumo a um objetivo. Sabe, também, que só precisa assumir a responsabilidade pelo futuro e que a sua criatividade interior alinhará esse futuro de acordo com o seu propósito.

O exercício seguinte faz você imaginar como terminará a sua jornada, de forma que possa encarar a seção de retorno deste capítulo com plena consciência do contexto mais amplo do seu caminho.

Faça uma breve descrição de si mesmo, do tipo "Quem É Quem", para cada década da sua vida, até a idade de noventa e nove anos, certificando-se de incluir as coisas de que gosta e nas quais é perito, assim como os maiores desafios que enfrentou. Seus comentários podem ser simples, como o de John, para os seus zero a nove anos de idade.

> Nascido em Chicago.
> Deixado em casa com inúmeras babás.
> Bom corredor até engordar demais.

Se você precisar de um espaço maior para comentários mais detalhados, use as margens ou o seu diário. Esforce-se por dizer alguma coisa sobre todas as décadas até os 90 a 99 anos. É comum às pessoas acharem difícil ir além de um par de décadas no futuro, mas as respostas mais curiosas estão contidas, justamente, nas últimas décadas. Trabalhe rapidamente e evite a tensão. Não existem respostas certas e você observará resultados mais interessantes se escrever quase sem pensar, especialmente em se tratando das futuras décadas. Continue a lidar com isso até se sentir satisfeito. Você há de querer, talvez, adaptar certas coisas em seu futuro, mas pare num determinado ponto e faça um balanço total.

LISTA DE QUEM É QUEM PARA _____

0 – 9 anos

10 – 19 anos

20 – 29 anos

30 – 39 anos

40 – 49 anos

50 – 59 anos

60 – 69 anos

70 – 79 anos

80 – 89 anos

90 – 99 anos

Uma vez satisfeito com a sua lista *"Quem É Quem"*, abrangendo todos os períodos de dez anos, analise-a e proceda a uma avaliação. Verifique que você pode muito bem ter passado por experiências semelhantes às de Persival. Observe se houve oportunidades em que tenha começado a perceber, realmente, o seu objetivo. Veja se houve vezes em que perdeu muito tempo com coisas que, na verdade, não serviam para você.

Note qualquer dificuldade que tenha tido para projetar a sua imaginação no futuro. Não nos referimos ao estabelecimento de metas referentes ao ponto em que você deva se encontrar numa determinada idade. Ao contrário, este exercício pode lhe dizer qual o tipo de visão dominante é a sua com relação à sua vida, neste preciso momento. Analise o que escreveu, procurando um paradigma que possa moldar o seu futuro. Isto lhe dará uma idéia do estágio em que se encontra agora, relacionado com o desafio de descobrir o seu objetivo na vida. Assuma o compromisso de se responsabilizar pelo futuro.

– O RETORNO –

Viva com um objetivo

Nesta busca você percorreu uma boa distância. Enfrentou o desafio de identificar as coisas que conferem um senso de objetividade à sua vida pessoal e profissional, e de descrever formas de viver condizentes com o seu verdadeiro propósito. Você é como Persival no fim da história: você identificou o seu Graal e está fazendo perguntas.

A última fase da jornada do herói é o retorno. No fim da jornada, o herói volta ao lar mais sábio, mais enriquecido interiormente e pronto a partilhar sua experiência com terceiros. Você volta, igualmente, para o mesmo trabalho e para a mesma vida pessoal, mas as coisas são diferentes porque está renovado. Agora, está celebrando a mudança pela qual passou na vida.

Como provavelmente reconheceu durante a rota deste caminho, existem três tipos possíveis de mudança que você pode introduzir em sua vida, para se permitir alcançar mais prontamente o seu objetivo:

1. Fazer algumas mudanças naquilo que você faz – como, por exemplo, aumentar o número das coisas que gosta de fazer ou redirecionar o seu caminho mediante algumas pequenas providências.
2. Fazer uma mudança importante, como partir para uma nova linha de trabalho, alterar aspectos do seu relacionamento imediato ou dedicar-se ao passatempo que sempre desejou.
3. Mudar de atitude e repensar seus valores. Por exemplo, o seu trabalho é tão vazio de significado ou é você que não percebe os aspectos significativos que ele encerra?

Abaixo você reafirmará e sintetizará o seu propósito na vida, como parte de seu compromisso solene de herói. Você, talvez, esteja realizando o seu objetivo neste momento. Ou talvez a sua vida não lhe esteja proporcionando os meios de realizá-lo. Que atitude você pode tomar para atingir o auge de um viver que seja inteiramente significativo e alinhado com o seu objetivo? Escreva abaixo algumas coisas que pode fazer em cada caso.

– DECLARAÇÃO DO HERÓI –

Meu objetivo na vida

As coisas que conferem sentido à minha vida

Ações visando trazer mais propósito e sentido à minha vida

Pequenas providências	*Mudanças importantes*	*Alteração de atitudes*

Um dia de cada vez

Agora que você registrou o seu objetivo e algumas ações específicas a fim de certificar-se de que viverá de acordo com o seu ideal de vida, o seu desafio consiste em viver diariamente pelo seu objetivo. A lenda original, escrita por Chretien de Troyes, narrando a busca do Santo Graal por Persival, terminou com este fazendo um balanço dos erros e das glórias de sua jornada e, depois, partindo para o castelo do Graal, a fim de fazer a sua última descoberta: a quem o Graal serve. O resultado de suas aventuras cavaleirescas foi ele estar apto a sofrer uma transformação e a fazer as perguntas corretas.

Sua vida cotidiana lhe dá a oportunidade de mudar o seu modo de vida com um objetivo: viver um dia de cada vez, estando plenamente consciente do seu propósito em tudo o que faz e apreciando o significado da sua vida.

Comece o exercício seguinte quando tiver um dia bem normal pela frente e souber que dentro de vinte e quatro horas poderá retornar a este livro.

Sob o título abaixo, descreva o seu objetivo na vida. Isto soa como uma instrução muito simples. Você acabou de fazê-lo na página anterior, não é mesmo? Desta vez, no entanto, enfoque o desafio de uma forma qualitativamente diferente. Não pense em seu objetivo de modo intelectual. Deixe que uma sensação ou certeza de sua meta aflore intuitivamente. Então, descreva ou desenhe um símbolo para representá-la.

Fechar os olhos por um momento poderá ajudá-lo, e não se esqueça do cantinho calmo e silencioso que existe dentro de você.

Meu Objetivo na Vida

Agora, nas próximas vinte e quatro horas, faça tudo o que você normalmente faz, sem perder de vista o seu objetivo. Nesta mesma hora, amanhã, abra novamente este livro, nesta página, e reserve alguns minutos para se lembrar outra vez do cantinho calmo e silencioso que existe dentro de você. Reflita a respeito de como viveu as últimas vinte e quatro horas.

O que aconteceu?

Que coisas você fez e que atitudes tomou que estivessem alinhadas com o seu objetivo na vida? Quanta atenção você, conscientemente, dedicou à alegria de viver e ao sentido da vida nestas vinte e quatro horas? Quanto você usou o piloto automático? Registre as suas observações. Não deixe de incluir alguns lembretes para si próprio a respeito de mudanças significativas que tenha notado e de situações que o levaram a descurar do seu objetivo.

OBSERVAÇÕES QUANTO A VIVER UM DIA COM UM OBJETIVO

Prossiga: Trace o seu caminho rumo ao objetivo

A última parte deste capítulo, também no que tange a cada um dos desafios, consiste em completar mais uma ficha visual e outra verbal, referentes à sua jornada. Quanto você mudou em termos de localização em seu caminho de herói cotidiano, rumo a uma vida 100% alinhada com o seu verdadeiro objetivo? Estas últimas fichas podem ser valiosas sob três aspectos:

1. Você dispõe de tempo para refletir a respeito de onde tem estado, e fazer intuitiva e racionalmente um resumo da sua jornada, o que lhe permitirá lembrar-se de suas partes mais importantes.
2. Comparando estas fichas com as primeiras feitas neste capítulo você terá uma visão imediata de onde estava e de onde se encontra agora.
3. Após ter completado todos os capítulos referentes ao desafio, será gratificante rever essas fichas para estabelecer um quadro composto da sua jornada interior. A maioria das pessoas, cada vez que o faz, nota novos detalhes e vinculações.

Não retorne ainda às primeiras fichas que fez no início deste capítulo. Lembre-se de que a ficha visual representa um traçado intuitivo de onde você se encontra no caminho para perseguir o seu verdadeiro objetivo. A ficha verbal representa uma oportunidade de caracterizar esse desafio de sua vida, agora em termos da jornada do herói.

Em primeiro lugar, esboce a ficha visual da jornada do herói numa folha de papel ou em seu diário. (Antes de começar a preencher a ficha visual coloque os verbetes: inocência, o chamado, iniciação, aliados, rompimento e celebração, em seus lugares apropriados.) Prepare-se para reservar alguns momentos a fim de respirar e permanecer quieto. Permita que a lembrança de sua jornada durante a última semana entre em foco. Use cores para desenhar uma figura ou um símbolo que o represente no seu caminho.

Para a ficha verbal, veja onde você se situa nesse caminho, usando cada um dos seis verbetes – de inocência à celebração. Compare as suas novas fichas, a visual e a verbal entre si e depois com as suas fichas de início da jornada deste capítulo para obter informações ainda maiores. Se você não está escrevendo um diário, anexe as fichas recentes a este livro, de forma que estejam sempre à mão para serem revistas e comparadas com outras fichas, ulteriormente.

Reflexões sobre o seu caminho

Agora que você chegou ao fim deste capítulo e durante uma semana aproximadamente trabalhou no desafio do seu objetivo, escreva a respeito de suas experiências neste caminho. Esta revisão semanal pode consolidar e legitimar a sua experiência até agora. Escreva-a sob a forma de uma carta para si mesmo (ou para nós ou para um amigo ou parente), a fim de que possa adotar a maneira informal e expositiva que caracteriza uma carta.

Conserve essa carta ou compromisso solene como uma prova real da sua jornada. Se um dia você sentir necessidade de trabalhar mais com esse desafio ou sentir necessidade de um forte estímulo com relação a seu verdadeiro propósito, poderá retornar à revisão daquilo que já conquistou.

Comemore!

De que forma você está celebrando o término desta jornada? O que está fazendo para se parabenizar por sua jornada vitoriosa? Como está demonstrando publicamente as suas mudanças intrínsecas? Não deixe, nos dias que hão de vir, de continuar a reconhecer e a celebrar a sua jornada e o seu supremo objetivo na vida.

O SEGUNDO DESAFIO

6

Traga o Amor Para a Sua Vida

Na sociedade moderna, embora possamos, às vezes, nos sentir solitários, a verdade é que estamos cercados por relacionamentos. A própria trama dessas relações pode nos causar muitos problemas. Uma coisa é descobrir o seu objetivo na vida; porém, a sua felicidade está também vinculada à sua interação com outras pessoas – não se trata, apenas, de relações amorosas, mas de amizades e, de um modo geral, da forma pela qual você se relaciona com as pessoas que encontra na vida.

Em algum lugar no seu íntimo, você sabe que o mundo é criativo e que o encontro de duas ou mais pessoas, mesmo que possa parecer negativo, tem um potencial de sinergia e de amor positivos. O todo parece superar a soma das partes e podem existir momentos em que você sente a presença do divino em sua interação com terceiros. O problema está em que estes momentos não passam de instantes em meio à caótica agitação do nosso relacionamento com a maioria das pessoas.

O paradoxo do amor é que, quando você desiste de esperar uma ligação perfeita e começa, simplesmente, a querer bem a si próprio e aos outros, você começa, na verdade, a estabelecer relacionamentos sinceros e a enriquecer-se com eles. Realmente, uma vez que você *se ame* e, de algum modo, encontre esse amor dentro de você, encontrará então esse amor fora de si. Como nos mitos e nos contos de fada, em que o rompimento e a celebração freqüentemente implicam um casamento, num nível mais profundo a história quase sempre se refere a encontrar o amor dentro de si mesmo. Quando o eu for uno e compassivo, a vida será plena.

Quando você compreender isto, verá que tudo o que sentir ao se relacionar com os outros não passará de um reflexo do seu próprio estado interior. Ao se zangar com

Isto é amor: voar rumo a um céu secreto, fazer com que centenas de véus caiam a cada momento. Sobretudo deixar a vida acontecer. Finalmente, dar um passo sem os pés... Meu amor, eu disse, que dádiva tem sido fazer parte desse círculo amoroso e ver além das aparências...

Jalaludin Rumi

> *Sem nenhuma forma fantasiosa e intencional de se enganar, a expressão de si mesmo, tal como você é, constitui a coisa mais importante.*
>
> Shunryu Suzuki

alguém, essa zanga espelha uma necessidade interior. A qualidade e a quantidade de seu criticismo envolvendo outras pessoas, por certo refletem a qualidade e a quantidade da sua própria culpa e do criticismo do julgamento da sua voz íntima. Da mesma forma, o sentimento de compaixão afetiva que você sente pelos outros é o reflexo do sentimento de amor e de compaixão que sente por si mesmo.

É preciso recorrer à sua natureza heróica para lidar com o desafio de trazer o amor para a sua vida. Você tem que desenvolver o seu dom essencial da compaixão – uma bondade afetuosa –, primeiro dirigido a você e depois aos outros. Uma vez que tenha a coragem de reconhecer o amor dentro de si, poderá reconhecê-lo dentro dos outros. Assim como uma rosa não nos repele, mas nos atrai por sua beleza e fragrância, você atrairá e cultivará a amizade firmando-se em sua natureza criativa essencial, e estará apto a doá-la a cada indivíduo sem se envolver em nenhum processo destrutivo. Muitos descobrem que, quando tratam as pessoas com amor e respeito, recebem, em troca, o mesmo tratamento. Como o falecido mestre de meditação Swami Muktananda disse: "Quando eu e você sentirmos que somos uma mesma pessoa, o amor nascerá entre nós."

Outra forma de compreender essa afirmação é encarar o amor – o cerne dos relacionamentos gratificantes – não como uma mercadoria que você dá ou toma, mas como um estado de espírito que você pode *preferir* ter consigo. Então, se está amando, você alcança um estado espiritual que as outras pessoas ao seu redor podem usufruir. Isso é algo impossível de ser evitado. É assim, simplesmente.

O poder do verdadeiro amor é catalítico, sinergético e criativo, como o que você sente no começo de uma nova afeição. Coisas que pareciam impossíveis tornam-se possíveis agora. Você vê pessoas com as quais era difícil conviver, tornarem-se afáveis com você. Se isso é conseqüência de um caso de amor, imagine então o que pode ser alcançado ao se abrirem as comportas do verdadeiro amor interiorizado num coração bondoso que pode ver "além das aparências", como diz o poeta Rumi.

Em última análise, o amor que você traz dentro de si transforma-se num sentimento de infinita e profunda gratidão pelas dádivas da vida. O amor de um herói cotidiano deriva de um espírito criativo interno e se relaciona com um espírito criativo infinitamente maior, ao qual damos graças. Como declarou um grande sábio: "Nossa gratidão é, em si mesma, uma bênção, além da bênção à qual estamos ofertando as nossas graças." Desta forma, os altos e baixos das nossas interações cotidianas com as pessoas se transformarão num caminho que descortinará o nosso amor essencial.

Neste capítulo, o seu caminho começa com a história *A Bela e a Fera* – aparentemente um conto romântico, mas, no fundo, uma mensagem de bondade que pode conduzir a extraordinários relacionamentos com os outros. Enquanto ler a história, procure imaginar todos os personagens como aspectos seus, em diferentes períodos de sua vida. Quando experimentou a compaixão que a Bela sentiu? A devoção de seu pai? Quando esteve bloqueado, como a Fera, ansiando por alguém que enxergasse a bondade que existe dentro de você?

– PREPARAÇÃO –

A Bela e a Fera

Era uma vez um mercador muito rico que tinha seis filhas e seis filhos. Oh, nada lhes faltava!

Porém chegaram tempos difíceis para o mercador e sua família. Ele ficou sabendo que todos os seus navios, com a sua carga de ouro, prata, especiarias e porcelanas chinesas de valor incalculável haviam sossobrado devido a várias tempestades extemporâneas. Logo depois, descobriu que os empregados que cuidavam de seus interesses em terras distantes haviam embolsado todos os seus lucros e sumido. Para piorar ainda mais as coisas, certa noite a sua casa pegou fogo. O mercador e seus filhos lograram escapar, mas todas as suas roupas caras, móveis e outros pertences foram destruídos.

A família mudou-se para uma cabana simples e pequenina, em nada semelhante à mansão em que viviam. Quase todos os filhos choramingavam e se lamuriavam por não terem mais belas vestimentas, jóias de valor inestimável e brinquedos caros, só a mais jovem e mais bela das filhas, a única também que compreendeu a tristeza do pai, tentava animar a todos, lembrando-lhes que, pelo menos, tinham um ao outro para amar.

"Grande coisa!", queixavam-se os irmãos. "Nós queremos barras de ouro e brinquedos exóticos de marfim trabalhado à mão."

"E nós odiamos estas roupas tecidas em casa. Queremos veludo e rendas e brocado de ouro. Pouco se nos dá se você gosta ou não de nós", diziam as irmãs, amuadas.

Passaram-se os anos e, um dia, o mercador ficou sabendo que um de seus navios não havia afundado, e que havia chegado a um porto distante, carregando uma enorme e preciosa carga. Ele partiu imediatamente ao encontro desse navio, tendo, antes, perguntado a seus filhos o que gostariam de ganhar de presente. Claro, eles pediram as coisas mais belas e caras que se possa imaginar. Mas Bela, pois este era o nome da mais nova, nada pediu. O mercador, estupefato, perguntou novamente o que ela queria.

"Apenas que você chegue são e salvo à nossa casa, pai", ela respondeu. "Mas se quiser me trazer alguma coisa, gostaria de ganhar uma rosa. Faz muito tempo que não vejo ou sinto o perfume de uma rosa."

O mercador partiu, então, rumo à sua longa jornada. Após seis meses de viagem, na qual esgotara todo o pouco dinheiro que trazia, chegou ao porto. No entanto, a tripulação que soubera do incêndio mas que não tivera notícias do mercador, supondo-o morto, dividira a carga e se espalhara pelos quatro cantos do mundo.

Uma terrível tempestade de neve surpreendeu o desalentado mercador quando ele deixou o porto e iniciou a sua penosa viagem de volta. Ele marchou durante horas sobre a neve, sem nada

para comer e com apenas uma jaqueta surrada por agasalho. Afinal, quando a noite chegou, subiu a um tronco oco, em busca de abrigo.

Na manhã seguinte, a neve estava tão espessa que ele não tinha condições de encontrar o caminho. Gelado e enfraquecido, encetou assim mesmo a jornada, escorregando e tropeçando pelos bosques, até que chegou a um lugar muito estranho. Uma alameda de laranjeiras conduzia a um belo palácio. Curiosamente, não havia neve na alameda, nem nas árvores, nem no palácio. O mercador estava cansado, transido de frio, faminto, de forma que se dirigiu ao palácio em busca de ajuda.

Nesse lugar cálido e suntuoso todas as velas estavam acesas, embora não se visse viva alma. Após percorrer vinte ou trinta aposentos, o mercador, exausto, caiu adormecido numa poltrona. Acordou ao som de uma música suave, com um belo fogo ardendo na lareira e uma refeição recém-preparada, maravilhosa, posta sobre a mesa ao seu lado.

"Bem", pensou, "alguém sabe que estou aqui. Comerei um pouco e esperarei até que o anfitrião ou outro hóspede venha participar desta refeição."

Esperou durante muitas horas e ninguém apareceu, de forma que o mercador tirou outro cochilo, acabou a refeição e foi ao jardim para ver se encontrava alguém. Caminhava com a alma acabrunhada, pensando em como regressar à casa de mãos vazias.

Os jardins eram assombrosamente belos. Havia setecentas roseiras, todas em plena floração com rosas perfeitas, uma mais bela que a outra.

"Pelo menos posso levar à Bela a sua rosa", pensou o mercador. E colheu a mais bela das rosas.

No mesmo instante, ouviu um barulho atrás de si. Virou-se e deparou com a mais horrenda Fera que se possa imaginar. "Eu salvei a sua vida! Alimentei-o, aqueci-o, e você retribui roubando as minhas rosas! Você vai morrer!", rugiu a Fera.

Desesperado, o mercador implorou por sua vida. Contou à Fera a sua desventura e a viagem frustrada visando recobrar a fortuna e levar um presente para cada filho. "Na verdade, a única coisa que eu poderia levar seria uma rosa para minha filha mais nova, a Bela. Você tem tantas e tão belas... Por favor, perdoe-me."

A Fera pensou um momento e falou: "Pouparei a sua vida se me prometer que trará uma de suas filhas para ser minha esposa. Acho-me muito só, completamente só aqui. Mas a sua filha tem de vir de livre e espontânea vontade, sabendo plenamente o que irá encontrar. Você tem um mês de prazo para ver se uma das suas filhas quer vir. Se não, você deverá voltar. E não tente escapar ao seu destino. Procurá-lo-ei por toda parte se não cumprir a sua promessa."

O mercador concordou e pediu permissão para partir imediatamente. "Não, retrucou a Fera", a noite está caindo e você ainda não está recuperado. De manhã haverá um cavalo à sua disposição e uma bela refeição. Então poderá partir. E não se esqueça da sua rosa."

No dia seguinte, cumprindo a palavra, a Fera ofereceu ao mercador, em primeiro lugar, um maravilhoso desjejum, e depois um cavalo que parecia voar para a pequena cabana no bosque. O mercador alegrou-se ao ver os filhos após seis meses de ausência, mas sentia-se pesaroso por não lhes ter trazido nenhum presente. "Exceto para você, Bela", ele disse. "Eis a sua rosa. Você não faz idéia do quanto me custou!"

O bondoso mercador não admitia dividir aquela carga com os seus filhos e nada lhes contou sobre o acordo que fizera com a Fera. Porém, findo o mês, preparou-se para voltar para junto da Fera, o que deixou os seus filhos espantados. Por que o seu pai estava partindo de novo? Ele, por fim, contou-lhes todo o drama da viagem, da rosa e do desejo da Fera.

"Agora preciso ir ao encontro da Fera para cumprir a minha promessa. Lembrem-se de que eu amo vocês." Seu coração estava pesado e triste.

"Espere", exclamou Bela. "Eu fui a causa de todo esse problema com a Fera. Ela provavelmente foi cruel por estar muito, muito só. Leve-me até ela, pai."

A princípio o mercador protestou, mas Bela insistiu, de forma que montaram a cavalo e foram ao estranho palácio. Bela – embora seu pai estivesse morrendo de medo de a estar entregando a uma desventura –, não sentia medo.

Ao chegarem, não havia ninguém à vista, mas o palácio estava feericamente iluminado. Após vasculharem muitos aposentos, o mercador e a filha depararam com uma mesa onde estava servida uma deliciosa ceia, que comeram com sofreguidão, já que a cavalgada os deixara famintos. Estavam quase terminando quando a Fera entrou e disse com voz terrível: "Boa-tarde e sejam bem-vindos!"

O mercador estava por demais apavorado para responder, mas Bela, disfarçando o seu medo, disse: "Boa-tarde, Fera."

Diante disso, a Fera pareceu satisfeita. Ela dirigiu-se ao mercador: "Você cumpriu a sua palavra. Amanhã pode partir." Na manhã seguinte, após uma noite de sono reparador e um esplêndido desjejum, a Fera levou Bela e o mercador a um salão repleto de tesouros de todos os tipos.

"Antes de você partir, encha estes dois alforjes com tudo o que aqui houver e que queira levar para seus filhos", disse a Fera. E, por mais que Bela e o mercador pusessem jóias e roupas e brinquedos e víveres nos alforjes, notavam que, quanto mais os enchiam, maiores eles se tornavam, de forma que sempre havia mais lugar.

"Não sei como vou levar tudo isto para casa", murmurou o mercador, tentando levantar um dos alforjes. "A Fera nos pregou uma bela peça. Ela não sabe que os alforjes são muito pesados."

"Não desconfie tanto dela", replicou a Bela. "Largue os alforjes e vamos para o pátio."

No pátio, esperavam-nos dois cavalos, um já carregado com os alforjes e outro selado, pronto para o mercador partir. O mercador montou, triste e um tanto apreensivo, disse adeus à filha e partiu como um raio.

Bela, muito tristonha, não sentiu a mínima vontade de conhecer o palácio ou de conversar com a Fera, de forma que se recolheu a seus aposentos e adormeceu. Sonhou que estava caminhando à beira de um regato, quando um belo príncipe apareceu. Suavemente, ele lhe disse: "Oh! Bela! As coisas são melhores do que você pensa! Não se deixe levar pelas aparências. Tente ver além do meu disfarce e apreender quem eu sou. Eu a amo profundamente! Não me abandone até ter-me resgatado. Seja tão afetuosa quanto é bela. Quando você me fizer feliz, você será feliz!" O sonho prosseguiu e apareceu uma linda dama. E disse à Bela: "Lembre-se, veja além das aparências. Veja com o seu coração e não com os olhos."

Ao amanhecer, Bela recordou o seu sonho. O príncipe era belo, mas o que queria dizer com "resgatá-lo"? E por que ambos os personagens haviam-lhe dito para não acreditar nas aparências? Bela não sabia. De forma que resolveu esquecer o seu sonho e passou o dia explorando o palácio. Encontrou salas e mais salas cheias de coisas interessantes para fazer, olhar e se distrair, e assim o tempo voou, até que chegou a hora da ceia. Depois de haver saboreado a comida deliciosa que surgira misteriosamente, entrou a Fera.

"Boa-noite, Bela", ela disse com a sua voz terrível. Bela respondeu-lhe afetuosamente, escondendo o medo. Como ela poderia ser cruel se estava sendo tão bem tratada? Conversaram durante horas sobre as coisas que Bela havia descoberto naquelas dependências, até que, de improviso, a Fera lhe perguntou: "Bela, você me ama? Quer se casar comigo?"

Bela, embora amedrontada, não queria enfurecer a Fera, respondendo "não". "Que devo fazer?", perguntou em voz alta.

"Falar a verdade, do fundo do seu coração", disse a Fera.

"Não, não, não", gritou Bela. "Não quero e não vou!"

"Então, boa-noite", respondeu a Fera, tristemente. E saiu.

Bela recolheu-se ao leito e novamente voltou a sonhar. O príncipe veio ao seu encontro e perguntou: "Bela, por que você é tão cruel comigo?" Esse sonho conduziu a outro e outro e outro, nos quais o príncipe estava sempre presente.

No dia seguinte, quando Bela se distraía andando à beira de um regato que corria nos jardins do palácio, ela viu que aquele era o regato do seu primeiro sonho com o príncipe.

"Quem é esse príncipe?", pensou. "Deve ser um prisioneiro da Fera."

Passaram-se muitas semanas. Durante o dia, Bela se distraía, passeando pelo palácio e comendo deliciosas iguarias que surgiam sempre que sentia fome. À noite a Fera ia ao seu encontro e cada dia, após terem conversado, pedia-lhe que se casasse com ela. Bela não se sentia mais amedrontada; na verdade, agora ela até gostava da Fera. Porém, não tinha condições de responder "sim". Afinal, não estava apaixonada pela Fera. Ela gostava muito mais do príncipe que todas as noites aparecia-lhe em sonhos. As aventuras eram sempre diferentes mas, a cada noite, o príncipe e a bela dama lhe diziam para não confiar nas aparências, mas para ver com o coração. Ela ainda não entendia o que eles queriam dizer com isso.

Um dia, quando a Fera chegou para conversar, Bela estava muito triste. "Sinto muita falta da minha família. Quero vê-la!"

"Oh, Bela, você agora vai me deixar sozinho? Você me odeia? É por isso que quer ir embora?"

"Não, doce Fera, sinto desejos de ver meu pai, meus irmãos e minhas irmãs de novo. Deixe-me ir por um mês e lhe prometo voltar e ficar para sempre com você."

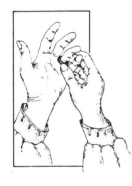

"Não posso negar. Vá com minhas bênçãos e leve quatro alforjes de tesouros para eles. Mas cumpra a sua promessa e volte dentro de um mês, ou morrerei. Para ir e vir você não precisa de cavalos." E deu-lhe um anel. "Use o meu anel em seu dedo e, simplesmente, vire-o uma vez para se encontrar lá ou aqui. Por favor, seja fiel à sua palavra ou eu, sem dúvida nenhuma, morrerei de dor."

Bela encheu os quatro alforjes e foi para o leito. Sonhou com o príncipe deitado tristemente junto ao regato. "Por que você está me deixando para que eu corra o perigo de morrer?", ele perguntou. "Eu vou voltar", replicou a Bela. "Só vou ver minha família. Prometi à Fera que voltaria para o seu lado." "Ah", retorquiu o príncipe. "Mas você vai mesmo voltar para o lado de uma criatura tão feia?" Bela olhou o príncipe de frente. "Eu gosto da Fera. Eu jamais lhe causaria sofrimento algum. Ela é adorável e maravilhosa. Se você a acha feia, ela não tem culpa." Sem perceber, deu uma volta no anel, enquanto dormia.

De súbito, viu-se despertando na cabana do seu pai. Seus irmãos e irmãs também estavam lá, mas como haviam se acostumado com a sua ausência, não pareceram felizes ao vê-la de volta. Durante esse mês, nem uma vez a Bela sonhou com o príncipe. Então, no fim do mês, ela sonhou que estava passeando pelos jardins do palácio e encontrou a Fera caída ao solo, gemendo. A linda dama de seus outros sonhos tornou a aparecer e disse: "Você não cumpriu a sua promessa. A sua Fera está morrendo."

Bela acordou em pânico, sabendo que tinha de retornar sem perda de tempo. Abraçou todo mundo, despedindo-se, e deu uma volta no anel que trazia no dedo.

No mesmo instante, encontrou-se no palácio. De certo modo não viu graça nenhuma em todos aqueles salões e mal podia esperar pela hora do jantar para ver a Fera. Mas a hora do jantar chegou e passou e nada da Fera. Bela ainda esperou um pouco até que, impelida por um sentimento de urgência, sentiu-se atraída a um canto remoto do jardim onde ainda não havia pisado. Reconheceu que estava junto ao regato dos seus sonhos e, de súbito, lá estava a Fera, deitada ao solo, gemendo.

Bela ficou horrorizada. "Oh, não, Fera querida. Não morra! Eu nunca soube o quanto a amava, até agora." E acariciou-a, com meiguice.

A fera falou num tom apenas audível: "Você me ama realmente, a uma fera? Eu pensei que você havia se esquecido de sua promessa."

"Eu amo você realmente, Fera", suspirou Bela. E beijou os seus lábios. "Estou pronta para me casar com você."

Inesperadamente caiu um raio e, não mais a Fera, mas o príncipe estava deitado junto ao regato, nos braços de Bela. Bela ergueu-se, espantada. Alçou o olhar e viu a linda dama de seus sonhos, caminhando em sua direção.

A dama sorriu para Bela e lhe disse: "A Fera era, na verdade, um príncipe, que fora enfeitiçado por uma fada má que tinha ciúmes de sua mãe, a rainha. A única maneira de quebrar esse feitiço seria encontrar uma moça que quisesse, de livre e espontânea vontade, enxergar além da sua aparência física e que consentisse em desposá-lo."

Nesse momento, Bela entendeu o significado dos seus sonhos. Ela e a Fera casaram-se no dia seguinte e toda a sua família veio à festa de casamento. E eles viveram felizes para sempre.

Os muitos significados da Bela e da Fera

Quando fala o amor, a voz de todos os deuses deixa o céu embriagado de harmonia.

William Shakespeare

Vemos, na história da Bela e da Fera, que quase todos os tipos de relacionamentos são suscitados – homem e mulher, pais e filhos, irmãos, homens apenas, apenas mulheres, amor, amizade e, talvez o mais importante, o relacionamento da pessoa com o seu verdadeiro eu.

Se você pensar na história como se fosse um sonho que tenha tido, poderá, provavelmente, reconhecer aspectos de você mesmo e de sua vida. Não importa se você é homem ou mulher – poderá reconhecer nessa aventura a sua jornada, visando criar laços gratificantes e verdadeiros.

Considere a Bela, por exemplo. Apesar de uma situação familiar ruinosa, Bela continua a amar. O padrão de nossos relacionamentos na vida adulta é, freqüentemente, estabelecido pelos primeiros padrões fixados dentro do círculo familiar. E amiúde, como no caso de Bela, podem ocorrer mensagens negativas, a nós transmitidas, a respeito de acontecimentos anteriores pelos quais passou nossa família. Bela não tem mãe e seus irmãos e irmãs fazem muitos comentários que poderiam destruir o seu instinto natural voltado a amar e a respeitar os outros. Embora com o pai ausente a maior parte do tempo, Bela tenta preencher a falta da mãe através do seu relacionamento com ele.

- Vemos a *fé que ela tem na sua própria criatividade*, na medida em que insiste em pôr o seu amor à frente, em todos os tipos de situação, sendo que uma certa graça nunca deixa de protegê-la.
- A *ausência de criticismo* de Bela é posta à prova quando ela encontra a Fera, mas vai além da feiúra para ver a sua beleza interior.
- Trata-se da verdadeira *observação precisa* porque ela, em última análise, vê além das aparências, tal como a misteriosa dama (que muito provavelmente representa a influência materna e também o seu aspecto divino) e o príncipe dos seus sonhos forçando-a a uma situação.
- E tanto Bela como seu pai fazem perguntas engenhosas sobre a natureza do castelo, a Fera e as suas próprias experiências interiores.

Não faz diferença que você seja homem ou mulher, você também pode passar, integralmente, pela mesma situação da Fera. Quem já não sentiu que a sua verdadeira natureza está escondida dentro de si? Talvez ela esteja escondida mais devido a influências negativas e à voz da consciência do que à aparência física mas, de qualquer forma, está escondida. E isso não é, para você, menos frustrante e doloroso do que o era para a Fera. No entanto, você também pôde ver como o desafio dos relacionamentos pode ser superado, mesmo num caso como o da Fera, pelo uso heróico de quatro instrumentos.

Lutar pelo amor é bom, mas alcançá-lo sem luta é melhor.

William Shakespeare

O seu caminho para o amor

Releia a história da Bela e da Fera. À medida que o fizer, medite a respeito de como essa história pode revelar algo de seu desafio para encontrar amor e boas amizades.

Quando estiver pronto, responda às perguntas que seguem. Tente responder a todas elas, mesmo com respostas breves. Escreva rápido tudo o que lhe vier à mente. Não pense no que escrever, nem se preocupe com o que os outros possam pensar. Não deixe que a voz de sua consciência interfira. Faça isso para você mesmo começar a compreender o seu desafio no que tange a relacionamentos.

1. *O medo de Bela se relacionar com as pessoas é devido à influência de suas primeiras experiências no seio da família. Qual foi a natureza das suas primeiras experiências na vida, que agora afetam o seu relacionamento com terceiros?*

2. *O pai de Bela é importante para ela porque prenuncia o seu relacionamento amoroso com a Fera. A ausência da mãe é importante e também a sua presença, como o guia interior dos sonhos de Bela. Em seus relacionamentos, qual a sua principal influência: da mãe ou do pai? Qual a natureza dessa influência? Que padrão de relacionamento você herdou de seus pais?*

3. *Bela parece ser especialmente capaz de resistir a influências externas, tais como zombarias e críticas de seus irmãos e a unanimidade social contra a feiúra. A que ponto as pressões sociais afetam os seus relacionamentos e quanto você, no caso, se preocupa consigo mesmo?*

Um coração feliz é o resultado inevitável de um coração ardente de amor.

Madre Teresa

4. *Bela sente falta da família e quase destrói a Fera e o seu amor por ela, por causa disso. Quanto a solidão afeta a sua capacidade de amar? Acaso pode lembrar-se de um tempo em que a sua solidão foi a causa de você fazer algo não-apropriado com relação a um relacionamento que teve efeitos negativos? O que aconteceu?*

5. *Para outras pessoas, as qualidades e o potencial intrínsecos positivos da Fera ficam ocultos por sua feiúra. O que, em você, está ocultando do mundo o seu potencial intrínseco, impedindo-o de revelá-lo?*

6. *O pai de Bela parece circunscrever o seu relacionamento com os filhos na base do que lhes pode dar, com exceção de Bela. Você alguma vez sentiu que o seu papel num relacionamento está circunscrito à sua habilidade em se dar ao outro? Qual a natureza desse relacionamento e o que é que você está lhe dando?*

7. *A orientação interior de Bela chega-lhe através de sonhos repetidos. Você, acaso, recebeu mensagens através de sonhos repetidos ou de um único sonho que o tenha ajudado, em caso de amor ou de amizade? Reflita sobre um desses sonhos.*

8. *Você acha que está recebendo uma mensagem reiterada, de uma forma ou de outra, e que a está ignorando? Qual é essa provável mensagem e como você pode ficar mais atento a ela?*

9. *O príncipe que existe dentro da Fera estava morrendo. Ele simboliza um tesouro que todos temos dentro de nós e que pode morrer se o negligenciarmos. Qual é um possível tesouro negligenciado dentro de você? Que prova você tem de o estar negligenciando e o que pode fazer sobre isso?*

> Uma primavera de amor desabrochou em meu coração,
> e eu os abençoei sem perceber.
>
> Samuel Taylor Coleridge

10. *Somente Bela é capaz de ver a bondade interior da Fera. Existe alguém cuja bondade interior você não esteja vendo ou valorizando? Quem é? Quais as qualidades dessa pessoa que você não está percebendo? Como você pode desenvolver a sua capacidade de perceber essas qualidades?*

Trace o seu caminho para o amor

Deitemos agora um olhar à sua experiência quanto ao desafio amor-amizade, como uma jornada do herói. Você começará a fazer essa verificação por meio de fichas visuais e verbais, como as do último capítulo. Ilustrar e redigir essas observações permitem-lhe chegar a uma idéia mais clara de onde você se situa. Depois, meses mais tarde, rever essas notas poderá proporcionar-lhe uma percepção e uma compreensão da sua jornada, com as quais você, talvez, não tivesse atinado no momento.

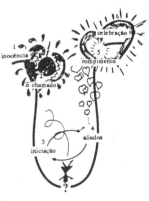

Ficha Visual

Antes de começar, vejamos o exemplo de nossa aluna, Melissa. Sua ficha visual mostra o chamado à aventura com o desenho de uma bomba-relógio explodindo em seu coração. "O primeiro de muitos" – confidenciou-nos, aborrecida. A cada relacionamento, lá estava ela, esperando o momento de explodir e de ver partido o seu coração ao meio. A parte da iniciação e do poço, em sua ficha, mostrava simbolicamente um acidente de carro que realmente aconteceu, durante uma fase de descontrole que se seguiu ao rompimento de um noivado. Quando chegou à parte dos aliados, ela mostrou, simbolicamente, livros e amigos que a ajudaram, como um conjunto de pequenos corações. E, seis meses mais tarde, encontrou o homem com quem se casou. Em sua ficha, desenhou um coração grande e vibrante, representando ela própria e o tipo de seu casamento, no começo da sua jornada cotidiana de heroína.

Há uma paixão na busca de algo profundamente enraizado na alma humana.

Charles Dickens

Agora, desenhe a sua viagem, no traçado abaixo. O seu desenho parecerá muito diferente do de Melissa. Não seria de estranhar que o seu não mostrasse a idéia de rompimento que o dela mostra, devido ao casamento frustrado. Olhe para a curva do caminho e dê liberdade à sua mão para que escolha as marcas coloridas que a atraiam, e para desenhar todo e qualquer tipo de rabiscos que deseje. Divirta-se.

Uma Ficha Visual do Trajeto
Onde me encontro no início desta jornada
Data: _____

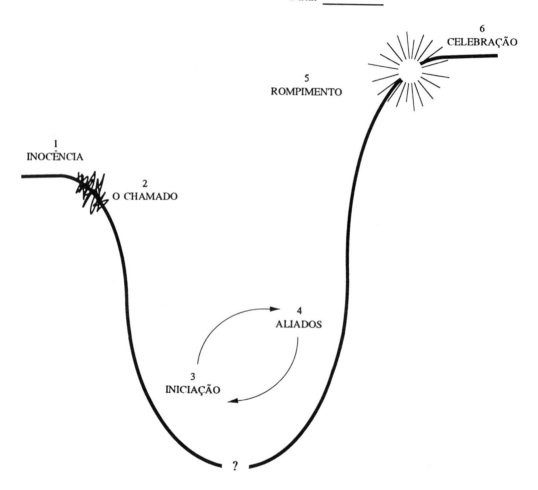

Ficha Verbal

Uma vez preenchida a ficha visual complete a parte escrita, servindo-se da mesma e de todo e qualquer pensamento que lhe veio à mente enquanto a preparava. Depois de ter concluído as duas fichas, reflita sobre o que o amor significa para você agora e para onde você vai ao seguir para a seção referente à jornada propriamente dita.

A ficha verbal de Melissa retrata esta jornada com diferentes detalhes. Ela implica o começo da concretização do chamado, a fim de aprofundar o seu relacionamento com o marido e transmitir esse sentimento, assim como o seu despertar para o amor em todos os relacionamentos. Constatou que ainda havia muito a ser feito quando este capítulo abriu-se para ela, sugerindo-lhe o tipo de trabalho que deveria fazer e como tornar isso eficaz.

INOCÊNCIA (Sinto-me bem na minha situação)
   Infância – bem despreocupada. Melhor amiga: Susan.
   Muita rejeição por parte dos pais, mas eu não percebia.

O CHAMADO DA AVENTURA (Identifico e reconheço o meu desafio)
   Mudança. Perdi contato com Susan.
   Um novo relacionamento com Rusty no ginásio – meu primeiro namorado.
   Acabou quando ele me aborreceu na formatura.
   POR MINHA CAUSA!!!

INICIAÇÃO (Sou realmente posta à prova)
   Ah, Rusty foi o primeiro de muitos. Eu detinha o monopólio dos corações partidos.
   Por que eu? Eu dava tanto! Não é justo! Arrasada!

ALIADOS (Encontro incentivo e ajuda)
   Mulheres como amigas – tinham pena de mim. Onde estão os homens?
   Os meus "professores" – aprendendo que tenho que amar *a mim* mesma, para ter uma alma sólida e afetuosa.
   Natureza – encho a minha alma de força, calma e esperança.

ROMPIMENTO (Chego a uma nova percepção ou resolução)
   Empenhada em confiar realmente em mim. Basicamente, eu gosto de verdade de MIM.
   Firme em meu propósito: amar profundamente em muitos níveis. Amar a vida, as pessoas em geral, a comida (!), pessoas especiais, a mim, o meu trabalho...

CELEBRAÇÃO (Regresso, diferente, ao lar)
   Levou mais de 1/4 de século, mas estou satisfeita.
   Relacionamento saudável.
   O meu trabalho com as pessoas. As suas reações me enriquecem.

Ficha Verbal Sobre a Jornada
Onde me encontro no início desta jornada
Data: _____

INOCÊNCIA (Sinto-me bem na minha situação)

O CHAMADO DA AVENTURA (Identifico e reconheço o meu desafio)

INICIAÇÃO (Sou realmente posto à prova)

ALIADOS (Encontro incentivo e ajuda)

ROMPIMENTO (Chego a uma nova percepção ou resolução)

CELEBRAÇÃO (Regresso, diferente, ao lar)

Veja com os olhos do coração

O último passo para a preparação da sua jornada consiste em adotar um lema que o guiará em todas as suas ações. Desta vez, siga o conselho da dama que aparecia no sonho de Bela e veja além das aparências, o que acontece quando você *VÊ COM OS OLHOS DO CORAÇÃO*. Se puder adotar esses dizeres como lema, encontrará satisfação e não obstáculos em todos os seus relacionamentos. As pessoas se tornarão não somente a parte mais agradável, como também a mais valiosa da sua vida.

Quando você Vê Com Os Olhos Do Coração, a visão supera o que os olhos podem ver. Sua visão não está nublada pela influência do seu criticismo. Você compreende a boa intenção das pessoas; compreende as suas ânsias e os seus receios. Quando Vê Com Os Olhos Do Coração, você enxerga melhor as pessoas porque pode ver os *seus* corações. Você enxerga amor.

M. Scott Peck conta uma história intitulada "O Presente do Rabino", que mostra como pode ser a sua vida se você Vir Com Os Olhos Do Coração:

> O abade de uma ordem religiosa quase extinta, pois contava com apenas cinco monges, todos com mais de setenta anos, foi aconselhar-se com um velho rabino, visitando-o na floresta, perto da sede da ordem em extinção. Eles lamentaram a falta de espiritualidade que caracterizava o mundo. Abraçaram-se e, quando o abade estava para sair, o rabino lhe disse: "Não tenho conselho algum para lhe dar. A única coisa que posso dizer é que o Messias é um dentre vós."
>
> Este foi o presente do rabino. Quando o abade relatou esse fato aos outros quatro velhos monges, cada um deles começou a imaginar qual deles seria o Messias. Seria o Irmão Patrick? O Irmão Juniper, talvez? Poderia ser eu? Começaram a se tratar, a si mesmos e uns aos outros, como se fossem, potencialmente, divinos. E as pessoas que por acaso passavam perto do mosteiro sentiam-se atraídas pelo amor e pelo respeito extraordinários que ali imperavam. Mais e mais pessoas foram chegando para visitá-los e orar. Algumas começaram a conversar com os monges. Uma parte delas pediu para ingressar na ordem. E a ordem recomeçou a florir.

Ver Com Os Olhos Do Coração equivale a tratar os outros e a você como se eles ou você fossem o Messias disfarçado. Se puder desconsiderar as mensagens exteriores que os outros parecem lhe enviar (oriundas da crítica), como a Bela fez com a Fera, então experimentará o prazer das relações afetivas.

Se enxergar o melhor que as pessoas têm, elas tenderão a se comportar da maneira como você as vê. Tal como um dos conferencistas se referiu à nossa classe: "Quando eu me relaciono com a melhor parte de uma pessoa e ignoro todas as outras suas partes, ela começa a me revelar, mais e mais, o melhor de si mesma e, desse modo, qualquer problema em geral desaparece." De fato, mesmo nas melhores hipóteses, as relações afetivas nunca deixam de apresentar algum tipo de conflito. Mas quando você Vê Com Os Olhos do Coração podem ocorrer conflitos relevantes, não dirigidos contra a pessoa, mas derivados da compaixão, do fato de todo mundo estar confiante em sua criatividade e de reconhecê-la no próximo. As pessoas podem desentender-se, mas quando estão se comunicando através do coração, o objetivo transforma-se em carinho e em ver realmente o outro, e não em vencê-lo ou exercer poder sobre ele. Como o poeta Rumi diz: "Ter capacidade para ver com os olhos do coração é ir 'além das aparências', é um verdadeiro dom."

Claro que, sobretudo no início, Ver Com Os Olhos do Coração requer coragem. Lembre-se, porém, de que a palavra latina para coração, *cor*, constitui a própria raiz da palavra coragem. Nós a vimos em Bela. Se ela não tivesse tido coragem, não teria acompanhado o pai quando este voltou ao palácio da Fera, nem teria se conduzido tão bem uma vez estando lá. Tenha a coragem de seguir o exemplo de Bela, que viu o melhor na Fera, mesmo tendo sido muito difícil para ela agir assim.

Durante uma semana, tente ver com os olhos do coração em todas as oportunidades de sua vida, grandes ou pequenas, e escreva a respeito de pelo menos uma de suas experiências.

Ver Com O Coração

Muitas vezes, só o fato de prestar atenção às suas experiências pode ajudá-lo na jornada, de modo incalculável. Habitue-se todo dia, no fim da tarde, a escrever alguns comentários em seu diário ou nas margens deste livro. Neste caso, escreva algo sobre o que acontece quando você vive segundo o lema "Ver Com Os Olhos Do Coração". Não se deixe influenciar pelo seu criticismo, nem que ele interfira. Algumas vezes, as pessoas acham que, na verdade, não tiveram nenhuma experiência e que nada têm para registrar. Porém, o próprio ato de escrever pode, quase sempre, abrir uma perspectiva. Veja o que acontece quando você vive segundo o lema "Ver Com O Coração".

– A JORNADA –

Você já se preparou para a sua jornada destinada a trazer amor à sua vida, quando refletiu sobre a analogia entre a sua história pessoal e a da Bela e a Fera. Você já possui uma ficha visual e verbal da sua posição nesse caminho e começou a viver segundo o lema "Ver Com Os Olhos Do Coração". Agora você está pronto para prosseguir na jornada da introspecção, que poderá resultar numa nova atitude e visão do amor.

Veja com os olhos, com a mente e com o coração

Como é que você vê as outras pessoas? Se você é como muitas delas, você não vê apenas com os olhos, mas também com o coração e com a mente. O exercício abaixo o ajudará a distinguir esses três modos de ver: com os olhos – os fatos observáveis a respeito de uma pessoa ou de um relacionamento; com a mente – presunções, expectativas e críticas; e com o coração – compaixão por sua experiência como ser humano.

Pense em alguém que você queira muito bem. Escreva o seu nome no espaço respectivo. Recorde um contato recente que tenha mantido com essa pessoa. Observe, com os olhos do coração, o que sente com relação a essa pessoa. Agora transcreva essas impressões no espaço apropriado. Olhe desta mesma forma para alguém com quem você trabalhe e anote suas impressões na segunda coluna. Faça o mesmo para si próprio na terceira coluna.

	Quero bem:	Trabalho com:	Eu:
Meus olhos vêem...			
Minha mente vê...			
Meu coração vê...			

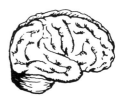

O que é que você nota quanto a esses três modos diferentes de ver? Como as suas impressões a respeito de cada pessoa (incluindo você mesmo) se alteram de acordo com o seu modo de ver?

Quando entrar em contato com as pessoas, observe o modo pelo qual você as vê: se lhe parece estar vendo apenas com os olhos, ou se você está usando a mente como um filtro ou, conscientemente, prestando atenção em seu coração e tentando vê-las através dele. Ver com os olhos do coração significa que você precisa entrar em contato com o seu foco de sensibilidade e de afetividade, nas suas relações diárias. Anote as suas observações.

Trate do seu coração

> O amor é o nosso estado natural quando não optamos pela dor, pelo medo ou pela culpa.
>
> Willis Harman e Howard Rheingold

Se o seu coração se sente rico e pleno, você é um felizardo. Deveria ser bem fácil você entrar em contato com o seu foco de amor e "apaixonar-se" por ele durante todo o transcorrer do seu dia. Lembre-se de que está empregando a palavra "apaixonado" para significar um estado amoroso que simplesmente *existe* e que as outras pessoas perceberão quando em interação com você.

Você, porém, pode ser como Melissa, cuja ficha visual comentamos anteriormente. Até há pouco, ela não estava satisfeita com as condições do seu coração. Ou você pode ser como Bela, que teve, a princípio, uma triste experiência com a família, ou como a Fera, incapaz de (até a hora extrema), fazer Bela ver como o seu coração era realmente. Às vezes, o nosso amor não é retribuído e precisamos encontrar meios de aplacar a terrível dor. Precisamos também descobrir meios de amar a nós mesmos.

Se o seu coração estiver pesado, triste ou ferido, você terá, talvez, dificuldade para ver claramente através dele, ou de encontrar uma relação gratificante. Embora este livro não possa mudar as linhas do seu passado ou da sua situação aparente, poderá ajudá-lo a rever a sua visão do passado e a mudar interiormente o seu modo de sentir a respeito de sua situação.

Antes de mais nada, você precisa tentar a experiência de ter um coração livre e feliz. Se puder fazê-lo ao menos uma vez, achará mais fácil lembrar-se desses sentimentos. Uma maneira fácil de atingir esse objetivo é dirigir-se a um local onde se sinta bem. Muitas pessoas gostam de estar junto à Natureza, num jardim, num parque silencioso, à beira de um regato, sob uma árvore ou onde possam sentir-se em contato com o ritmo da vida. Se você não puder sair, sente-se junto a uma janela e abra-a ligeiramente para a brisa entrar. Feche os olhos e imagine que está ao ar livre, num lugar que você adora. Ative todos os seus sentidos, imaginando ou se recordando desse lugar especial ao ar livre.

Agora, faça o seguinte:

1. *Comece por sentar-se ou por deitar-se na grama (em imaginação, se for preciso) e sinta a energia da terra sob você. Deixe o seu corpo relaxar de encontro ao chão. Imagine que a mãe-terra o está suportando e infundindo-lhe energia vital. Faça isso por alguns minutos. Sinta a energia infiltrando-se em você.*

2. *Feche os olhos e respire vagarosa e profundamente. Ao inspirar, imagine estar sorvendo todas as energias dos elementos da Natureza, existentes nesse lugar que você adora. Pode ser o calor do sol, o poder purificador da chuva ou o farfalhar das folhas ao vento, que inundam a sua consciência e abrandam qualquer sofrimento. Pode ser o incessante quebrar das ondas ou o cheiro da maresia. Feche os olhos e, durante cinco minutos, inspire enchendo os pulmões, o coração, a cabeça, todo o seu corpo com as energias curativas da Natureza.*

3. *Ao inspirar, pense com você mesmo "Meu coração está curado". A cada momento, entre a inspiração e a expiração, pare um instante para se certificar de que a cura está realmente ocorrendo e de que você está entrando em sintonia com as forças eternas da Natureza, infusoras de vida. Ao expirar, sinta-se expirando a escuridão e o sofrimento para dar espaço à luz e à alegria que estão chegando.*

4. *Depois de fazê-lo por uns poucos minutos, abra os olhos e olhe em redor. Acaso as coisas não parecem mais suaves, claras, nítidas, calmas, vivas? A maioria das pessoas experimenta uma sensação de alívio, mas descobre, imediatamente depois de fazer este exercício, uma ligeira diferença na percepção. Observe como o seu coração reage. Acaso ele não se sente melhor, mesmo temporariamente?*

Somente o nosso amor é imperecível: ele não conhece o ontem nem o amanhã. Passando por nós, ele jamais se esquiva, mas conserva, fielmente, o seu primeiro, último e perpétuo dia.

John Donne

Este exercício constitui um tipo de meditação e é sobretudo eficiente se realizado uma ou duas vezes por dia. A cada vez se tornará mais fácil parar e prestar atenção à dor em seu coração e às formas pelas quais você pode se sentir unido à Natureza.

Diga o que precisa ser dito

Algumas vezes, quando surge um problema num relacionamento, você pode ficar com muitas coisas por dizer ao outro ou gostaria que ele lhe tivesse dito certas coisas. Se você não se sente pronto para dizê-las, ou se não foi possível chegarem a um diálogo, ajudaria muito dizê-las de uma forma íntima. Assim você não fica engasgado com elas, bloqueado como a Fera, sob o encantamento que a impedia de ter um amor.

As duas figuras constantes da ilustração abaixo apresentam acima de suas cabeças espaços vazios a serem preenchidos com palavras. Com quem você quer falar? O que quer dizer a essa pessoa? O que deseja que ela lhe diga? Escreva, em cada espaço em branco uma frase capaz de captar as palavras inarticuladas, que cada um de vocês calou.

A carta não-enviada

Existe mais alguma coisa que você queira dizer a essa pessoa? Pegue um papel de carta e escreva-lhe, dizendo tudo o que sente. Escreva com a intenção de falar de seus sentimentos, profundos e verdadeiros, sem culpar, criticar ou magoar.

Agora, cabe a você decidir se quer mandar a carta, enviar uma versão revisada, ler à pessoa trechos da mesma ou simplesmente guardá-la como um segredo do seu coração.

Veja o amor em si mesmo

Algumas vezes, as dificuldades em matéria de relacionamento surgem por considerarmos que os nossos sentimentos por alguém são, de certo modo, gerados por esse alguém. Não suspeitamos que somos nós que criamos os nossos sentimentos. Se ama alguém, é *você* que cria o amor, não esse alguém. Se está zangado com alguém, é *você* que está com raiva.

Um passo importante que pode dar no sentido de Ver com Os Olhos do Coração é reconhecer que o amor que sente pelos outros nasce de você, não deles. Bela era uma criatura extremamente amorosa (vimos pelo cuidado que tinha com o pai), de forma que o seu amor pela Fera representava, e muito, o que ela era. Você pode começar a assumir a responsabilidade por seus sentimentos e por suas ações, em vez de imaginar que uma outra pessoa, de certo modo, a está fazendo sentir-se dessa maneira. É assim que tem início o controle dos seus relacionamentos.

A seguinte técnica de concentração irá ajudá-lo a compreender como você cria a sua experiência no mundo. Seu efeito será maior se você fechar os olhos e pedir que alguém a leia para você. Ou também, você pode ler um parágrafo de cada vez e então fechar os olhos e parar um pouco após cada um deles, a fim de senti-lo melhor.

> À medida que você deixa que o amor cresça dentro de você, descobrirá uma firme disposição para a jornada espiritual.
>
> Jean Houston

Feche os olhos e imagine alguém que você ama muitíssimo. Pode ser uma pessoa de quem esteja afastado há muito tempo. Alguém já falecido e cuja falta você esteja sentindo demais. Ou alguém que você tenha visto hoje cedo. Apenas veja essa pessoa, com os olhos da sua mente, enquanto experimenta um profundo sentimento de amor. Veja e sinta essa pessoa em sua mente e experimente o pleno e rico sentimento de amor que você nutre. Quando tiver feito isto de maneira satisfatória, abra os olhos e leia o parágrafo seguinte.

Imagine que essa pessoa está para chegar no aeroporto. Você a está esperando. Ela passa pelo portão de saída e você a abraça. Sinta e viva esse amor em toda a sua plenitude. Quando estiver pronto, abra os olhos e siga para o último parágrafo.

Continue pensando com firmeza no amor que você sente, mas agora concentre-se no sentimento e na sensação do amor em si e descarte a figura humana de sua mente. Continue a concentrar-se no amor e comece a compenetrar-se de que ele vem de você, não da outra pessoa. Sinta-o brotando do seu coração para o corpo inteiro. Perceba-o projetando-se para fora de você e preenchendo todo o espaço ao seu redor. O que está verificando agora é a sua própria compaixão, sob a forma de bondade afetuosa para consigo mesmo. Feche os olhos e usufrua dessa sensação pelo tempo que quiser.

Veja você mesmo com o coração

Agora que você tem consciência do amor que existe dentro de si e do poder da sua postura interior, pode começar a ver-se com os olhos do coração. Faça-o sentando-se diante de um espelho, de forma a fitar os seus próprios olhos. Sinta-se confortável nessa posição. Se piscar, não faz mal. Se algum pensamento surgir, deixe-o passar, enquanto você continua a ver além de sua face e dentro dos seus olhos, refletidos no espelho. Continue olhando assim pelo tempo que quiser. Procure fazê-lo por uns quinze minutos para ver o que acontece.

À medida que você olha através dos seus olhos, para dentro de si mesmo, observe quem você é e o que você vê. Talvez prefira executar essa técnica em frente ao espelho logo depois do exercício anterior de concentração, destinado a fazê-lo sentir o seu amor interior; depois abra os olhos para ver a si mesmo com os olhos do coração. Você pode, também, criar um forte efeito se colocar, entre você e o espelho, uma vela acesa.

Veja os outros com o coração

Não basta, é claro, ver o amor, a criatividade e o afeto apenas dentro de você. Você precisa ter a capacidade de vê-los nos outros. Sinta esse vínculo com os outros, olhando realmente um outro ser humano da mesma forma pela qual você olhou a si mesmo, no último exercício – de coração para coração, olho no olho. Se preferir, faça esse exercício na companhia de alguém com quem você fique à vontade: o cônjuge ou um amigo íntimo.

Neste exercício de concentração, você fita intensamente a outra pessoa, olhando dentro dos seus olhos por cerca de dois minutos. Inicialmente, você poderá achar muito difícil manter um contato visual por mais de uns poucos segundos. Lembre-se de que você está numa busca criativa. Você é o herói. Contra todas as probabilidades, prossiga calmamente para chegar a um contato significativo.

O objetivo não é obrigar a outra pessoa a fechar os olhos – é encará-la diretamente, é ver tudo o que existe por trás dos seus olhos. Os olhos têm sido chamados de espelhos da alma. Olhe para dentro desse espelho e veja o que você descobre. Tente não alimentar expectativas. Descubra o que descobrir, continue olhando para essa pessoa. As mínimas observações podem ser importantes. (Na pior das hipóteses, você desenvolverá a capacidade de estabelecer contato visual durante uma conversa, o que fará de você um melhor observador e um melhor ouvinte.) Antes de começar, marque num despertador o tempo de dois a três minutos.

Sente-se de frente para a outra pessoa, com os pés plantados no chão e as mãos confortavelmente apoiadas no colo. Juntos, façam algumas respirações devagar, inspirando e expirando, de forma que elas se coordenem. Durante o primeiro minuto, respirem dez vezes com calma, até ambos se sentirem em harmonia. Nos dois minutos seguintes, olhem-se dentro dos olhos. Relaxem. O objetivo é, simplesmente, um abrir-se para o outro e permitir que se olhem dentro dos olhos, ao mesmo tempo.

Quando o despertador tocar, feche os olhos por instantes e usufrua a sua experiência. O que viu? Você teve uma sensação de unidade ou de diversidade? Sentiu alguma coisa em particular ou teve uma impressão especial com relação à outra pessoa? Que pensamentos passaram pela sua mente? Seus pensamentos sofreram uma solução de continuidade?

Quando ambos abrirem os olhos, partilhem as suas impressões.

O que você acha que a Bela teria visto se tivesse feito esse exercício com a Fera? Acha que ela teria visto o príncipe?

Na verdade, existe uma Fera em sua vida – alguém sobre o qual você confundiu os sentimentos ou alguém que você ama, mas por quem, agora, neste exato momento, nutre sentimentos negativos (talvez seja proveitoso fazer este exercício com essa pessoa). Então, cada um poderá expor ao outro o que sentiu.

Vendo a pessoa ou o objeto

Martin Buber, em seu livro *I and Thou*, fala em dois modos de reagir às outras pessoas. Na relação Eu-Objeto, vemos a outra pessoa como um objeto, como alguém destinado a satisfazer as nossas necessidades. Na relação Eu-Você, vemos no próximo a sua grande humanidade, a ponto de reconhecermos quanto é sagrado esse outro ser. Este segundo tipo de relacionamento é, sem dúvida, mais gratificante.

A maioria de nós tem capacidade para valorizar o Você nas pessoas que amamos, mas acaso fazemos o mesmo com relação às pessoas que não conhecemos bem? Você vê no operário da companhia de gás o "Objeto" ou "Você"? No embalador do supermercado? Em seu chefe? Em seus companheiros de trabalho? Em seus subordinados?

Agora que você sentiu o seu coração e foi capaz de perscrutar, por meio dele, o âmago das outras pessoas, pode tentar aproximar-se de todas elas, por mais insignificantes que sejam, com a atitude Eu-Você. Toda vez que, nesta semana, você entrar em contato com uma pessoa, diga baixinho que você e ela estão se homenageando reciprocamente, por serem portadoras de almas divinas. Então, que importa se a garçonete é rude? Ame-a em silêncio e reconheça a sua bela e frágil natureza humana. Observe o que acontece dentro de você e em seu inter-relacionamento com ela e com terceiros, quando os vê dessa maneira.

Não se esqueça de manter uma ligação Eu-Você com você mesmo! Durante esta semana, não se trate como um objeto ou uma coisa. Ame e dê valor à sua essência divina, por mais embaraçoso e egocêntrico que isso possa parecer.

Observe, durante uma semana, o que lhe acontece quando põe em prática essa relação Eu-Você, com terceiros e com você mesmo. Escreva abaixo, ou em seu diário, as suas observações.

Quem é o meu Mestre? O que aprendi?

Qualquer pessoa, se você o permitir, pode ser um mestre. De fato, quando você se relaciona desse modo com o mundo, as lições que a vida lhe reserva afluem sem parar e você se vê cursando do jardim de infância à universidade da vida verdadeira, mais depressa do que imaginava.

Descobrirá que o teor da sua interação também se altera e, o que é mais importante, também o seu modo de sentir. Constatará que está sentindo mais paz, compaixão e amor quase que automaticamente. O sentimento de amor parece existir por si mesmo. Você está mais próximo de amar – de um estado de ser que é amor e, como a rosa da Bela, apto a atrair outras pessoas.

Para chegar a uma estrutura mental receptiva, faça a seguir uma lista dos nomes (ou uma descrição se não souber o nome de alguém) de meia dúzia de pessoas com as quais você entrou em contato nestes últimos dois dias. Depois, junto de cada nome ou descrição, anote o que aprendeu com essa pessoa.

Durante esta semana, portanto, tente considerar todas as pessoas como mestres em potencial. Esteja aberto às lições que chegarem até você, pelo fato de você ter estado com essa pessoa. No fim do dia, reflita sobre as suas últimas vinte e quatro horas e anote no espaço que encontrar aqui ou no seu diário, suas observações a respeito dessas pessoas que entraram na sua vida e o que aprendeu com elas. Você pode ter aprendido algo muito importante ou recebido apenas um breve e sutil lembrete. De qualquer modo, você sairá enriquecido do seu contato com cada ser humano que passar pela sua vida.

Três etapas rumo a uma comunicação gratificante

Uma vez que tenha sentido amor em seu coração e que possa reconhecê-lo em si mesmo e nos outros, é importante, embora às vezes difícil, transmitir essa experiência a terceiros. Freqüentemente, nesse tipo de comunicação não expressamos os nossos sentimentos; ao contrário, falamos de coisas ou do que a pessoa deva ou não fazer. Às vezes, nem escutamos quem está falando conosco e achamos, simplesmente, que estaremos por demais vulneráveis se expusermos os nossos sentimentos.

Quando isso acontece, não existe comunicação verdadeira. Em qualquer tipo de relacionamento, a verdadeira comunicação consiste em duas pessoas prestarem atenção e *ouvirem* o que uma tem a dizer à outra, falando com sinceridade ao responderem. Se ensaiarmos o nosso discurso ou manifestarmos que já sabemos o que está sendo exposto, não estaremos realmente escutando. Se falamos de caso pensado, ou evitamos expor os nossos sentimentos e simplesmente julgamos o próximo, não estamos, na verdade, estabelecendo contato com ele.

Durante os próximos dias, há três coisas que você pode fazer para se exercitar a ver com os olhos do coração nos seus relacionamentos com terceiros. Assuma o compromisso de fazer cada uma delas pelo menos uma vez por dia, e observe o que acontece.

Veja além do objeto

Todos sabemos que nos comunicamos sem palavras mas, com que freqüência observamos realmente a linguagem corporal ou o tom de voz da pessoa com quem falamos? Com que freqüência consideramos o modo de a pessoa fazer o seu discurso, ou ouvimos o que não foi dito, assim como o que é dito? Com que freqüência olhamos para dentro dos olhos dessa pessoa para perscrutar-lhe a alma?

Esta semana, tome todo o cuidado para ver além do objeto, como Bela viu além da aparência da Fera. Tente, em primeiro lugar, consigo mesmo. Observe a sua forma de expressão e a sua maneira de se relacionar com os outros. Se estiver sozinho, acerte o relógio para despertar de hora em hora e tome nota de como está vestido, de seus movimentos, da natureza dos seus sentimentos e pensamentos. Observe como você interage nas conversas com terceiros. Olhe-se no espelho ou capte o seu reflexo nas vidraças ao passar. Quem é essa pessoa ali refletida? O que você (visto como se fosse outra pessoa) tem a dizer a respeito do seu relacionamento consigo mesmo e com terceiros, na condição em que se encontra?

E também, pouco importando com quem você esteja, observe *o que* eles estão expressando além das palavras que possam articular. Acate e respeite as pessoas e procure ver o que existe por trás de tudo o que fazem. Por exemplo, se fazem uma pergunta, tente descobrir o que existe por trás dessa pergunta. Procure colocar-se no lugar dessa pessoa enquanto a observa. Veja se percebe o que seria estar em seu corpo, dedicando-se às coisas que lhe integram a vida. Crie o hábito de observar uma pessoa no ônibus ou o transeunte que desce a rua, à sua frente. Observe quão mais rica parece ser a experiência a respeito de si mesmo e do próximo, quando você o vê em toda a sua inteireza.

Reflita como um espelho

Um relacionamento gratificante é aquele em que nos sentimos reconhecidos e correspondidos, e em que percebemos o significado daquilo com que a outra pessoa contribui para esse relacionamento. Uma maneira de encorajar os outros a reagir significativamente a nosso respeito é deixá-los cientes de que nós os vemos e os entendemos de verdade. Podemos fazê-lo mediante a prática da *audição refletida*.

Na audição refletida você não fica simplesmente calado enquanto as pessoas lhe dirigem a palavra. Com tudo o que elas sabem, se você ficar calado poderá dar a impressão de que está desligado, sonhando de olhos abertos, ou pensando na sua próxima resposta. Ao contrário, deixe que elas conheçam as suas impressões a respeito do que estão tentando comunicar. (E, naturalmente, se você está vendo com os olhos do coração, está captando muito mais que apenas as palavras!) Assim, elas estarão certas de que você as está acompanhando e de que podem corrigir qualquer mal-entendido que possa surgir. Isso também é muito útil a essas pessoas, porque você as ajuda a compreender os seus pensamentos e sentimentos, na medida em que participa, com seus comentários, do que estão expondo.

Faça isso como faz o espelho, que reflete toda a imagem sem interpretá-la ou distorcê-la. Lembre-se de que este espelho reflete palavras e sentimentos não expressados. Com bastante freqüência (no final de um pensamento ou a cada um ou dois minutos) comente gentilmente o que está ouvindo – com os ouvidos e com o coração – talvez da seguinte forma: "Deixe-me ver se estou acompanhando. Creio que o que você está dizendo..." ou "Parece-me que você está sentindo...", "Ah, então você está..."

Ao fazê-lo, deixe que as suas reflexões brotem naturalmente, como uma parte fluida do diálogo. Isso reforçará a sua capacidade de ver com os olhos do coração, assim como enriquecerá esse relacionamento.

Fale do fundo do seu coração

A terceira coisa que você pode fazer no sentido de se comunicar é pôr em evidência a expressão dos seus próprios sentimentos. Lembre-se de que, quando a Fera surpreendeu o pai de Bela roubando uma rosa, sua primeira reação foi a de rugir, ameaçando tirar-lhe a vida. O pai não se tornou agressivo, o que teria exacerbado a Fera. Apenas expôs a situação e desculpou-se por ter colhido a rosa. A Fera reconsiderou sua reação inicial e confidenciou-lhe que se sentia muito só. Os dois, então, tiveram condições de chegar a uma solução que funcionasse para ambos.

Se um relacionamento vai evoluindo serenamente, é mais fácil falar com o coração. Em caso de discórdia, a tendência é tornar-se agressivo, justificar as próprias atitudes, culpar a outra pessoa ou reiterar os seus pontos de vista, em vez de correr o risco de expor a sua própria verdade. No entanto, quando você pára para pensar, conclui que, procurando ganhar a qualquer preço, às vezes destrói uma relação. A que custo! A capacidade de se manter fiel a seu próprio coração e de se comunicar de uma forma que possa parecer vulnerável, na verdade traz consigo uma grande possibilidade de vitória para ambas as partes, sendo o objetivo alcançado *e* a relação pessoal ou profissional, enriquecida.

A forma de fazê-lo é substituir afirmações como "Você nunca...", "Você me deixa tão...", "Você deveria...", por "Neste momento eu sinto...", "Preciso de você. O que você precisa de mim?" Você está, assim, estabelecendo um diálogo com o outro, convidando-o a ser um aliado nesta jornada especial, a fim de solucionarem, juntos, o problema em causa. Nos primeiros exemplos acima, você está tentando dominá-lo – ao que ele, muito provavelmente, resistirá e reagirá, procurando adquirir poder sobre você. Quando você se expressa com sinceridade, estabelece um vínculo com o outro, graças ao qual trabalharão em conjunto, em vez de tentarem competir.

Experimente todas essas três maneiras de aperfeiçoar a sua forma de se expressar – vendo além do objeto, refletindo a imagem como um espelho e falando do fundo do seu coração – e faça anotações para si mesmo, a respeito do que acontece. Em qualquer relacionamento em que temos a possibilidade de concretizar esses três aspectos, sentimo-nos seguros para ser quem realmente somos e para crescer.

Veja como uma máquina fotográfica

Este último exercício da jornada consiste em algo que você pode fazer com um amigo e que permitirá, a ambos, participar um pouco dessa quase brincadeira e descobrir como vocês se sentem bem quando enxergam com os olhos do coração. O seu coração vê sem interpretações, presunções ou julgamentos; vê o coração das outras pessoas que estão sob a sua mira. Este pequeno jogo requer que você simplesmente pratique ver como uma máquina fotográfica.

Decidam sobre quem fará o papel da máquina fotográfica e quem fará o papel do fotógrafo. Se for você a máquina, o seu amigo, sendo o fotógrafo, se postará por trás de você. Os seus olhos são a objetiva e o seu ombro direito, o botão de disparo. Mantenha os olhos (a objetiva) fechados, até que o fotógrafo bata uma foto, pressionando o seu ombro direito (apertando o botão). Você, então, abrirá e fechará os olhos, como a lente o faz.

O papel do fotógrafo consiste em andar ao seu redor, segurando-o pelos ombros; em "preparar a foto" de maneira que cores, texturas e formas diferentes entrem em seu campo de visão; e depois, em bater a foto, apertando o botão de disparo (seu ombro direito). O fotógrafo, é claro, deve ter cuidado para não danificar ou quebrar a máquina. Faça de conta que poderão ser batidas de doze a vinte e quatro fotografias com esse filme.

O seu papel como máquina é o de ser um instrumento perfeito, apto a registrar cada detalhe da imagem, exatamente como ela é, sem distorções. Acredite que o fotógrafo sabe o que está fazendo. Quando o botão de disparo for acionado, a objetiva (os seus olhos), se abrirá durante menos de um segundo e a imagem em foco será gravada, para sempre, no filme (a sua memória). Tudo o que você tem a fazer é ver o que está em sua frente, sem qualquer idéia preconcebida. Apenas registre o que vê em cada uma das doze ou vinte e quatro fotografias tiradas. Será divertido se vocês se revezarem, uma vez um sendo a máquina, outra vez o fotógrafo, e comentarem sobre as fotos que prepararam e tiraram.

Como a sua visão se modifica quando você vê o que *é*, sem filtrar a sua percepção através das expectativas? Que tipos de detalhes você observa? O fotógrafo e a máquina vêem a mesma coisa em cada foto? Você se surpreende antecipando que deveria ver determinadas coisas? Que tipo de coisas você espera ver nos relacionamentos? E em seu relacionamento com esse amigo?

Chung-Kung indagou a respeito da perfeita virtude. O Mestre respondeu: Ela ocorre quando você se comporta com todo mundo como se hospedasse uma grande personalidade, contrata empregados como se estivesse oficiando um ritual, evita fazer aos outros o que não deseja que façam a você; e que nada possa ser dito contra você, nem por parte de sua família, nem das pessoas em geral.

Confúcio

> *Como se tornar uma esposa melhor? Tentando não fazer do marido um esposo melhor.*
>
> Gurumayi Chidvilasananda

Essa atividade também lhe permite brincar com o seu amigo, como se fossem crianças. As crianças não têm medo de se tocar, de brincar de faz-de-conta, de confiar umas nas outras, de ver com o coração. Fale com o seu amigo a esse respeito e sobre o que sentem brincando juntos. Que parte dessa brincadeira você pode trazer para as suas relações diárias?

Você pode também fazer dessa brincadeira um jogo de salão, com a participação de várias pessoas. Divirta-se com isso mas, ao mesmo tempo, não se esqueça de refletir sobre as suas experiências, sobretudo em termos do que elas dizem quanto a ver com os olhos do coração, quanto ao modo de perceber a si mesmo e a terceiros e quanto à maneira pela qual você está se comunicando.

– O RETORNO –

Traga amor para a sua vida

À medida que progride em seu caminho, você, um herói cotidiano, tem por proteção não uma espada, nem uma poção mágica, mas o próprio coração. Bela, seu pai, o príncipe/Fera e a dama dos sonhos de Bela, estão todos dentro de você, guiando-o. Na verdade, estão também fora de você, sob a forma de pessoas com as quais você lida todo dia. Conscientize-se disso e ouça o que esses aliados têm a lhe dizer.

Eles lhe falam ou o fazem se lembrar de muitas coisas: que um relacionamento afetivo com você mesmo é fundamental para um relacionamento afetivo com os outros; que você tem o poder de curar o seu coração; que tem capacidade para ver com os olhos do coração e para sentir essa diferença.

Agora você está retornando com maior sabedoria e compaixão para os relacionamentos de sua vida. Como é que você mudou? Quais são as diferenças? Como afirmação de uma maior gratificação em seus relacionamentos, faça agora a sua declaração de herói. Complete as declarações abaixo e use cores e desenhos para ilustrar o seu coração.

– A DECLARAÇÃO DO HERÓI –

Meu Coração Vê

*Escolha o Amor, o Amor!
Sem a doce existência
do Amor a vida é um
fardo – como você bem
viu.*

Jalaludin Rumi

Este é o meu coração, situado no centro do meu peito e de todos os meus relacionamentos.

Eu sou

Um dia de cada vez

Uma boa administração é, em grande parte, uma questão de amor. Ou, se essa palavra lhe desagrada, chamemo-la de cuidado, porque o gerenciamento correto envolve cuidado com as pessoas, e não manipulação.

James Autry

Após ter descrito o seu coração e o seu eu, o desafio consiste em ver com os olhos do coração em todos os seus relacionamentos, até consigo mesmo, diariamente. Se estiver ou não com a pessoa amada, com um colega, com um estranho ou simplesmente sozinho, relembre o caminho que trilhou através destas páginas e a sabedoria dos personagens da história da Bela e da Fera.

O teste da sua jornada está em mudar no tocante à essência de todos os seus relacionamentos – estar apaixonado o tempo todo e convidar os outros a participar, a seu lado, desse sentimento. Isso começa quando você vive, ao menos um dia, plenamente cônscio do amor que existe dentro de você, tornando-se um ser de compaixão em sua caminhada diária.

Comece o novo exercício quando tiver pela frente um dia bastante normal e souber que poderá voltar a ele dentro de vinte e quatro horas.

Sob o título abaixo, faça um breve relatório do que sabe, agora, a respeito do seu eu nos relacionamentos. Isto soa como uma simples instrução. Você acabou de fazer isso nas páginas precedentes, não é verdade? Desta vez, no entanto, enfoque o desafio de uma forma qualitativamente diferente. Não pense no amor de maneira intelectual. Deixe que uma sensação de sentimento ou de conhecimento da sabedoria de seu coração emerja intuitivamente. Então escreva ou desenhe um símbolo para isso.

Reservar alguns minutos para cerrar os olhos e relembrar o cantinho calmo e quieto que existe dentro de você, poderá ajudá-lo.

Meu Coração Sabe

Agora faça tudo o que faria comumente durante as próximas vinte e quatro horas, não se esquecendo de Ver Com Os Olhos Do Coração. Nesta mesma hora, amanhã, abra outra vez o seu caderno nesta página e reserve, de novo, alguns minutos para lembrar-se do cantinho calmo e sereno que existe dentro de você. Reflita a respeito de como viveu as últimas vinte e quatro horas.

O que aconteceu?

O que você fez e que atitudes tomou que fizeram o seu coração sentir-se gratificado? Até que ponto você, conscientemente, cuidou de todos os seus relacionamentos nestas últimas vinte e quatro horas? Até que ponto usou o piloto automático?

Anote abaixo as observações de seu dia. Certifique-se de incluir quaisquer notas sobre mudanças significativas que tenha observado e sobre situações que o levaram a se esquecer de ver com os olhos do coração.

Você é o seu próprio amigo e o seu próprio inimigo.

Bhagavad Gita

Observações a respeito de Ver Com Os Olhos Do Coração durante um dia.

Avaliação: Trace o seu caminho no que diz respeito às relações afetivas

Você está agora pronto para fazer novas fichas visuais e verbais a respeito da sua caminhada. Como você mudou? Quanto mudou sobre a sua posição no caminho do herói cotidiano, visando colocar amor nas relações da sua vida?

Não volte ainda às fichas que você fez no início deste capítulo. Lembre-se de que as fichas visuais constituem um traçado intuitivo da sua posição no que diz respeito à posição em que você se encontra no seu propósito de colocar amor na sua vida. A ficha visual representa uma forma de você caracterizar esse desafio neste momento com relação às seis etapas da jornada do herói: inocência, o chamado, iniciação, aliados, rompimento e celebração.

Você pode preparar o esboço ilustrativo e os seis títulos da ficha verbal numa folha avulsa ou no seu diário. Uma vez prontos esses elementos, o trabalho consiste em ilustrar a sua posição atual face a seus relacionamentos (incluindo fatos da semana passada), primeiro visualmente e depois verbalmente. O que aconteceu com você? Como acontecimentos e pessoas reais refletiram a qualidade do amor em sua vida, no transcurso desta semana?

Prepare-se, reservando alguns minutos para respirar e ficar bem quieto. Deixe que a lembrança da sua jornada durante a semana passada entre em foco. Na ficha visual, use cores para desenhar uma figura ou outros símbolos que representem você no seu caminho.

Depois de ter terminado a parte visual, reserve algum tempo para contemplá-la. O que os desenhos e as cores estão lhe dizendo agora sobre a sua busca do amor? O que eles lhe lembram a respeito da sua jornada às voltas com esse desafio? Quando você estiver pronto, faça, na parte verbal, anotações sobre a sua posição quanto às seis etapas da jornada do herói.

Uma vez satisfeito com as novas fichas visuais e verbais e com a forma pelas quais elas se relacionam, você pode, então, compará-las às feitas anteriormente neste capítulo e ver que revelações teve quanto ao modo pelo qual enfrentou esse desafio e o que ainda tem de ser feito.

Reflexões sobre o seu caminho

Agora que você chegou ao fim deste capítulo e que trabalhou durante aproximadamente uma semana no desafio do relacionamento afetivo, escreva uma carta para si mesmo falando das suas experiências no decorrer dessa busca. Essa Revisão Semanal pode consolidar e legitimar a sua experiência até agora.

Considere essa carta ou declaração como uma prova evidente da sua jornada até este ponto. Então, se no futuro sentir necessidade de trabalhar mais nesse desafio, ou desejar apenas um impulso para introduzir novos relacionamentos afetivos em sua vida, você poderá retornar à revisão e ver o que já conseguiu.

Comemore!

Como você está comemorando o término desta jornada? O que está fazendo para se congratular com o seu sucesso? Como está demonstrando publicamente as suas mudanças intrínsecas? Certifique-se, nos dias vindouros, de continuar a reconhecer e a celebrar seus relacionamentos afetivos.

O TERCEIRO DESAFIO

7

Viva Livre de Preocupações Aqui e Agora

Você, como um herói, precisa estar pronto para enfrentar desafios após desafios. Uma vez tendo eliminado um dragão, aparece logo outro para testar a sua coragem. Você já percebeu isso ao tratar com os desafios do último capítulo. Desde que tenha consciência do seu objetivo na vida e que comece a expandi-lo para abranger seus relacionamentos, outros desafios começarão a despontar. Você vê todo o seu tempo disponível ser preenchido com o surgimento de prazos fatais, com as preocupações aumentando e, algumas vezes, com as tensões tornando-se tão gigantescas que, mesmo que tenha encontrado o seu propósito na vida, você não o usufrui devido à preocupação, à frustração e às obrigações que lhe consomem todo o tempo.

Não acredite no futuro. Por mais agradável que ele possa ter sido, deixe o passado que passou enterrar os seus mortos!
Viva – viva o momento presente!
Com o coração no peito e Deus nas alturas.

H. W. Longfellow

O tempo, quase universalmente, é considerado uma força esmagadora. O Velho Tempo, com a foice, faz a sua aparição anual a 31 de dezembro para nos lembrar de que não somos eternos e dos objetivos que não alcançamos. Jano, o deus romano, com as suas duas caras, uma olhando para o passado e a outra para o futuro, sem dúvida representa a nossa falta de ênfase no cultivo do presente.

Na Índia, Káli, a deusa do tempo, é representada rindo para nós. E mais, ela segura na mão esquerda uma espada ensangüentada e uma cabeça cortada para lembrar-nos da derradeira hora da nossa vida. A outra mão, contudo, faz um gesto de bênção que significa: "Não temam." O tempo pode ser o nosso refúgio se vivermos dentro dele. Você pode fazer dele um aliado na sua jornada de herói. Ele pode ajudá-lo a vencer as tensões, os temores e as preocupações.

Somos, porém, uma cultura obcecada pelo tempo. Nossos veículos se movem cada vez mais rápidos para reduzir ao mínimo o que consideramos uma perda de tempo. A nossa ciência explora

> *Você adquire força, coragem e confiança através de toda a experiência em que você realmente pára e encara o medo de frente... Você tem de fazer coisas que não pode fazer.*
>
> Eleanor Roosevelt

a origem do próprio tempo. E fizemos da medição do tempo uma das nossas principais indústrias. Podemos medir o tempo até os seus microssegundos ou até os milhões de milionésimos de segundos! Em todo o nosso redor, relógios digitais marcam as horas, sinos tocam as horas e quartos de hora, enormes mostradores com sinais luminosos no alto dos edifícios anunciam para nós a hora exata enquanto passamos disparados. Multiplicam-se os aparelhos para nos poupar tempo.

Acrescentamos a essa pressa o nosso próprio conceito e experiência de tempo nesta cultura. Tendemos a ver o passado como um portentoso receptáculo de todas as coisas que saíram erradas para nós, um pano de fundo que nunca nos abandonará, a época que foi melhor que a atual e a segurança que não mais possuímos. O futuro, por sua vez, é encarado como um vazio, cheio de presságios, em que todos os tipos de coisas trágicas e maravilhosas podem ocorrer, cheio de prazos e de expectativas que, em seu conjunto, prejudicam a nossa experiência do presente.

De fato, o aspecto menos funcional da visão do tempo em nossa cultura é que ou vivemos no passado ou nos preocupamos com o futuro: o presente parece não existir. O desafio do tempo e as tensões parecem advir dessa falta de presente em nossas vidas. Adiamentos, excesso de ocupação, nunca ter tempo para nós mesmos, preocupação com prazos fatais, fadiga, incapacidade de concentração, frustração com a falta de eficiência e medo do futuro, tudo deriva da nossa incapacidade para viver o presente.

Quanto mais você expande o momento presente, mais sente que o passado e o futuro vão se tornando menores. Ao se absorver no que está fazendo (incluindo, diga-se de passagem, balanços das experiências passadas e planos para o futuro), você estará mais apto a enfrentar o desafio de viver livre de preocupações, aqui e agora. Quando vive o presente, você se livra de ficar tenso, porque as preocupações do passado e do futuro não podem alcançá-lo. E quanto mais viver no presente, mais eficiente e prazerosa se tornará a sua vida, de forma que as ansiedades, que geram as tensões, desaparecem.

Pense no seu relacionamento com o tempo. Quantas vezes, durante o dia, você olha para o relógio? Você é a tartaruga ou a lebre? Acaso as preocupações ou os temores se infiltram na sua mente enquanto você está fazendo outra coisa? Você se sente sobrecarregado? Já sentiu que chegou ao seu limite e que não dá mais para continuar, ou que está ocupado demais?

Pare um momento agora a fim de viver o presente e considerar como o desafio do tempo e das tensões se imiscuem na sua vida. Tenha isso em mente enquanto examina em detalhe este capítulo. Veja se o seu relacionamento com o tempo e com as tensões se altera à medida que você vai ficando mais absorvido por este desafio.

A história que escolhemos para abrir a sua aventura é muito antiga e de origem incerta. Surgiu, mais recentemente, como um conto folclórico russo, mas como todos os mitos e histórias profundas, foi narrada de diversas formas, por diversas culturas, através dos séculos. Conta uma verdade que transcende o tempo e o espaço. E é por isso que é tão apropriada para você que enceta, neste momento, esta jornada.

– PREPARAÇÃO –

O Camponês que Desposou uma Deusa

Vivia outrora, nas estepes de Kirghiz, um camponês chamado Ivor. Embora ele fosse simpático e atencioso com todas as pessoas que por acaso encontrasse, era considerado um simplório pelos habitantes da aldeia vizinha, pelo fato de passar praticamente todo o tempo disponível no amanho de suas terras e de ser ocasionalmente surpreendido a fitar, com o olhar perdido, os campos a distância. Os aldeões estavam seguros de que Ivor, embora fosse uma pessoa querida, jamais chegaria a nada e riam, bem-humorados, toda vez que o seu nome surgia nas conversas.

Um dia, depois de muito labutar no campo, Ivor sentou-se, meditando (pois meditar era o que ele fazia quando os aldeões o surpreendiam fitando as estepes), nos limites de sua propriedade. De repente, Ivor ouviu um ruído quase imperceptível e sentiu uma presença agradável e um perfume de néctar que pareciam vir de algum lugar detrás do local em que estava. Voltou-se e viu um ser encantador. Quando fitou nele os olhos, pensou que estava sonhando um sonho atemporal. Sua beleza e porte ultrapassavam tudo o que ele poderia conceber num estado normal de vigília.

"Boa tarde, Ivor", disse a mulher, quebrando o encanto e possibilitando que Ivor voltasse à consciência. "Meu nome é Kalisha", ela prosseguiu com voz melodiosa. "Estou aqui para me casar com você."

Ivor ficou muito confuso: ele nunca havia pensado em se casar. Achava que não tinha tempo para isso. Só tinha tempo para cuidar de sua fazenda. Como poderia enfrentar essa mulher, tão linda e pura, que era capaz de fazer o tempo parar? Mesmo o mais sociável e bem-sucedido homem da vila não seria digno dela. Além do mais, onde viveriam? Ele apenas possuía uma manjedoura, onde dormia com os animais. E por que uma mulher tão maravilhosa estaria querendo casar-se com ele? Seria alguma travessura? Será que alguém estava querendo fazê-lo de tolo?

A mente de Ivor disparou em meio a preocupações, reservas e temores. Seu coração batia ante a possibilidade daquele momento e ele se ouviu dizendo, ao se perder nos olhos de Kalisha: "Claro, seremos marido e mulher. Nosso casamento se realizará amanhã, às onze horas, seguido de festas e cerimônias."

Suas palavras foram seladas por um sorriso de Kalisha e pelo beijo que ela lhe deu. Percebendo o estado de confusão em que ele se encontrava, ela murmurou com doçura que tudo ficaria bem. E naquele momento ele teve a certeza de que seria assim.

E, então, os dois se casaram precisamente às 11 horas da manhã seguinte. Sua vida em comum era idílica. Ivor descobriu que suas terras guardavam uma riqueza antes insuspeitada. Todos os seus receios a respeito do que aconteceria se se casassem não tiveram fundamento. Ele pôde construir uma casa sem descuidar do campo. De fato, tudo parecia prosperar. Suas providências

pareciam sempre apropriadas e ele fazia tudo no momento certo. A opinião dos aldeões sobre ele transformou-se em admiração e respeito, e perceberam ainda mais claramente a sua natureza gentil.

Ivor, por seu lado, não conseguia acreditar em tão grande sorte. Ele atribuía tudo o que acontecia ao destino, não a um mérito seu. Ele agradecia a Deus por essa nova perspectiva de sua vida e por sua união com Kalisha.

Então, um dia, os mais importantes habitantes da aldeia, incluindo Ivor e Kalisha, foram convidados para um banquete no palácio de caça de um príncipe vizinho. Eles nem suspeitavam de como esse jantar mudaria drasticamente as suas vidas.

O príncipe sentiu-se imediatamente atraído por Kalisha. Não conseguia tirar os olhos dela. Isso logo tornou-se embaraçoso para todos os presentes. Quando descobriu que Kalisha era casada com Ivor, ficou desesperado. Ele tinha de possuí-la, mas ela já era casada. O que podia fazer? Depois que os convidados haviam partido, o príncipe reuniu seus ministros e falou-lhes acerca do seu dilema.

Um dos ministros teve uma idéia. Eles organizariam uma competição entre os aldeões dando-lhes a oportunidade de realizarem certas tarefas que, se cumpridas dentro do prazo estabelecido, dariam ao vencedor o palácio de caça, os tesouros nele contidos e as terras circundantes. Claro que, se o vencedor da competição não executasse a tempo as tarefas haveria um prêmio alternativo, não estando porém especificados nem o prêmio nem os desafios desse evento. O ministro, naturalmente, estava planejando fazer a competição de um modo que Ivor saísse vencedor, sendo que os desafios seriam insuperáveis, e o prêmio alternativo uma viagem ao país das neves eternas, onde Ivor certamente morreria. Isto deixaria o príncipe livre para desposar Kalisha.

Ivor estava muito satisfeito com a sua vida para se interessar pelo concurso, mesmo estando toda a aldeia excitadíssima com isso. Kalisha amava Ivor com todo o seu coração e sabia que o príncipe e o seu ministro estavam mal-intencionados. Mesmo assim, ela animou Ivor a participar da competição. Então Ivor, que ignorava completamente o interesse do príncipe por sua esposa, se inscreveu para a disputa, não por interesse pelas riquezas que dela pudessem advir, mas simplesmente por amor a Kalisha.

No dia do torneio, Ivor, é claro, foi declarado o vencedor. Seu primeiro desafio consistiu em separar, manualmente, a palha de uma verdadeira montanha de trigo. E isso, numa noite. Os aldeões ficaram estupefatos. Eles não haviam até então percebido o quanto o amor do príncipe por Kalisha havia ofuscado a sua benevolência. A realização dessa tarefa teria ocupado *toda* a aldeia por, pelo menos, uma semana! E se Ivor não fosse bem-sucedido, disseram aos aldeões, ele seria enviado ao país das neves eternas.

Pela primeira vez, nos anos de seu matrimônio, Ivor começou a se preocupar, embora acreditasse que sua esposa não o teria compelido a participar do concurso se soubesse que iria prejudicá-lo. Quando o crepúsculo foi chegando naquela noite especial, todo tipo de temíveis possibilidades atravessaram a sua mente. Em primeiro lugar, ele sabia que não era muito bom na separação da palha do trigo. Isso era uma coisa que a sua mulher sempre fazia. E como ele poderia, sozinho, terminar uma tarefa que requereria um tempo muito maior de muitas pessoas juntas? Mas se não lograsse terminá-la, veria Kalisha novamente? Suas mãos começaram, literalmente, a tremer, de medo do que pudesse acontecer. E se agora as suas mãos estavam trêmulas, que chance teria ele de enfrentar um desafio que demandava firmeza e segurança no trabalho?

E, justamente quando ele estava mais embrenhado nesses pensamentos, Kalisha beijou-o docemente na testa e lhe disse: "Meu querido Ivor, tudo dará certo se você se concentrar na tarefa que tiver à frente. Absorva-se em cada grão de trigo, em cada casca, em cada pedacinho de sujeira, a cada momento de sua tarefa e tudo sairá perfeito."

Ela falava a verdade. Ivor, obedientemente, apresentou-se no palácio, onde foi conduzido à enorme abóbada que continha a montanha de trigo. Eles o trancaram lá e Ivor, lembrando-se das palavras de sua esposa, pôs mãos à obra. Ao raiar da aurora, quando os guardas do príncipe abriram a abóbada, depararam com Ivor entre duas pilhas – uma de trigo dourado e outra de palha. De fato, sobrou-lhe tanto tempo que Ivor ainda preparou para si uma tigela de trigo antes de os guardas chegarem.

O príncipe e o ministro ficaram enfurecidos. Mas já haviam preparado um outro desafio para Ivor. Em uma noite ele teria de limpar e processar uma enorme pilha de algodão cru, transformando-a em uniformes para a guarda palaciana.

Novamente Ivor enfrentou dúvidas e temores. Talvez uma equipe completa de operários pudesse realizá-lo, mas ele nem mesmo costurar sabia! E, novamente, Kalisha beijou-o na testa e disse-lhe que tudo daria certo se ele apenas se concentrasse em sua tarefa, afastando de sua mente as preocupações.

Ele seguiu o seu conselho pela segunda vez, e quando os guardas chegaram na manhã seguinte, todos os uniformes estavam pendurados ao longo das paredes da enorme abóbada interna do palácio.

Havia ainda mais um desafio para Ivor: este, porém, era o último. O que é que o príncipe e o ministro poderiam inventar para colocar Ivor em perigo? Desde que ele havia completado as suas duas primeiras tarefas com tamanha perícia – ponderavam os aldeões – o desafio final teria, na verdade, que apresentar tamanha dificuldade que o impedisse de ganhar o palácio de caça, seus tesouros e as terras circundantes.

O desafio que lhe cabia superava tudo o que uma pessoa pudesse imaginar. Ele tinha de construir um palácio de caça inteiramente novo, da noite para o dia, numa planície distante, e usando os materiais que haviam demandado, dos soldados do príncipe, semanas para reunir. Ele não contaria com nenhum instrumento, a não ser a habilidade e as suas mãos.

Apesar do sucesso alcançado nos dois primeiros desafios, Ivor achou que desta vez era demais. Sua mente povoou-se de hipóteses, todas sombrias. O esforço era-lhe excessivo. Sentia que teria de desistir antes mesmo de tentar, e esperava que nada lhe acontecesse em sua viagem ao país das neves eternas.

Uma vez mais, Kalisha beijou Ivor na testa e animou-o a prosseguir, dizendo: "Você tem se saído tão bem! Muito tempo já passou. Só existe mais um desafio e, embora ele pareça uma enormidade, se você de novo se concentrar exatamente naquilo que tem a fazer, se você ficar absorto nesse momento e não permitir que nenhum outro pensamento atravesse a sua mente, tudo acontecerá da melhor forma possível."

Ao entardecer, antes da noite em que Ivor deveria enfrentar o seu terceiro desafio, ele foi conduzido à planície distante onde viu todo o material arrumado para a construção. Havia blocos de pedra de vários tipos e tamanhos, peças de acabamento para as torres, enormes montes de cascalho e cimento, grandes pedaços de mármore, altas pilhas de madeira, tintas e pigmentos para os murais, tecidos de tapeçaria, metais de vários formatos e dimensões e muitos objetos cuja finalidade ele desconhecia, dispostos em sucessão diante de si.

Ele começou a mostrar sinais de dúvida quando a sombra da noite começou a crescer e os guardas deixaram-no a sós com o seu desafio. Como poderia realizar tudo aquilo dentro do tempo previsto? Mesmo que houvesse tempo, teria ele a habilidade necessária para construir um palácio? Por que sua esposa, em quem ele tanto confiava, o havia colocado nessa situação?

"Nós vivíamos tão bem", ele pensava. "Por que ela me forçou a fazer isto?" E então, passou-lhe pela mente algo que jamais lhe havia ocorrido: "Talvez ela esteja querendo se livrar de mim. Talvez ela tivesse preferido desposar o príncipe. Ele já possui um palácio e muito mais terras do que eu."

Mas, no mesmo instante em que teve esse pensamento, lembrou-se de sua esposa beijando-o na testa e dizendo-lhe que se concentrasse apenas no trabalho à frente. A memória do seu beijo e das suas palavras foi tão vívida que lhe pareceu revivê-los em todos os seus sentidos e no mais recôndito da sua alma.

Então se sentiu dominado por um estado quase hipnótico. Ivor estava perfeitamente consciente de tudo o que se passava, mas era como se fosse um observador de suas próprias ações. A lua cheia tornou-se mais brilhante e ele pôde ver com uma tremenda clareza. Com maior concentração, rapidez e energia – como jamais sonhara possuir – começou a cavar um buraco para as fundações do palácio. Estava tão enfronhado no que fazia que, por toda a sua vida, foi capaz de descrever, com grandes minúcias, cada mancheia de detritos, pedras e raízes com que se deparou naquela noite.

Continuou, com uma precisão como que divina, com uma propriedade, energia e rapidez cegas, a trabalhar durante a noite inteira. Durante todo o tempo, ele se observava trabalhando desapegado, alegre, organizado, e com um tipo de energia que lhe era completamente desconhecido. De certo modo, parecia-lhe estar em união com sua esposa, Kalisha, de uma forma jamais antes experimentada. Pareceu-lhe que, durante esse período, estabelecera um vínculo com tudo e com todos no universo. Ele estava participando de um fluxo que implicava dar e receber energia de tudo e de todos ao seu redor.

Ficou claro para Ivor que realmente não importava terminar ou não o palácio dentro do prazo previsto. Importante *era* o processo de construí-lo. As idéias corriqueiras sobre a sua vida em comum com Kalisha, sobre estar a sua esposa interessada no príncipe, sobre as dificuldades que encontraria em construir esse palácio numa noite (muito menores que as defrontadas nos desafios cotidianos) nada significavam agora para ele.

E, claro, ele construiu o palácio dentro do prazo. O príncipe e seu ministro, que haviam exposto sua natureza cruel aos habitantes da aldeia, foram forçados a partir. Ele e Kalisha tornaram-se os governadores da província. O beijo de Kalisha – que era, na verdade, uma deusa –, fez com que ele superasse as dificuldades impostas pelo príncipe e permitiu-lhe que a sua própria divindade fulgurasse. E, não importa o que fizesse, ele viveu consciente de que cada momento é eternidade e de que a eternidade, com toda a sua glória, pode ser encontrada em todos os momentos.

Os muitos significados da história do Camponês que Desposou uma Deusa

Esta história sobreviveu por tanto tempo porque ensina que, não importa a época histórica em que viva, você possui uma força poderosa a seu lado quando coloca todo o empenho em qualquer coisa que faça.

Esta história é um exemplo da jornada do herói. A princípio, Ivor está vivendo um período razoavelmente estável. Ele cultiva a sua terra, contempla a planície e, mesmo considerado um simplório pelos aldeões, é estimado por eles. O aparecimento de Kalisha coloca-o num caminho que o conduz ao inferno dos desafios. Sua aliada, Kalisha, ajuda-o a, eventualmente, entrar numa nova relação com o tempo, isto é, sem tensões. Ele se torna como que divino em seu relacionamento com o universo. Observe, também, que muitos pequenos eventos da jornada do herói – tais como o seu primeiro encontro com Kalisha e cada um dos três desafios – ocorrem durante o transcorrer da história. Tanto Ivor como Kalisha empregam todos os quatro instrumentos utilizados pelo herói cotidiano. Eles demonstram *fé em sua própria criatividade* quando se encontram e se casam e quando enfrentam cada novo desafio. Isto se torna bem claro cada vez que Kalisha assegura a Ivor que tudo dará certo e quando Ivor volta a ter essa sensação, que lhe chegou como um clarão de reconhecimento antes da mais difícil e definitiva tarefa – a de construir o palácio.

Ivor emprega o segundo instrumento da criatividade, que é a *ausência de crítica anterior*, quando chega ao rompimento, isto é, quando deixa de estar confuso e decide se casar com Kalisha, e na calma atitude que demonstra ao realizar as

> *Ousar é perder o equilíbrio momentaneamente. Não ousar é perder-se.*
>
> Soren Kierkegaard

tarefas, assumindo-as sem idéias preconcebidas e num estado de graça.

Ivor e Kalisha adotam a *observação precisa*, como o primeiro instrumento para enfrentar o desafio de viverem livres de tensões no aqui e agora. Foi somente através da mais absoluta fixação e concentração em cada desafio que Ivor pôde chegar àquele estado superior que lhe permitiu vencer e encontrar um objetivo mais elevado na vida. Sua observação precisa tem início com uma visão mais ampla da situação, tal como a verificação de todo o material para a construção do palácio. A partir desse momento, ele entra numa atividade ainda mais concentrada.

Em muitos momentos da história, Ivor faz *perguntas engenhosas*, que para ele representam apenas a ponta do *iceberg*. Freqüentemente as perguntas parecem brotar da voz de sua consciência. Mas as perguntas seguem os seus temores e preocupações até a fonte, e então ocorre a explosão da verdade. Você pode constatar o quão dramaticamente as perguntas lhe são úteis sobre o desafio de construir o palácio – o rompimento ocorre quando ele se faz a mais dolorosa de todas as perguntas: "Kalisha é infiel?" Sem dúvida, é muito importante usar a observação e fazer perguntas para chegar à fonte de qualquer experiência séria que você tenha, mesmo as de raiva ou de medo. Quando faz perguntas para aprofundar essas experiências, você irrompe através delas para descobrir a sua própria força e a sua compaixão na própria origem. Mas se esses dragões não forem enfrentados, se esses desafios não forem encarados, a sua vida, realmente, não terá nenhum sentido.

Seu caminho para viver livre de preocupações no aqui e agora

Responda a cada uma das perguntas que seguem. Trabalhe rápida e despreocupadamente, mergulhando no fluxo de criatividade, assim como Ivor, quando construiu o palácio. Escreva alguma coisa para cada pergunta mesmo se, inicialmente, ela lhe parecer irrelevante. Não se importe com isso; trate de fazê-lo. Você sempre pode voltar atrás e fazer outras perguntas ou resumir o que escrever, posteriormente. Lembre-se, ninguém precisa ver o que você fez aqui – é só para você.

1. *Ivor pára de trabalhar a fim de ficar quieto e meditar. Você faz pausas suficientes para relaxar durante o seu trabalho? Em*

caso positivo, qual o seu efeito? Em caso negativo, fale a respeito de uma situação que em breve sobrevirá e escreva, exatamente, o que você poderia fazer a fim de se dar uma pausa para meditar e que efeito teria.

> *Quando você faz alguma coisa, deve consumir-se totalmente, como uma boa fogueira, não deixando traço de si.*
>
> Shunryu Suzuki

2. Ivor se defronta com tarefas aparentemente impossíveis de serem realizadas dentro de incríveis prazos fatais. Quais os desafios aparentemente insuperáveis e os prazos fatais que regem a sua vida neste momento?

3. Você já teve uma experiência como a de Ivor quando este vistoriou a espantosa quantidade de materiais e avaliou o seu desafio para a construção do palácio? Qual foi uma sua experiência recente em que você se sentiu sobrecarregado? Como se sentiu? O que achou? O que aconteceu?

4. Se você considera a história como um sonho, pôde ver o príncipe como uma de suas facetas que o insufla com o desejo de ter ou de ser o que você não é? O que corresponderia ao príncipe dentro de você? Descreva a parte que é a causadora de tamanha tensão na sua vida.

5. Diante do desafio de tempo e das tensões, você tem um aliado como Kalisha? Existe dentro de você um aspecto que o impele a ser o que você é, em vez de ser o que o mundo acha que você deva ser? Qual é esse aspecto e quando emergiu? Pense se você, acaso, tem amigos ou relações desse tipo – que lhe dêem pleno apoio e que estejam sempre a seu

lado. Ou você também sente que tem um poder superior como aliado? Escreva sobre estas várias formas que Kalisha assume na sua vida.

6. O que é que o impede de se encontrar com mais freqüência no estado que descreveu na última pergunta?

7. Ivor não se preocupou muito com a opinião dos outros, exceto quando fez comparações. Ele se comparou com outros, quando estava confuso a respeito de se casar ou não com Kalisha e quando enfrentou cada desafio. Até que ponto comparar-se com os outros causa-lhe tensões? Pense num determinado episódio, no qual você foi premido por um prazo fatal ou por uma situação preocupante. Você reconhece agora que esse incidente teve relação com o seu próprio pensamento ligado a um sentimento de incompetência, comparando-se com alguma outra pessoa? Narre o fato.

8. Ivor ficou confuso e preocupado quando Kalisha lhe apareceu, apesar desse fato ter sido o mais importante de sua vida. Você fica preocupado quando depara com uma oportunidade? Recorde um episódio de sua vida parecido com esse. O que aconteceu? Qual o resultado dessa situação? O que você poderá fazer para abrandar o medo e a preocupação caso venha a ocorrer uma situação semelhante?

9. Diz-se que "Deus ajuda a quem se ajuda". Kalisha abençoou Ivor e deu-lhe instruções para que se concentrasse. Portanto, ele trabalhou com as bênçãos de Deus, mas também com muito esforço, concentração e habilidade. Você já se sentiu alguma vez igualmente abençoado e concentrado enquanto enfrentava um desafio e obteve um sucesso que superou as suas expectativas? Descreva essa ocorrência. A que você atribui essa energia extraordinária?

10. *Ivor, de simples camponês se transforma num deus, num desafio que envolve tempo e tensões. Em que sentido você pode se ver tanto como um camponês quanto como um deus nesse desafio? Descreva as qualidades próprias de um camponês e as de um deus.*

Agora que você respondeu a essas questões, pense em seu próprio caminho rumo a viver livre de preocupações no aqui e agora. Acredite que você, como Ivor, pode transcender os limites aparentes de tempo e de preocupações e não deixe de prestar atenção na história que está se desenrolando em sua vida. Livre-se de pensamentos preconcebidos e de expectativas de que a história tem que ter, obrigatoriamente, um determinado desfecho, e veja como um melhor fim se apresenta.

Trace o seu caminho para viver livre de preocupações

Faça agora uma avaliação de suas experiências na vida, por meio de fichas visuais e verbais. Mas, em primeiro lugar, dê uma olhada nas de Melissa. Quando ela olhou para o desenho que havia feito, disse arquejante: "Oh, compreendi, afinal! Eu mesma é que estou me tolhendo por me prender ao chamado! Preciso me livrar disso!" Ela havia se desenhado agarrada firmemente ao símbolo do chamado à aventura, que descreveu como suas responsabilidades profissionais. No desenho, ela parece presa à própria vida, quase se recusando a se soltar. Sua principal fonte de relaxamento era brincar com o seu cachorro e você pode avaliar o quanto isso era importante, porque ela colocou o cão na parte do rompimento. Os rostos sorridentes, ela explicou, representavam ausência de preocupações, condição que ela apenas lembrava e que ansiava por novamente experimentar. Curioso é que, embora Melissa pensasse saber o que e por que estava desenhando, só mais tarde esse significado tornou-se claro.

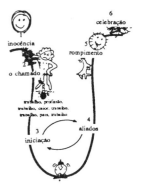

Ficha Visual

Agora, marque a sua posição nessa jornada. Seu desenho pode parecer muito diverso do de Melissa. Com relação a esse

O tempo não é senão o regato onde vou pescar.

Henry David Thoreau

desafio, você pode estar mais adiantado no caminho. Imagens completamente diferentes podem ocorrer à sua mente. Olhe para a curva de seu caminho e permita que sua mão escolha as cores que a atraiam e faça todo tipo de rabiscos ou desenhos que quiser. Ao desenhar, esteja no presente e divirta-se em demarcar o lugar em que você se encontra agora, no caminho rumo a enfrentar o desafio do tempo e das tensões.

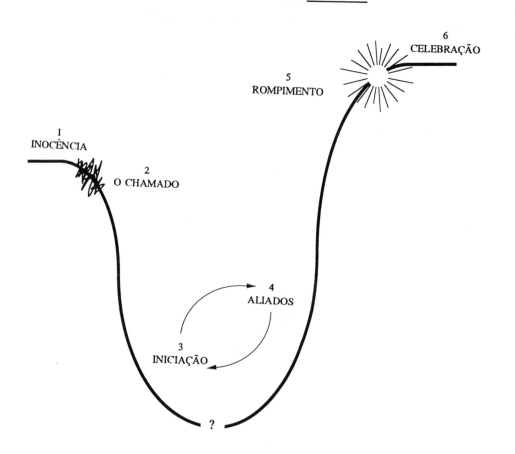

Ficha Visual da Jornada
Onde estou no início desta jornada
Data _____

Ficha Verbal

Agora você está pronto para anotar a sua posição nas seis etapas da jornada do herói.

As fichas verbais de Melissa esclarecem as imagens que desenhou na ficha visual.

Como se você pudesse matar o tempo sem injuriar a eternidade.

Henry David Thoreau

INOCÊNCIA (Sinto-me bem na minha situação)
   Não me lembro: Quando comecei a trabalhar. Talvez quando eu era criança.

O CHAMADO DA AVENTURA (Identifico e reconheço o meu desafio)
   Carreira profissional.
   Sentindo que preciso ganhar a minha vida.
   Pessoas oferecendo-me mais trabalho.

INICIAÇÃO (Sou realmente testada)
   Arre!!!!! Estou nessa!
   Premida por todo o meu trabalho e outras responsabilidades.

ALIADOS (Encontro incentivo e ajuda)
   Meu cachorro. Eu brinco com ele e relaxo.
   Andar no bosque.
   Meditar, quando me lembro.

ROMPIMENTO (Chego a uma nova percepção ou resolução)
   Quando não me sinto tão *obrigada* a fazer tanto!
   Um paizinho muito rico.
   Na verdade – trata-se simplesmente de acreditar que as coisas vão dar certo e assim eu não preciso ser tão compulsiva.

CELEBRAÇÃO (Regresso, diferente, ao lar)
   Levando uma vida equilibrada.
   Sabendo como moderar a marcha.
   Meditando com mais regularidade.

Melissa já sabe que faria bem em dedicar mais tempo à meditação, como Ivor fazia no começo da história. O seu desafio talvez seja semelhante ao dela, ou pode ser que você tenha uma visão completamente diferente das coisas. Lembre-se de que não existe uma maneira determinada de preencher estas fichas. Use-as como uma oportunidade de anotar o que é verdadeiro para você a respeito do tempo e das tensões em sua vida. As palavras que empregar poderão dar uma maior

Ah! Ah! Ah! Ah!
Coitado do Jim, que pamonha!
Ficou bem amarrado ao passado!

Walter de la Mare

dimensão aos desenhos da ficha visual, como aconteceu com Melissa, ou podem ser bem distanciadas dela. Isso é uma coisa que você faz para si próprio; portanto, faça-a de uma forma que lhe seja útil.

Ficha Verbal da Jornada
Onde estou no início desta jornada
Data: _____

INOCÊNCIA (Sinto-me bem na minha situação)

O CHAMADO DA AVENTURA (Identifico e reconheço o meu desafio)

INICIAÇÃO (Sou realmente testado)

ALIADOS (Encontro incentivo e ajuda)

ROMPIMENTO (Chego a uma nova percepção ou resolução)

CELEBRAÇÃO (Regresso, diferente, ao lar)

Mãos à obra!

Na semana que vem, enquanto você se preocupa com o desafio de viver livre de horário e de tensões, lembre-se do lema: "Mãos à Obra!" Assim como Ivor foi capaz de libertar a sua mente de temores e de acreditar que as suas ações dariam certo, você pode, agindo com fé em sua própria criatividade, destruir os pensamentos negativos e viver totalmente lúcido e consciente do momento atual. Como Kalisha lhe disse: "Concentre-se naquilo que está diante de você. Viva o presente. Esqueça o passado e não se preocupe com o futuro."

Carpe diem, quam minimum credula postero. (Aproveita o momento presente e confia o mínimo no futuro.)

Horácio

Para fazê-lo, desanuvie a sua mente por meio de várias respirações profundas, que cheguem até o ventre. Encha a sua caixa torácica, o seu peito, tudo, até os ombros. Pare entre a inalação e a exalação e depois, lentamente, respire de novo, partindo de seu baixo ventre e subindo até os ombros.

Ou se espreguice, medite, dê um passeio, faça um exercício. Mas faça o que fizer, "Mãos à Obra!" Comece com pequenas coisas, como levantar-se da cama e escrever uma carta ou começar a trabalhar num projeto. Entre no fluxo daquilo que você faz. Não se preocupe com sucesso ou fracasso. Apenas, em cada situação, use o melhor da sua competência.

Esvazie a mente de preocupações sobre o que possa não dar certo, ou o que não esteja dando certo, não deu ou não dará certo. Lembre-se de que, como Shunryu Suzuki escreveu na sua obra *Zen Mind, Beginner's Mind*, "se a mente estiver vazia, já está pronta para qualquer coisa; está aberta para tudo".

Se você se julga incapaz de se libertar de preocupações, procure disciplinar-se. Reserve algum tempo, todos os dias, para se preocupar de verdade. Durante o resto do dia, quando as preocupações aflorarem, simplesmente lhes diga: "Sumam daqui! Vocês podem voltar e realmente me aborrecer mais tarde." Deixe de se preocupar até lá. Uma vez que tenha esvaziado a mente, poderá praticar a arte Zen de estar aqui, agora, com a mente serena e silenciosa.

Escreva abaixo o seu desafio referente a horário e preocupações, sob a forma de uma pergunta. Compreenda que a resposta está oculta em sua pergunta. Escreva um parágrafo a respeito – deixe que a sua mão pegue a caneta e escreva, como se estivesse escrevendo sozinha. Que fundamentos para uma resposta você vê no que escreveu? Redija a sua pergunta e a resposta agora mesmo. "Mãos à Obra", sem pensar em todos os motivos que possam interceptá-lo.

*Mãos
à
Obra*

Para que não se esqueça deste desafio, copie o lema "Mãos à Obra" e coloque-o num lugar em que você provavelmente o veja. Escreva no seu diário, todos os dias umas notas a respeito das suas experiências com este lema. Use-o em sua busca voltada a enfrentar o desafio de viver livre de preocupações no aqui e agora, quando fizer os exercícios referentes à parte da jornada. Lembre-se, se alguns dos exercícios não tiverem serventia para você, mude-os para que eles tenham valor e "Mãos à Obra!"

– A JORNADA –

Assim como a história de Ivor começa com ele vivendo a vida diária, você começará por analisar o seu cotidiano. Quais são as coisas que ocupam a sua consciência em estado de alerta? Que pessoas, projetos, atividades, responsabilidades e situações têm exigido de você energia e atenção nas últimas duas semanas?

Gente

Projetos

Atividades

Responsabilidades

Situações

Até que ponto você acha que se dedicou inteiramente a cada um desses itens? Até que ponto você se sentiu como um prestidigitador, com muitas bolas no ar, de forma a não ter tido tempo para atender a todos com o tipo de cuidado e atenção que gostaria?

Pegue duas canetas coloridas, uma da cor que gosta e outra da cor que não gosta. Com a sua cor favorita, faça um círculo ao redor dos itens da lista, aos quais você pôde dedicar um tempo suficiente sem se sentir tenso. Com a outra cor, faça um círculo ao redor dos itens para os quais não teve tempo suficiente, ou que, de certa forma, lhe causaram preocupações.

O que você nota ao olhar a lista? Não se julgue pelo fato de existirem poucos círculos de uma cor e muitos de outra. Observe, simplesmente, como representou o seu atual estado de coisas.

Pare e olhe!

No começo da história, Ivor faz uma pausa em seu trabalho e olha para o infinito, através das planícies, num estado mental meditativo. Reservar esse tempo para se desligar de seu trabalho, para deixar de *fazer* e simplesmente *ser* por uns minutos, era essencial à felicidade de Ivor. O poeta William Henry Davies expressa isso da seguinte maneira:

> De que vale a vida se, cheios de cuidados,
> não temos tempo para parar e olhar,
> Não temos tempo para parar sob os ramos
> e olhar, o quanto quisermos, as ovelhas e o gado.

De que vale a vida se nós, também, não encontramos tempo para parar e olhar? Todos nós nos encontramos tão emaranhados nas coisas que temos de fazer que – mesmo bem conscientes – esquecemos de nos permitir *ser*. Quando isso acontece, descobrimos que, em vez de nos tornarmos mais eficientes ou produtivos, na verdade nos tornamos menos eficientes e mais tensos. Descobrimos que quando não reservamos um tempo para nós mesmos, para tranqüilizar os nossos recursos internos e "parar e olhar", sofremos um rápido esvaziamento de nossa energia e lucidez intelectual.

Nos últimos anos, a sociedade ocidental tornou-se cônscia da sabedoria (há muito exercitada no Oriente) de reservar um certo tempo para sentir uma conexão com os aspectos eternos do mundo. A meditação transcendental introduziu-se em nossa cultura como uma arma para a redução da preocupação e beneficia muita gente que não se considera especialmente espiritualizada.

Não temos necessidade de saber como praticar um complexo sistema de meditação para colher os benefícios que Ivor e os meditadores de nossos dias colhem. Você só precisa de alguns momentos de serenidade para se lembrar de reabastecer o seu reservatório de calma.

Para a próxima semana, assuma consigo mesmo o compromisso de reservar pelo menos quinze minutos por dia, para esvaziar a sua mente de falatórios, de críticas, de pensamentos e deveres, e para simplesmente parar e olhar. Você pode fazer isso junto à Natureza, como Ivor. Se pensamentos assomarem à sua mente, apenas observe-os como testemunhas interessadas e veja-os passar. Por quinze minutos somente *seja*. Quanto tempo faz que você não reserva um tempo para apenas *ser*, para prestar atenção a nuanças sutis, como as de sua respiração ou às do "som do silêncio"; para observar os seus pensamentos sem querer acompanhá-los? É mais fácil conseguir isso se você encher a sua mente com algo que não deixe espaço para esses pensamentos.

Procure se concentrar na sua respiração, talvez inspirando e contando até sete, prendendo a respiração, numa rápida contagem até três, para sentir esse momento entre as respirações e depois, expirando e contando novamente até sete, prendendo a respiração e tornando a inspirar. Deixe que a monotonia da contagem, que o som e a sensação da sua respiração inundem a sua consciência. Geralmente é mais fácil deixar de pensar se você fechar os olhos; isso elimina o estímulo visual e facilita orientar a respiração para o foco da sua consciência.

Se pensamentos e preocupações ainda se agitam em torno da sua mente, imagine que, enquanto você inspira, o ar que penetra em seus pulmões é formado de pequenas partículas de luz dourada. Imagine essas partículas de luz brilhante invadindo a sua caixa torácica, alastrando-se e inundando toda a parte interna de sua pele. A cada inspiração, imagine as partículas luminosas entrando por sua boca, por seu nariz, interpenetrando-o totalmente, e depois escoando dos dedos da sua mão, dos seus pés e pelo alto da sua cabeça. Continue respirando desse modo. Se notar tensões ou pensamentos negativos, imagine-os formados por um conjunto de partículas negras muito pequenas. Ao inspirar, as partículas douradas de luz varrem os grupos de pequenas partículas negras, desintegrando-os e dispersando-os. Prossiga respirando: inspirando as partículas douradas de luz, deixando-as inundá-lo, escoando com os resíduos dos blocos negros, e tornando você um ser pleno de luz e de energia. Uma vez que se sinta repleto de luz dourada, continue a respirar dessa forma ainda por uns minutos, sentindo a vibração e a energia da luz acalentando-o nos níveis mais profundos, de forma indescritível. Quando julgar chegada a hora de abrir os olhos, faça-o lentamente, retornando ao aqui e agora, mas mudado. Retorne como um ser radiante de luz, energizado e calmo, que consegue, sem esforço, transformar tudo o que interfira nessa luz em pequenas partículas de resíduos negros, expulsas à medida que a luz dourada jorra de você.

Uma variação deste exercício é deitar-se no chão, ouvindo música bem alto. Isso funcionará melhor se você escolher uma música harmoniosa ou clássica, sem palavras, e enrolar as mangas ou ficar descalço para que a sua pele fique exposta. Ouça a música com todo o seu corpo, permitindo que ela penetre através de sua pele, inundando-o completamente. Sinta-a como se ela estivesse dentro de você, como se você fosse a música. Sinta a música fisicamente, suplantando quaisquer pensamentos e dores. Quando a música parar, sinta a calma e a energia alojadas dentro de você. Ao voltar para o seu dia-a-dia, não deixe essa sensação escapar.

A elasticidade do tempo

Existe, aqui, um paradoxo. Você não se conscientizará disso até que conceda a esse paradoxo um teste de vários dias consecutivos. Você notará que, embora esteja subtraindo alguns momentos do seu dia agitado para ter um pouco de tranqüilidade, sua energia e lucidez, aumentadas, conceder-lhe-ão mais tempo para fazer mais coisas e para uma interação mais gratificante com as pessoas. Quando isso acontece, você está tomando conhecimento da elasticidade do tempo.

Pode parecer estranho pensar no tempo como elástico, mas você, provavelmente, já passou por essa experiência em sua vida. Há momentos em que, pelo fato de nada estar acontecendo, ou pelo fato de ser monótono o que está ocorrendo, os minutos parecerem horas. Em compensação, existem momentos em que você está tão absorvido no que faz que as horas parecem minutos. Estes dois exemplos demonstram a elasticidade do tempo. Você entra em contato com o *tempo intemporal*, no qual vence as barreiras que lhe são antepostas.

Este fenômeno ocorre quando você reserva uns momentos para "parar e olhar" – para recarregar as suas baterias – e, mais tarde, descobrir que fez muito mais, dentro de um dado período de tempo, do que julgou possível. Em certa fábrica, por exemplo, pediu-se aos operários que, durante um certo tempo, não fizessem absolutamente nada – e a sua produtividade subiu oitenta por cento!

Um segredo para viver sem tensões é conhecer esse tempo intemporal, e acreditar que ganhará tempo se, durante o transcorrer do dia, fizer uma pausa. Você precisa, no entanto, pôr "Mãos à Obra"; não se atenha apenas à leitura dessas informações ou somente em pensar a respeito delas.

Esclareça as suas preocupações

Uma vez que você tenha descoberto uma forma de abrir as comportas da própria fonte criativa e encontrado o seu cantinho interior de paz, tem condições de por si mesmo visualizar com nitidez o desafio do tempo e das tensões e estudar o tipo de atitude que pode tomar.

Ivor teve oportunidade de testar a sua fonte criativa no exato momento de executar três tarefas diferentes. Catar o trigo exigiu paciência e um trabalho cuidadoso que ele tinha de realizar para, simplesmente, sobreviver, muito parecido com a sua rotina, que pode ser considerada um trabalho servil. Fazer os uniformes já implicava fazer algo para os outros – costurar as roupas que iriam identificar a guarda palaciana como um corpo social. Construir o palácio de caça consistia num projeto imenso, sem fim, destituído de regras ou fórmulas para a sua consecução – um projeto de tal magnitude que atemorizaria qualquer um.

Quando você pensar nas coisas que tem de fazer na vida, qual destas três diferentes tarefas lhe causaria preocupação? Escreva, na tabela abaixo, umas poucas palavras para ilustrar, nas três categorias, as tarefas comuns que o deixam tenso.

Trabalho Rotineiro	Fazer Coisas para os Outros	Grandes Projetos

Para cada item, existem também (como Rochelle Myers sugere) três maneiras possíveis de reduzir a preocupação. Você pode dominar alguns fatores inquietantes, "indo em frente", vivendo, simplesmente, segundo o lema "Mãos à Obra!" Ivor encetou as suas tarefas, sem saber se ia chegar a realizá-las. Ele compreendeu que era inútil preocupar-se com os resultados, de forma que seria melhor fazer o que pudesse e dedicar a isso toda a sua atenção, para aprender por experiência própria. Você pode aprender a dominar alguns fatores causadores de preocupação – como consertar o carro ou limpar o quarto – pondo "Mãos à Obra". Para que "ir em frente" torne-se mais fácil, você pode adotar algumas pequenas providências, ou assumir publicamente, perante algumas pessoas, o compromisso de que irá enfrentar diretamente esse desafio.

Alguns itens de sua lista requerem maiores informações ou uma percepção maior antes que possa resolvê-los. De modo geral, implicam interação com terceiros, como colegas de trabalho ou membros da família. Ou podem se referir, aparentemente, a importantes decisões de vida, tais como a própria carreira profissional ou relacionamentos. O que você precisa saber para pôr "Mãos à Obra" e enfrentar esses desafios? Lembre-se dos instrumentos constituídos pela observação precisa e pelas perguntas engenhosas. Descubra o que está realmente acontecendo e questione, questione, questione até descobrir uma maneira de pôr "Mãos à Obra!"

Mãos à Obra!

O problema	Seguir em frente	Adquirir uma percepção maior	Mudar de perspectiva

Você pode não ter condições de solucionar todos os seus desafios por meio de confrontação direta ou de uma percepção maior. Alguns exigem de você uma mudança de perspectiva. Por exemplo, se você se encontra numa situação aparentemente desvantajosa, procure rever o seu ponto de vista e descobrir uma forma de, apesar de tudo, tirar vantagem dessa desvantagem, como Ivor, que foi capaz de modificar a sua maneira de encarar as suas três tarefas e de, portanto, vencer.

Destaque os aspectos mais prementes de sua lista. Na tabela, anote o que precisa fazer para enfrentar o desafio de viver livre de tensões no aqui e agora, cotejando cada problema e seguindo em frente, recebendo maiores revelações ou mudando de perspectiva.

Pense em sua lista. Você pode concluir que cada problema é melhor solucionado se lidar com um caso de cada vez. Por outro lado, pode ser razoável uma combinação dos três itens. Tenha isso em mente quando fizer os exercícios correspondentes a cada um deles.

Siga em frente!

Sentir a elasticidade do tempo, reservando algum momento para "parar e olhar" constitui uma forma de viver no presente sem preocupações. Existem outras maneiras... Quando Ivor encetou as suas três tarefas, realizou-as com a ajuda da graça – com a capacidade de mergulhar completamente em cada tarefa que enfrentava. Estava tão absorvido no trabalho que nada mais importava. E, pondo "Mãos à Obra", executou-o. Você já se sentiu, alguma vez, tão absorvido por algo que fazia a ponto dessa ocupação se transformar na única coisa importante nesse momento? Por acaso você já enfrentou um desafio com tamanha paixão a ponto de identificar-se com ele, como se estivesse participando de uma eternidade intemporal? Como você pode repetir essa experiência na situação atual?

Selecione um dos problemas que você apontou há pouco e que possa ser enfrentado "seguindo em frente" – isto é, apenas fazendo alguma coisa com relação a ele. Torne a mencionar esse problema na redação abaixo ou faça um desenho que o ilustre.

Se você se sente assoberbado por uma montanha de obrigações, como Ivor quando deparou com a montanha de trigo, uma maneira simples de assumir o controle da situação é decidir sobre o que tem a fazer. Uma forma é identificar todas as pequenas partes separadas do trigo, que compõem a montanha. Então você terá, literalmente, possibilidade de mover essa montanha, item por item. Assim é menos assustador. Ivor, uma vez enfrentada a tarefa, item por item, foi capaz de separar da palha cada grão de trigo. De fato, o que fora tão intimidante, tornou-se, por sua vez, tão absorvente que o transportou e o fez superar-se, pois teve tempo de preparar, para si, uma tigela de trigo – tudo dentro do prazo que antes lhe parecera exíguo para a realização do trabalho.

Quais os componentes individuais do problema que você expôs ou ilustrou acima? Se tivesse que fragmentar esse problema em etapas muito pequenas e discretas, como seriam elas? Você pode pensar neste desafio como uma minijornada do herói. A preparação implica avaliar agora a posição, identificando aonde você quer chegar, comprometendo-se a atender ao chamado da aventura. A jornada, em si, consiste em sua iniciação e nos desafios para manter-se no caminho, com a ajuda de seus aliados na forma de outras pessoas e de poderes mais elevados, como a sua força e capacidade intrínsecas. Um rompimento será resolução sua e a celebração, naturalmente, será a volta, no fim da jornada, para um lugar onde você se sinta novamente sereno, convencido de ter cumprido a sua missão.

Separe agora essa situação inquietante em pequenas partes, identificando, especificamente, as que constituem cada fase da sua jornada.

INOCÊNCIA (Qual é a situação inicial?)

O CHAMADO DA AVENTURA (O que precisa ser resolvido?)

INICIAÇÃO (Qual a seqüência das etapas menores, *específicas*, que devem ser realizadas para enfrentar este desafio?)

ALIADOS (Quais as pessoas que o apóiam e quais as suas forças interiores?)

ROMPIMENTO (Qual é a sua meta ou resolução?)

CELEBRAÇÃO (Como serão as coisas depois que você tiver vencido?)

> *Saia da roda do tempo e venha para a roda do amor.*
>
> Jalaludin Rumi

Uma vez que esteja ciente da sua situação e até que ela seja resolvida, você se encontra na fase de iniciação. A forma de superar essa fase é dar aqueles pequenos passos, um de cada vez.

As etapas identificadas por você representam atos concretos que pode realizar para enfrentar um desafio real que lhe cause preocupação. Algumas vezes, você pode planejar ações específicas, bem plausíveis, ou dar pequenos passos como os que descreveu há pouco, e mesmo assim se sentir cansado demais para torná-los realidade. Quando isso acontecer, o caminho para o sucesso pode consistir num exame e numa mudança de sentimentos e de atitudes que o estejam bloqueando internamente.

Para ver como isso funciona, pense novamente na situação que o está deixando tenso. Imagine três situações nas quais você compara o problema de três maneiras diferentes. É importante ler, em primeiro lugar, as instruções referentes à primeira situação e então fechar os olhos para visualizá-la, durante dois ou três minutos, para depois anotar a sua experiência *antes* de ler as instruções referentes à próxima situação.

Situação Um: O Primeiro Caminho. Pense numa situação preocupante que ocorrerá na próxima semana. Imagine-se nessa situação, falhando miseravelmente! Tudo o que poderia dar errado, dá realmente errado! Você é mais incapaz e incompetente do que jamais sonhara; pior que o pior dos seus temores. Você faz o papel de idiota de todas as formas concebíveis. Deixe que todos os seus sentidos aflorem, à medida que visualiza esta terrível situação, vividamente, aos olhos de sua mente. Ao terminar, deixe a imagem se desvanecer. Observe como se sente e anote.

Situação Dois: O Segundo Caminho. Agora, imagine-se enfrentando o mesmo desafio. Desta vez, entretanto, lembre-se de todas as situações semelhantes pelas quais já passou e lembre-se das que deram bom resultado. Você faz um bom trabalho; você faz o melhor que pode. Faz tudo corretamente e é bem-sucedido. Deixe que todos os seus sentidos aflorem, à medida que você imagina o cenário se desenrolando exatamente da maneira que desejaria que se desenrolasse. Ao terminar, deixe a imagem se desvanecer e observe como se sente. Anote.

Situação Três: O Terceiro Caminho. Enquanto você visualiza esta terceira situação, mantenha unidos em círculo o dedo polegar e o indicador de cada mão. Fique com a mão nessa posição, durante a visualização. Mais tarde explicaremos por quê.

Imagine-se enfrentando, mais uma vez, o desafio. Desta vez, veja a si mesmo incrível e inegavelmente brilhante na sua atuação. Nada o detém: sobe à mesa, balança-se no candelabro, recita poesia de joelhos, faz um impressionante e inesperado discurso que leva todos os presentes às lágrimas. Todo o talento impressionante e extraordinário – que sempre existiu e sempre existirá – verte de você à medida que se alça a alturas jamais concebidas. Você é *mais* que um sucesso! E tudo isso em apenas três minutos a cada dia, embora eles possam parecer horas dentro do tempo imaginário.

Ao terminar, deixe a imagem se desvanecer e observe e anote como se sente.

O que você notou com referência a essas três situações? O que observou com referência aos seus sentimentos físicos e emocionais durante e depois de cada uma delas?

Muitas pessoas, quando preocupadas por algum motivo, infundem em sua mente o pior dos medos. Então, quando deparam com a situação, já que ela é a situação em que se esmeraram, seguem pelo caminho já aberto. Dá para você entender que insistir no pior pode resultar numa profecia que se realiza?

Muitas pessoas estão a par dessa verdade, portanto, procuram imaginar uma forma mais positiva de lidar com o desafio. Seu erro, porém, é se prender a coisas que antes haviam dado certo. Este enfoque normal e satisfatório ainda pode funcionar, mas o resultado não será particularmente maravilhoso, embora possa ser adequado.

Na terceira situação, pedimos que você superasse o mais audaz dos seus sonhos para se imaginar como o tipo de herói que só existe no reino da fantasia. Claro, você não pode fazer tudo o que sonhou, *aqui*, no mundo da realidade. Mas lembre-se de como se sentiu quando se viu no topo do mundo. Lembre-se de como esse sentimento o estimulou. Anote agora as idéias que tem para transportar os seus sentimentos do terceiro cenário para uma situação real de vida.

Nós lhe havíamos pedido que mantivesse os dados juntos para que você pudesse associar essa posição a um sentimento de suprema autoconfiança, alegria, abundância e sucesso. Faça isso algumas vezes, quando se encontrar em situações anormais; essa posição dos dedos será um sinal físico para lembrá-lo dos seus melhores sentimentos e possibilidades. Então, quando se vir numa situação em que você queira recordar a sua natureza mais heróica, apenas toque os dedos dessa maneira: isso atuará como um gatilho para disparar esses sentimentos. Isso funciona realmente! Você pode fazê-lo mesmo escrevendo, se mantiver o lápis entre o indicador e o polegar. Ninguém, nem de longe, vai notar o que você está fazendo!

Pare um momento para considerar qual tenha sido, em termos de qualidade, a chave *única* que fez a terceira situação funcionar tão bem.

Depois, pegue os seus lápis de cores mais brilhantes e mais vivas e um cartão que possa ter consigo durante toda a semana. Em letras maiúsculas, escreva nele a palavra ou frase que resume essa qualidade. Não se apresse ao fazê-lo. Desenhe as letras com o mesmo cuidado que tinham os antigos monges ao iluminar seus manuscritos. Sem dúvida, a iluminação que você adquiriu com essa terceira situação merece esse desvelo.

No transcorrer da semana, recorde a palavra ou frase que caracterizou o seu brilhante sucesso na terceira situação. Repita-a para você quando for se deitar, ao fazer compras, ao guiar o carro ou ao meditar e, sobretudo, repita-a em silêncio, segurando os dedos na forma simbólica que indicamos acima, quando estiver enfrentando desafios inquietantes, ao longo do seu caminho.

Adquira maior percepção

Selecione agora um outro problema, entre os que você arrolou anteriormente, como um dos causadores da sua tensão. Porém, desta vez, escolha um que requeira uma percepção maior; algo mais do que "seguir em frente" ou mudar de perspectiva.

Escreva ou desenhe um símbolo para isso, no espaço abaixo.

Agora tente usar a observação precisa e fazer perguntas engenhosas a respeito desse desafio preocupante na sua vida. Adquirir maior percepção deve ajudá-lo a lidar com ele.

Experimente fazer uma pergunta de ação. Em primeiro lugar, veja como uma pergunta de ação funciona com relação a esse problema. Pergunte o que você deve fazer. Você pode descobrir que tem possibilidade de contribuir com algo valioso; pelo menos, terá condições de comparar essa pergunta, comumente limitativa, com os resultados de exercícios mais amplos que seguem.

Faça uma série de perguntas pertinentes. Pergunte a si mesmo a respeito da situação que o preocupa, servindo-se das seguintes indagações que irão revelar as suas múltiplas capacidades.

>De ordem intelectual: O que mais preciso descobrir? (dados, fatos)
>De ordem emocional: O que os meus sentimentos me dizem? (sentimentos)
>De ordem física: O que posso tentar para ver melhor? (sentidos, aposição das mãos)
>De ordem espiritual: O que diz a minha sabedoria intuitiva? (meditar, sonhar, rezar)

À medida que você formula essas perguntas para si próprio, deixe que elas o levem a outras perguntas ou a uma série de perguntas e respostas. Veja se o esclarecimento que obtiver irá conduzi-lo à solução da situação difícil que está enfrentando.

Pergunte por quê? insistentemente. Comece por perguntar: por quê? a respeito de uma pequena parte do seu problema. Faça a pergunta, obtenha uma resposta e torne a perguntar: Por quê? – servindo-se da resposta como base. Continue perguntando: por quê? com a curiosidade de uma criança, pelo menos por três vezes, ou até chegar a níveis mais e mais profundos de entendimento.

Use o poder da sua outra mão. Este exercício, adaptado da obra de Lucia Cappachione: *O Poder da Sua Outra Mão*, ajuda-o a entrar em contato com a sua capacidade infantil de encantamento, permitindo-lhe até mesmo fazer uma regressão. Simplesmente escreva uma pergunta relacionada com o seu problema e depois, de olhos fechados, pense a pergunta por algum tempo. Abra os olhos e escreva a resposta com a sua mão menos dominante. (Se você é destro, escreva a resposta com a mão esquerda e, se for canhoto, com a mão direita.) As respostas, de modo geral, são bem surpreendentes. Parecem ter assomado de algum lugar muito íntimo, dentro de nós, do qual havíamos nos esquecido.

Sonhe com a resposta. Durante três noites seguidas, faça, por escrito, uma pergunta antes de ir se deitar. Reflita sobre ela enquanto tenta adormecer. Peça à sua natureza criativa que lhe proporcione uma resposta sob a forma de um sonho ou de um pensamento, no momento de acordar. Anote-os.

Descubra um oráculo. Existem muitas maneiras de você obter informações a respeito do seu problema ou pergunta-chave, servindo-se de meios externos a você. Por exemplo, no livro *Lateral Thinking*, Edward DeBono sugere que você pense no problema ou na pergunta, abra um dicionário sem olhar, coloque o dedo indicador numa página e, então, veja a palavra mais próxima de seu dedo e a use como um estímulo para refletir sobre o assunto.

Você pode empregar mais formas misteriosas e intrigantes para chegar ao mesmo resultado. O Tarô, o I Ching ou as runas, por exemplo, proporcionam a riqueza imaginária que corresponde, um pouco, a um sonho imediato para você analisar. *The Tarot Handbook*, de Angeles Arrien, constitui um ótimo guia para o uso e a interpretação do Tarô, embora você possa fazer o exercício que segue, sem nada mais a não ser um maço de cartas. Se estiver interessado no I Ching, consulte a obra de R. L. Wing, *I Ching Workbook* ou o programa de computador *Synchronicity* e, se estiver interessado nas runas, consulte *The Book of Runes*, de Ralph Blum. Todos os três são instrumentos excelentes, para fazer o exercício seguinte. Use aquele que mais lhe convier.

Agora, coloque-se num estado mental criativo, receptivo e relaxado. Ouça algumas de suas músicas favoritas, relaxantes. Sente-se, pensando no seu problema ou pergunta-chave e, sem escolher de antemão, selecione uma palavra (ou tire uma carta do Tarô, jogue o I Ching ou escolha uma runa). Veja o que tirou e, depois, comece a escrever uma resposta ou uma interpretação a respeito. Escreva durante quinze minutos, sem parar. Imagine a sua mão sendo impelida por uma escrita automática. Veja o resultado e, mais tarde, analise-o.

Mude a sua perspectiva

Mais uma vez, separe um problema de sua vida que lhe cause preocupação, mas desta vez procure um que, antes de tudo, requeira de você uma mudança de perspectiva. Muitos fatores inquietantes, que se encaixam nesta categoria, podem pertencer à série daqueles em relação aos quais você nada pode fazer – tais como casos de força maior –, embora outros integrem más experiências que você tenha tido com eles no passado. O medo e a intuição insinuam que você deve estar assustado.

Aponte um desses tipos de problemas opressivos ou desenhe uma representação visual do mesmo.

A mais importante mudança de perspectiva que você pode adotar no caso é viver no presente. Ivor teve condições de vencer o medo de enfrentar três tarefas, porque estava em estado de fluência. Ele estava tão mergulhado em cada tarefa no momento presente que não tinha tempo a perder com preocupações. Sua criatividade simplesmente fluía. E é preciso admitir: suas tarefas são extremamente difíceis. Você já se sentiu tão mergulhado no momento presente, em uníssono com uma tarefa?

O exercício seguinte irá permitir-lhe que expanda a sua percepção do tempo, fixando-se em cada segundo. Baseia-se na idéia de que o universo é criado, mantido e destruído pelo sopro divino e também dará a você a oportunidade de passar pela experiência de sincronizar sua respiração com esse primeiro sopro criativo.

Para fazê-lo, sente-se confortavelmente, com as costas em posição reta mas não rija, e com as mãos no colo. Mantenha unidos os dedos polegar e indicador, para formar a sua âncora. Se estiver sentado numa cadeira, deixe que o encosto lhe sirva de apoio e firme as plantas dos pés no chão. É melhor que você leia primeiramente todas estas instruções, para depois pô-las em prática, de olhos fechados. Ou peça a um amigo que as leia para você, ou então grave-as, lendo-as em voz alta e fazendo uma pausa em cada parte.

Sinta o momento presente

Depois de fechar os olhos, você pode se concentrar a fim de se preparar para esta jornada ao momento presente, que é chamada de Completa Respiração Iogue. *Respire profundamente, de forma que seu ventre se expanda, assim como o seu peito e a sua caixa torácica, e respire até ter a impressão de que o ar chega aos seus ombros e pescoço. Retenha a respiração por alguns instantes, sem forçar demais, e depois exale calmamente, a partir do seu ventre e daí para cima. Repita este exercício três vezes e sinta a sua mente parar de trabalhar. Sinta o seu corpo começar a se acalmar. Tire qualquer tensão que esteja afetando a sua língua e o queixo para que não haja nenhum movimento dos músculos subvocais. Sinta-se em paz.*

Deixe que a respiração retome o seu curso normal. Não procure, absolutamente, controlá-la. Observe-a apenas. Note quanto tempo ela leva inspirando e expirando. Imagine quantos segundos se passam. Conscientize-se de que a sua respiração se repete assim, diariamente, cerca de vinte e seis mil vezes.

Agora imagine que, para inspirar e expirar, você leva, de cada vez um minuto inteiro. Continue a permitir que a sua respiração prossiga no seu próprio ritmo, mas sempre imaginando que ela despende um minuto inteiro para completar o ciclo inspiração-expiração. Respire durante seis ou sete ciclos, com isso em mente. Perceba o que é um minuto.

Agora imagine que, para inspirar e expirar, sua respiração leva, de cada vez, uma hora. *Permita que ela siga o ritmo que preferir, enquanto você sente que cada ciclo de respiração leva uma hora.*

Repita isso algumas vezes e depois imagine que cada inspiração e expiração leva um dia *inteiro. Sinta a total abrangência de um dia em cada respiração.*

Ao terminar, comece a pensar que cada inspiração e expiração leva uma semana. *Ao fazê-lo, você notará que o ritmo de sua respiração torna-se mais lento, chegando a parar de vez em quando. Deixe-a fazer o que tem de fazer. Não se preocupe. Ela prosseguirá da forma apropriada.*

Após imaginar algumas vezes o seu ciclo respiratório processando-se no prazo de uma semana, *imagine-o levando um* mês. *Sinta, com a sua respiração, as fases completas da lua.*

> *Como uma jóia, o ser imortal não se vangloria da sua longevidade, mas do brilho cintilante de cada momento.*
>
> Rabindranath Tagore

Depois de algumas vezes, imagine que você leva um ano *para inspirar e expirar. Lembre-se, deixe a sua respiração fazer o que tem de fazer, mas sinta um* ano *passar cada vez que ocorre a inspiração e a expiração.*

Agora imagine que cada ciclo de respiração leva uma década. *Dez anos se passam cada vez que você respira. Observe o que acontece.*

Após algumas respirações, pretenda que cada uma delas dure um século. *Faça isso durante um certo tempo e saiba o que significa um século completo.*

Agora pretenda que cada respiração leve um milênio *para completar o ciclo que vai do começo da inspiração ao fim da expiração. Observe o que acontece em cada mil anos de respiração.*

E, para terminar, permitindo que a sua respiração trabalhe dentro do seu próprio ritmo, respire como se você fosse o Criador, com o início da respiração dando origem ao universo e ao começo dos tempos, enquanto o término da respiração equivaleria ao final dos tempos. A sua respiração delimita todo o tempo que o universo jamais conheceu. Sinta, nela, a eternidade. Prossiga assim pelo tempo que quiser, sentindo-se integrado no tempo, sentindo esvair-se de sua mente todo e qualquer clamor. Se pensamentos interferirem, volte a prestar atenção à respiração, na medida em que ela cria, mantém e destrói o universo e o próprio tempo.

Ao terminar, retorne ao presente, conservando a excelência da conscientização que experimentou. Use essa percepção e a serenidade de sua mente para pôr em prática o lema "Mãos à Obra" no que se refere ao que estiver fazendo agora e a todas as decisões e atividades com que deparar durante esta semana. Não se esqueça da força criativa que a sua respiração representa.

Reestruture o fracasso

Em geral, um problema que requer uma mudança de perspectiva, pode ser um com o qual você tenha falhado antes ou que esteja relacionado com algum medo ditado pela sua autocrítica. A primeira mudança de perspectiva requerida é lembrar que o fracasso, ou a queda no poço, representa uma parte crucial do processo criativo e da jornada do herói. Se tudo funcionar sempre às mil maravilhas, você poderá estar levando uma vida invejável, mas nunca terá oportunidade de evocar os seus dons ocultos para se recuperar de uma queda. Você jamais se elevará às alturas de um verdadeiro herói cotidiano, se não aceitar a possibilidade de fracasso. Foi enfrentando desafios impossíveis que Ivor chegou (com as bênçãos de Kalisha, uma parte simbólica da individualidade nesta história) ao estado de graça e foi capaz de se tornar quase divino.

Você precisa encarar os fracassos como testes – como sinalizadores que o informem a respeito do que não funciona – e, talvez, indiretamente, apontando-lhe a direção que funciona. Os instrumentos da criatividade mostram-se muito úteis neste contexto. Observe bem o que acontece numa situação que parece um fracasso, sem julgar a si próprio por isso. Indague se a assim chamada situação de fracasso é realmente o que parece ser: definitiva. Acredite que, se você se mantiver firme no caminho, o valor do assim chamado fracasso se esclarecerá. O fracasso se apresenta sob muitos disfarces.

Outras pessoas podem achar que a sua idéia não é tão boa assim. Foi isso que uma companhia gravadora disse aos Beatles, em princípios dos anos 60, e o que Alexandre Graham Bell ouviu quando, pela primeira vez, mostrou o seu "telefone".

Você pode estar fazendo algo que simplesmente não funciona. Diz-se que Thomas Edison, antes de ter sucesso, tentou mais de dois mil filamentos possíveis para a lâmpada elétrica. Quando alguém comentou que ele havia fracassado tantas vezes, ele replicou: "Tolice! Agora eu conheço dois mil materiais que não funcionam! Pense no quanto mais perto eu estou da vitória!"

Você pode falhar por agir de uma maneira não compatível com a imagem da sua individualidade. Carl Jung diz que todos nós possuímos uma sombra para a nossa personalidade. A sombra é a parte de nós mesmos da qual não gostamos e que mantemos oculta a maior parte do tempo. Se você pensar na história do camponês que desposou uma deusa como um sonho, então o príncipe representa a parte sombria desse sonho. O príncipe é um anti-herói cujo egoísmo tenta destruir o verdadeiro herói.

Nosso criticismo tem que enfrentar uma batalha contra todos esses aspectos, sobretudo o último: por negarmos a nossa própria sombra. Tememos fazer algo que seja considerado errado ou que não funcione, porque a parte de nós que não queremos que os outros vejam ficará exposta. Mas é humano possuir um lado sombrio. Enquanto negarmos a nossa sombra e tentarmos ser pessoas perfeitas, ideais, estamos sempre tensos, constantemente temerosos de que a sombra possa se extinguir numa situação imprópria. Dessa forma, ela exerce controle sobre você.

A verdade impressionante, no entanto, é que, se você aceitar a sua sombra, ela poderá vir a se tornar uma força poderosa e positiva na sua vida, além do alívio evidente por você não ter mais de escondê-la.

O desafio está em virar o jogo de forma a você exercer controle sobre a sua sombra e sobre o que você pode fazer, reconhecendo-a e aceitando-a. É bem simples. Desde que ela tenha sido percebida e chamada pelo nome, já não constitui um mistério espantoso. De fato, uma vez que a tenha reconhecido, verá que administrá-la faz parte do seu caminho de herói. Ao enfrentar as exigências do príncipe, Ivor foi testado para descobrir um meio de viver dentro de um prazo e sem preocupações. Se não fosse pelo príncipe, ele teria continuado a viver uma vida simples ao lado de Kalisha e nunca teria

experimentado a graça que o transfigurou num deus. Se você enfrenta corajosamente a sua sombra, as tensões diminuem e você sofre uma transformação.

Qual é a sua sombra? Ambição? Mau gênio? Vaidade? Desonestidade? Insegurança? Preguiça? Pare um momento para pensar na parte que você escondeu – à qual está vinculado um temor sem sentido. Use, então, as mais horríveis cores para desenhar uma imagem de sua sombra, na margem deste livro ou em seu diário.

A sombra pode não querer entregar os pontos tão facilmente, mesmo que, na realidade, você e ela coexistam pacificamente. A sua sombra pode achar que você tem o que aprender com ela, como Ivor aprendeu com o príncipe. Ela pode querer saber exatamente o que é. O que ela tem a lhe dizer? E o que você quer lhe dizer? O que aprendeu com ela? Por que já não precisa mais dela? O que pretende dela e o que ela pretende de você? Como vocês dois podem entrar num acordo para coexistirem pacificamente?

Ensaie um diálogo com a sua sombra, como se fosse uma peça para dois atores, cujos personagens se chamariam Individualidade e Sombra. Você faz os dois papéis, talvez mudando de cadeira, ou ficando em pé quando for a sombra e ficando sentado quando for a Individualidade. Deixe que a sua intuição faça e responda as perguntas constantes do parágrafo anterior. Não force as falas. Abra a boca e deixe que as palavras jorrem juntamente com o sentimento de fluência que Ivor experimentou quando foi dotado de graça por Kalisha. Enquanto fala, você pode querer fazer com os dedos o sinal que lhe ensinamos páginas atrás, para que um diálogo brilhante, cheio de revelações, emerja.

Faça com que a sua individualidade diga: Quem é você, sombra, e que quer? Deixe a sua sombra responder. Continue dessa forma até chegar a uma perspectiva completamente nova de sua sombra. Veja como essa nova perspectiva afeta a questão das tensões que você está focalizando. E observe como esse novo relacionamento com sua sombra mitiga a preocupação de sua vida e permite que você viva sob uma tensão infinitamente menor.

A beleza física

Para enfrentar o desafio de viver livre de preocupações no aqui e agora, você pode fortalecer o seu corpo, assim como a mente, as emoções e o espírito. Deixe que o seu corpo seja um aliado nesse caminho.

Deixe o corpo descansar

Muitos de nós temos um período de sono muito inferior ao que seria de desejar. Claro, podemos ter de quatro a seis horas de sono por noite, mas não estaremos provavelmente aptos a confiar na nossa vivacidade ou habilidade para lidar com tensões diárias, até que tenhamos, pelo menos, de oito a dez horas de repouso toda noite.

Embora não lhe seja possível aumentar o seu tempo de sono para dez horas, lembre-se de que existe uma diferença entre operar dentro de seu nível máximo de desempenho e "tatear", devido a uma dose mínima de sono. Assim como a meditação relaxa e recicla o seu corpo e a sua mente, assim também acontece com o sono. Se você não está dormindo o quanto deveria, procure conceder-se mais trinta minutos e sinta a elasticidade do tempo, à medida que descobre que o seu dia parece se estender, em vez de encolher.

Talvez não seja a quantidade, mas a *qualidade* do sono o que o preocupa. Assuma o compromisso, consigo mesmo, se você ficar acordado durante a noite por mais de quinze minutos, de levantar-se e fazer algo agradável ou produtivo. Muitas pessoas descobrem que, ou elas realmente fazem algo de útil à noite, ou caem adormecidas antes de findarem os quinze minutos. Em ambos os casos, deixam de sofrer longas horas de insônia.

Pense em algumas formas de descansar o seu corpo e anote-as, assumindo então o compromisso de incorporá-las à sua vida.

Exercite o corpo

Todos sabemos que o exercício físico é essencial à saúde. Além de usufruírem os benefícios óbvios de relaxamento e de disposição excelente, os heróis cotidianos utilizam os momentos dedicados à ginástica para desenvolver novas perspectivas ou imaginar extraordinárias cenas de sucesso. Na verdade, você pode combinar meditação e exercício físico!

Pratique a chamada *meditação peripatética*, que o ensina a caminhar, lentamente, com plena consciência do momento atual e de tudo que chega à sua percepção. A melhor forma de exercitá-la é no campo, onde nada o perturbará. Seu desafio, então, consistirá em trazer o momento presente para junto de você, em tudo o que fizer.

Outra técnica consiste em deixar que os movimentos rítmicos do seu exercício o coloquem em estado de semitranse, de forma que você não pense, em absoluto, nos movimentos que está fazendo, no trabalho que o espera ou na pessoa com quem você não quer entrar em contato nesse dia. Sua mente se esvazia e você se transforma simplesmente num corpo que sente a água ou o ar. Você atinge um estado de graça.

Se estiver sentado à escrivaninha, lendo ou mergulhado em trabalhos intermináveis, é bom que você faça uma pausa de uns trinta segundos a cada meia hora para se energizar fisicamente. Pare o que está fazendo, levante-se, dê uns pulos, sacuda os braços vigorosamente, mexa as pernas e mova a cabeça em círculos. Faça ruídos com a boca, tire as teias de aranha do cérebro, estimulando-o dessa maneira por trinta segundos. Tente fazer isso já. Levante-se e "Mãos à Obra!" Você se surpreenderá com a diferença que irá sentir em termos de energia e de disposição física. Jean Houston e Robert Masters, membros da Foundation for Mind Research, acreditam que isso altera radicalmente o bombardeamento dos neurônios de seu cérebro e contribui para o desenvolvimento da sua criatividade.

Escreva abaixo idéias para exercitar o seu corpo e que você possa incorporar à sua vida.

Nutra o corpo

Assim como acontece com o exercício físico, todos sabemos que devemos ingerir alimentos saudáveis para manter um ótimo estado físico e mental. Mas até que ponto o fazemos, realmente? Estudos têm demonstrado que as proteínas contribuem para o aumento da vivacidade mental e que as gorduras e os carboidratos a reduzem. Os efeitos benéficos de um padrão geral em termos de alimentação saudável podem não estimular, momentaneamente e de forma sensível, a sua vivacidade mental, mas depois você os notará.

Você pode também alimentar o seu corpo amando-o. Trate-o com carinho, por meio de banhos mornos, massagens, descanso e relaxamento regulares, e ele se tornará um aliado fiel.

Expresse a seguir idéias para alimentar o seu corpo e que possam ser incorporadas à sua vida.

Nutra a alma

Não é somente o corpo que precisa ser nutrido em seu caminho de herói cotidiano, enfrentando criativamente o desafio de viver livre de preocupações no aqui e agora. Não esqueça de alimentar a sua essência criativa – a alma. O que é que alimenta a sua alma? É ler livros de poesia inspiradores? Ouvir um certo tipo de música? Estar em meio à beleza da natureza? Brincar com crianças? Falar com pessoas cultas? O que enche o seu coração do sentimento de que é esplêndido estar vivo?

Anote abaixo idéias para alimentar a sua alma e que possam ser incorporadas à sua vida.

– O RETORNO –

Viva livre de preocupações no aqui e agora

> Ninguém sabe o bastante
> para ser um pessimista.
>
> Norman Cousins

Agora que você percorreu esse caminho, o que aprendeu? Como a graça – como o toque de Kalisha na história –, se manifesta em sua vida? De que forma você – como Ivor –, tornou-se um semideus? Que sabedoria você acabou de adquirir para viver livre de preocupações no aqui e agora?

Assuma, agora, o seu compromisso de herói de confirmar que o seu relacionamento se transformou em termos de tempo e de tensões. Complete as anotações e use cores para uma demonstração visual.

– A DECLARAÇÃO DO HERÓI –

Por me encontrar em estado de graça, eu

A imagem visual para celebrar o termo desta minha busca é

Um dia de cada vez

Agora que você redigiu uma declaração de compromisso, o seu desafio consiste em acompanhar diariamente a fluência do tempo e das circunstâncias, de forma a estar sempre atento e apto a atuar dentro do seu nível máximo, em todas as ocasiões. Ivor foi capaz de superar o pânico e a derrota, lembrando-se de que a vida nos oferece muito mais e de que o importante é viver o agora e pôr "Mãos à Obra!" O teste da sua viagem neste caminho é modificar a sua convivência com o tempo e com as preocupações.

Comece por viver o seu dia com plenitude – e no presente – em tudo o que você faz, superando as pequenas preocupações diárias e permitindo que a sua fonte criativa se expresse totalmente em todo o seu ser. Comece essa prática quando tiver diante de si um dia que possa ser considerado normal e quando souber que poderá voltar a este livro dentro de vinte e quatro horas.

No espaço abaixo, escreva o que sabe a respeito de estar em estado de graça e seus efeitos sobre a sua experiência referente a tempo e tensões.

Isto soa como uma simples instrução. Você acabou de fazer algo assim nas páginas precedentes, não é verdade? Desta vez, no entanto, dê ênfase ao desafio de uma forma qualitativamente diferente. Não pense intelectualmente no que significa viver livre de preocupações no aqui e agora. Deixe que uma sensação de sentimento ou de entendimento da sabedoria da graça brote intuitivamente e depois escreva ou desenhe um símbolo que ilustre isso. Reservar alguns minutos para fechar os olhos e recordar o cantinho calmo e quieto que existe dentro de você poderá ajudá-lo.

Viva Livre de Preocupações no Aqui e Agora

Neste instante, faça tudo o que você faria normalmente durante as próximas vinte e quatro horas. Ponha "Mãos à Obra!" Nesta mesma hora, amanhã, abra novamente o seu livro, nesta página, e reserve de novo alguns momentos para se lembrar daquele cantinho calmo e sereno que existe dentro de você. Reflita a respeito de como você viveu as últimas vinte e quatro horas.

O que aconteceu?

O que você fez e que atitudes tomou que o libertaram das cadeias do tempo e das tensões? Até que ponto você, conscientemente, reparou na experiência do grande momento presente nestas últimas vinte e quatro horas? Até que ponto você usou o piloto automático?

Anote abaixo, ou na margem, as observações do dia. Certifique-se de incluir algumas notas a respeito de mudanças significativas que tenha observado e de circunstâncias que o levaram a esquecer a graça.

Observações a respeito de "Pôr Mãos à Obra!" – durante um dia.

Avaliação: Trace o seu caminho para uma vida livre de preocupações

Você está pronto para fazer novas fichas visuais e verbais a respeito da sua caminhada. Quanto, no presente, você mudou com relação à sua posição, no seu caminho de herói cotidiano, para viver livre de preocupações no aqui e agora?

Não volte ainda às fichas que você fez no início deste capítulo. Lembre-se de que as fichas visuais constituem uma espécie de traçado intuitivo da sua posição no caminho para solucionar o desafio de viver dentro do tempo e sem tensões. A ficha verbal constitui uma forma de você caracterizar esse desafio quanto às seis etapas da jornada do herói: inocência, o chamado, iniciação, aliados, rompimento e celebração.

Você pode preparar a ficha visual e os seis títulos da ficha verbal numa folha avulsa ou em seu diário. Uma vez prontos esses elementos, o seu trabalho consistirá em ilustrar a sua posição atual, face ao tempo e às preocupações (incluindo os fatos da semana passada), primeiro visualmente e depois verbalmente. O que aconteceu a você?

Prepare-se reservando alguns minutos para respirar e ficar quieto. Permita que a lembrança de sua jornada durante a última semana entre em foco. Use cores para desenhar uma figura ou outros símbolos que, na ficha visual, representem você no caminho.

Depois de ter terminado a parte visual, destine algum tempo para estudá-la. O que os seus desenhos e cores estão dizendo, agora, sobre a sua busca referente a tempo e preocupações? O que eles lhe lembram a respeito de sua jornada, às voltas com esse desafio? Quando estiver pronto faça, na parte verbal, anotações sobre a fase em que você se encontra quanto às seis etapas da jornada do herói.

Uma vez satisfeito com as suas novas anotações visuais e verbais e com a forma pela qual elas se relacionam entre si, você pode, então, compará-las às feitas anteriormente neste capítulo e ver que revelações pôde adquirir.

Reflexões sobre o seu caminho

Agora que você chegou ao fim deste capítulo e trabalhou durante aproximadamente uma semana no desafio concernente ao tempo e às tensões, escreva uma carta para si mesmo, falando de suas experiências no decorrer dessa busca. Isso pode servir para consolidar e legitimar a sua experiência até o presente momento.

Aquilo que não era para vir, veio.
Aquilo que veio, deve ir-se embora.
Muktananda, mantenha-se calmo e firme em meio a tudo o que vem e que vai.

Swami Muktananda

Considere essa carta ou declaração o mais possível como uma prova evidente da sua jornada até este ponto. Então, se sentir necessidade de trabalhar mais nesse desafio no futuro, ou se desejar apenas uma ajuda com referência à sua capacidade de viver livre de inquietações, você pode voltar a esta análise e ver o que conseguiu.

Comemore!

Como você está comemorando o término desta jornada? O que está fazendo para se congratular com o sucesso da sua jornada? Como está demonstrando publicamente as suas mudanças intrínsecas? Certifique-se de continuar a mostrar-se grato nos dias vindouros, e de celebrar o seu domínio sobre o tempo e as preocupações.

O QUARTO DESAFIO

8

Conquiste o Equilíbrio Pessoal e Profissional

Um estudante estava sendo entrevistado candidatando-se a um emprego numa firma de grande prestígio, no campo de trabalho que mais o interessava. Mencionou que estava para se casar. Um dos entrevistadores comentou que ele também estava para se casar, mas que não sabia se teria tempo suficiente.
— Tempo suficiente para quê? — perguntou o estudante. — Para a cerimônia ou para o casamento?
— Para ambos — respondeu o entrevistador, rindo. Mas o nosso estudante não achou graça. Ele se viu diante de um problema de equilíbrio pessoal e profissional.

Tom Peters e Nancy Austin, em sua obra *A Passion for Excellence*, defendem uma perspectiva tão sombria quanto essa. Suas palavras, na margem, sugerem que você não pode ter uma vida perfeitamente equilibrada.

Mas conhecemos muitas pessoas que podem. Conseguem-no trilhando cuidadosamente o seu caminho e não tentando viver dentro de padrões externos, inadequados. E enriquecendo-se a si próprias terão possibilidade de, através de seu trabalho, enriquecer os outros.

Anne é uma psicoterapeuta que, em certas ocasiões, ensina ao mesmo tempo em duas escolas locais. Ela adora pintar e tem, nos fundos de sua pequena casa de madeira, um ateliê. Essa casinha está situada numa colina coberta de relva, à margem do Pacífico, dominando uma extensão de três milhas de praia branca e arenosa.

"Quase não acredito na vida que levo", Anne nos disse. "Dedico parte de minha vida a ler os livros de que gosto e a me distrair no meu ateliê; e a outra parte a trabalhar, intimamente, com as pessoas. Toda tarde corro na praia e janto admirando um maravilhoso pôr-do-sol. E ainda *me pagam* para eu viver assim!"

Perguntam-nos, freqüentemente, se é possível "ter tudo isto" — uma vida pessoal plena e gratificante e uma vida profissional, também plena e gratificante, com bastante trabalho. A nossa resposta é: Não.

Tom Peters e
Nancy Austin

> *Não é fácil encarar os meus problemas um a um quando eles se recusam a entrar em fila.*
>
> Ashleigh Brilliant

Anne organizou seus trabalhos temporários de tal forma que ela adora o que faz e ainda sobra-lhe tempo para viver uma vida pessoal rica e gratificante. Seus pais e irmãos opuseram-se a esse modo de vida tão pouco ortodoxo; preferiam que ela se casasse ou que, visando a sua segurança, conseguisse um trabalho estável e em tempo integral.

"O caso é o seguinte", disse Anne, "eu sou muito feliz assim. Tenho tudo, mesmo que eles não o reconheçam! Você tem de selecionar o que acha importante e ir à luta!"

Escolha: reservar, durante a semana, um período que lhe seja conveniente, destinado a manter o seu equilíbrio pessoal e profissional. É indiferente que você seja solteiro ou casado, homem ou mulher, e que esteja numa carreira vitoriosa ou não. Você tem de fazer escolhas, grandes escolhas durante a vida, e pequenas no dia-a-dia. Se prestar atenção em sua jornada, logo descobrirá que o objetivo não consiste num equilíbrio estático, em que a sua vida pessoal e profissional sejam sempre perfeitas e imutáveis. Isto seria irreal e desinteressante. Não haveria oportunidade para um desenvolvimento pessoal em ambos os domínios.

Você precisa escolher o que vai fazer de forma que haja um intercâmbio dinâmico entre os dois. Dedique plena atenção ao trabalho se ele o demandar – temporariamente. Além do sucesso profissional, você necessita relaxar, cuidar de si, e ter amigos. Você precisa voltar ao equilíbrio, se se sentir desequilibrado. De fato, o melhor de todos os estados provavelmente seja o de sinergia entre os aspectos pessoais e profissionais da vida, de forma que cada aspecto pareça enriquecido pelo outro. Essa é a forma de você ter tudo.

A maioria das pessoas, quando convidada a pensar num tempo em que havia equilíbrio em sua vida, quase sempre se reporta a outra coisa que não o senso de estabilidade que poderia ser suscitado pela palavra *equilíbrio*. É quase como o início de um novo caso de amor. Fala-se de intensidade, de fluxo, de tudo na vida ir caminhando às mil maravilhas e de haver sinergia e estímulo entre todos os aspectos da vida.

Surpreendentemente, a grande maioria comenta que experimentou uma sensação de equilíbrio em situações que, segundo padrões externos, pareceriam caóticas – um novo emprego, mudança para uma outra parte do país, a espera de um bebê, o começo de uma nova experiência educativa, a compra e a instalação de seu primeiro lar, ou tudo isso junto. Estes eventos críticos de nossa vida parecem nos forçar a fazer escolhas no calor da batalha. O verdadeiro desafio, entretanto, está em manter este tipo de sinergia ou equilíbrio diariamente.

Neste capítulo, o velho mito de Teseu, contado e recontado há duzentos e cinqüenta anos, fala de um herói que resolve consagrar mais atenção ao lado profissional que ao lado pessoal de sua vida. Veremos as conseqüências disso, como também o resultado de sua breve tentativa para refazer o equilíbrio.

Ao ler a história, imagine-se como Teseu. Como é que ele faz as escolhas? Pense em sua vida – no tempo que você dedica ao trabalho e à sua vida pessoal. Como mantém esses aspectos em equilíbrio? De que forma eles estão em desequilíbrio? O que você poderia fazer de modo diferente?

– PREPARAÇÃO –

Teseu e o Minotauro

Teseu era um jovem valente que cresceu sem conhecer o pai, na cidade grega de Troezen. Quando completou dezesseis anos, a mãe explicou-lhe o significado de seu nome – "uma pessoa ou coisa que é dada em depósito". Ela mostrou-lhe uma enorme rocha, dizendo-lhe que seu pai, o rei Egeu, de Atenas, havia secretamente guardado a sua espada e as sandálias debaixo dela.

"Se você for capaz de mover essa rocha, verá que as sandálias lhe servem e que a espada é do seu exato tamanho. Seu pai gostaria que você fosse um herói digno e valente!"

Teseu deslocou a rocha com facilidade e nem questionou a idéia de vir a tornar-se um herói. Que melhor destino para um jovem grego que descobre, na adolescência, que descende de um rei?

O rei Egeu havia também deixado um barco para Teseu, a fim de que ele pudesse velejar facilmente para Atenas, mas o empenho de Teseu em realizar a sua missão e o seu desejo de imitar Hércules, seu famoso primo, levou-o a optar pela rota mais perigosa – a pé, pela estrada costeira, até Atenas.

"Não se preocupe com minha segurança. Eu levarei avante a tradição da família da forma mais heróica", o jovem exclamou. "Como meu primo, não vou procurar encrencas, mas pôr as coisas em seu lugar. Há muitos bandidos nessas redondezas e eu cuidarei de fazer o feitiço virar contra o feiticeiro. Esse é o tipo de herói que quero ser."

No caminho para Atenas, Teseu encontrou, em primeiro lugar, Perifetes, um selvagem feroz que se servia de uma enorme clava de ferro para espancar as pessoas até a morte, e que era o terror de quem tentasse cruzar aquela estrada. Quando ele ergueu a clava para Teseu, o rapaz arrancou-a das mãos de Perifetes e o atingiu na cabeça.

"Bem, companheiro, experimente o gosto do seu próprio remédio", ele disse. A clava voltou às suas mãos, e ele levou-a consigo como uma prova da sua primeira vitória.

Mais adiante, na estrada, vivia Sinis, mais conhecido como "Dobrador de Pinheiros". Ele podia dobrar as pontas de dois altos pinheiros, até que estes quase se tocassem. Sua artimanha consistia em pedir aos transeuntes que o ajudassem, e então amarrava-lhes um braço

175

em cada pinheiro e soltava as árvores, que se endireitavam, partindo as vítimas ao meio.

Sinis viu Teseu se aproximar e baixou as pontas de dois pinheiros, como costumava fazer.

"Por favor, ajude-me nesta tarefa, jovem. Você parece forte e eu estou velho e tão fraco!", Sinis implorou.

Teseu, que sabia com quem estava lidando, em questão de segundos amarrou o próprio Sinis nas árvores e as soltou, espalhando pedaços do bandido por toda parte.

"É *tão* fácil!", ele pensou. "Ser herói é o que quero na vida. Não vou perder tempo com mais nada."

Prosseguindo a sua jornada, Teseu ainda tornou-se mais corajoso e foi capaz de livrar toda a área rural de pessoas e de animais perigosos que vinham aterrorizando não somente os habitantes da região, como os viajantes. Ele usou a clava de Perifetes para matar um gigantesco e selvagem javali, que andava devorando os camponeses quando eles tentavam lavrar a terra. Agora, os agricultores poderiam dedicar-se às colheitas e as suas famílias se tornariam novamente saudáveis.

Teseu seguiu viagem com nenhum outro pensamento senão o de ser um herói justo e valente, defensor do povo.

A estrada costeira bordejava rochedos íngremes, e aí Teseu encontrou um homem sentado, bloqueando a passagem. O homem ordenou-lhe que lhe lavasse os pés. Sabendo que ele dava pontapés nas pessoas para que elas caíssem dos rochedos e fossem devoradas por uma selvagem tartaruga marinha, Teseu ajoelhou-se fingindo obedecer aos seus desejos e, num feito de grande esforço, empurrou o homem rochedo abaixo, diretamente para a boca da tartaruga.

"As coisas vão indo muito bem!", pensou o jovem herói. "Gosto deste tipo de trabalho."

Um sujeito atarracado pulou no meio da estrada e desafiou Teseu a lutar com ele. Ciente da sua força descomunal, Teseu lhe perguntou: "E se eu não quiser?"

"Você vai lutar!", respondeu o homem, rindo. "Todos lutam!" Ele se comprazia em tirar a vida de suas vítimas, apertando-as com as suas próprias mãos, e este jovem parecia uma presa fácil.

"Já que você insiste", disse Teseu, com um suspiro. Rápido como um raio, ele ergueu o homem e atirou-o de cabeça no chão. Esse foi o seu fim e o fim das aventuras de Teseu na estrada costeira. Ele havia chegado, afinal, a Atenas.

O caminho para Atenas era agora seguro. Teseu foi aclamado como um herói cuja missão era tornar as coisas melhores para a gente pobre. Ele seguiu diretamente para o palácio do pai.

Seu pai, Egeu, nunca havia visto o filho e nada sabia das suas aventuras. Egeu havia, então, casado novamente, e a rainha queria que seus filhos herdassem o trono. Quando Teseu chegou, ela convenceu Egeu de que esse herói era, na verdade, um vilão. Convidou-o a ir ao palácio e pediu a Egeu que lhe oferecesse uma taça de vinho envenenado. Contudo, quando Teseu estava a ponto de tomar a bebida, Egeu reconheceu a sua espada e arrancou a taça da mão do filho.

Houve muita alegria nesse encontro. Egeu abraçou-o e fez-lhe saber o quanto se orgulhava das suas façanhas. "Como estou feliz por você ter vindo ao seu lar, filho!", ele disse, com lágrimas nos olhos. "Agora você pode descansar de seus grandes feitos. Fique a meu lado e nós compensaremos todos esses anos em que estivemos separados."

Mas isso não deveria acontecer. Teseu não tinha interesse em perder tempo com o pai. Ele tinha um compromisso com a obra de sua vida e sentiu-se impelido a partir para a próxima aventura.

"Sinto-me no melhor das minhas forças, pai", ele respondeu, "e não posso ficar por aqui. Que outros feitos heróicos precisam ser realizados?"

Egeu suspirou tristemente. Ele tinha muito orgulho de seu filho. Também sabia que não podia segurá-lo, quando Teseu estava tão motivado pelo sucesso. E se lembrou de uma situação desesperadora que precisava ser resolvida, contando a Teseu sobre o rei Minos.

Há muitos anos, o belo filho do rei Minos havia sido assassinado em Atenas. O segundo filho de Minos – realmente filho de sua mulher, resultado de um caso de amor com um touro de raça, de Minos – tinha o corpo de homem e cabeça de touro e era extremamente perverso. Minos havia assumido o controle da Ilha de Creta para esconder o filho, chamado Minotauro, num labirinto construído sob a terra, de onde era impossível descobrir a saída. Para vingar a morte de seu primogênito, Minos exigia que sete virgens do sexo feminino e sete virgens do sexo masculino fossem mandados para o Minotauro, a cada ano. Eram enviados ao labirinto e devorados pelo Minotauro.

Chegara agora o tempo deste tributo e, claro, Teseu queria se apresentar como um dos sete rapazes virgens para matar o Minotauro e livrar Atenas desse encargo anual. Egeu ficou muito aflito e disse a Teseu que muitos jovens haviam ido antes dele, um mais heróico que o outro, cada um pensando que seria o causador da morte do Minotauro. Nenhum voltou. E, anualmente, mais catorze jovens da fina flor de Atenas eram sacrificados ao medonho Minotauro.

Teseu não atendeu ao apelo do pai. Ele estava decidido. Com o coração pesado, Egeu ajudou a preparar as suas provisões e acompanhou-o até o barco que ia zarpar para Creta com os outros jovens. A vela do barco era negra – era um barco de dor. Egeu entregou a Teseu uma vela branca, dizendo: Ficarei vigiando a sua volta, através do mar. Se você sair vitorioso, ice a vela branca antes de levantar âncora para Atenas, de forma que eu possa preparar tudo para celebrar a sua vitória.

Antes de partir, Teseu ofereceu um sacrifício à deusa do amor, Afrodite, a fim de que ela o guiasse na viagem. E então o barco seguiu para Creta.

Minos saiu ao encontro do barco e logo notou Teseu, o mais belo e o mais forte de todos os sete jovens. De imediato ele desafiou Teseu a provar o seu valor, reavendo um anel de ouro que atirou ao mar. Embora não fosse essa a missão que tencionava cumprir, Teseu mergulhou e, ajudado por golfinhos, recuperou não somente o anel, mas também uma coroa de ouro que Afrodite havia dado, certa vez, como presente de casamento a uma criatura das profundezas do mar.

A bela filha de Minos, Ariadne, assistiu a tudo isso e não pôde deixar de se apaixonar por Teseu. Ele, também, a notou: foi a primeira mulher por quem sentiu atração.

"Como poderei vencer o Minotauro?", pensou em voz alta.

Ela sussurrou em seus ouvidos: "Se você me levar consigo para Atenas e se casar comigo, eu o ajudarei a matar o meu meio-irmão, o Minotauro."

Teseu se comprometeu a casar com ela. Ariadne, então, mostrou-lhe um novelo mágico que o construtor do labirinto lhe havia dado. Sempre que ia visitar o Minotauro, ela simplesmente amarrava a extremidade do fio à porta de entrada e ele se desenrolava sozinho e rolava através das muitas sinuosidades, circundando passagens e conduzindo-a ao Minotauro. Para voltar, ela enrolava o fio, seguindo a sua rota até a saída.

"Você pode seguir esse fio para chegar até meu meio-irmão e depois voltar em segurança", Ariadne disse a Teseu.

O coração de Teseu palpitava, talvez por amor a Ariadne, talvez por ser esta a primeira vez que precisara e aceitara o auxílio de alguém. Candidatou-se a ser o primeiro a entrar no labirinto. Com um último olhar para Ariadne, cuja silhueta se desenhava contra a porta, ele adentrou a fria e úmida escuridão.

Se não fosse pelo fio, ele teria se perdido em meio ao emaranhado de corredores. Mas o fio levou-o diretamente ao Minotauro, que estava dormindo. Teseu aproximou-se furtivamente dele e o matou só com suas mãos. Então acompanhou o fio de Ariadne, voltando para ela e para a luz do dia.

O casal se abraçou e correu para o navio, levando os outros jovens consigo e partindo para Atenas antes que Minos pudesse compreender o que estava acontecendo. Houve muita alegria a bordo e Ariadne, toda contente, não via a hora de se casar com Teseu.

O barco, porém, na volta fez escala numa ilha e lá, após se amarem apaixonadamente, Teseu deixou Ariadne e rumou para Atenas, antegozando os louvores e as glórias que lhe seriam conferidos por seu heróico feito.

Mas devido ao seu estado de excitação, Teseu não se lembrou de içar a vela branca. Egeu esperava há dias no topo do rochedo, vigiando o mar, aguardando o retorno do barco. Quando, finalmente, o avistou, constatou que a vela era preta e não branca. Pensou que o seu amado filho falhara e perecera nas garras do Minotauro. Em sua dor, atirou-se do rochedo e afogou-se no mar.

Na sua volta, Teseu foi glorificado por ter matado o Minotauro e o proclamaram rei de Atenas. Seguindo o exemplo de seu primo Hércules, ele foi um rei sábio e bom, introduzindo a democracia em Atenas.

A história, entretanto, prossegue de forma diferente. Embora os seus feitos heróicos continuassem a ser considerados um grande sucesso, Teseu, depois que abandonou Ariadne, só conheceu fracassos em seus relacionamentos: com seu pai, como vimos, com as mulheres e com um filho que teve mais tarde. Ele encontrou um bom amigo, com quem participou de aventuras, mas sua busca heróica quase lhe custou a vida. Parece que, embora os feitos de Teseu fossem realmente heróicos, a sua estreita visão a respeito das conquistas foi um castigo que lhe acarretou uma vida infeliz nos seus últimos anos.

Os muitos significados de Teseu e do Minotauro

Muitos de nós nos lembramos da história de Teseu da nossa meninice. Lembramo-nos que um fio de linha ajudou o jovem a matar o Minotauro e a tornar-se um herói, e que Teseu casou-se com Ariadne, sendo conhecido por muitas outras façanhas heróicas. Ele permanece em nossa mente como um modelo de valor heróico e é difícil reconhecermos que justamente esse lado unilateral de sua vida foi o defeito que, em sua última análise, conduziu-o à ruína.

Lembre-se de que toda vara tem duas pontas.

G. I. Gurdjieff

O nosso ideal é ser como Teseu. Esforçamo-nos por ter uma vida com um objetivo e por fazer bem aos outros através do nosso trabalho. Esses são, realmente, desígnios louváveis – mas até certo ponto.

Como a história de Teseu demonstra, permitir que o nosso trabalho assuma tanta importância a ponto de não nos darmos nenhum prazer ou de não cultivarmos as nossas amizades pode resultar num trágico desequilíbrio. Claro que existe o desequilíbrio que ocorre do fato de nos tornarmos tão absorvidos em nossa vida pessoal que prejudicamos a vida profissional. Em ambos os casos, não estamos permitindo que os vários aspectos de nossa vida se harmonizem.

Como foi que a vida de Teseu se desequilibrou? Ele falhou em não fazer *perguntas engenhosas* quando descobriu que seu pai queria que ele fosse um herói. O rei Egeu já havia traçado a carreira profissional do filho, desde o seu nascimento – uma carreira similar à de seu primo. Teseu levaria avante o plano da família. Esta é, sem dúvida, uma maneira de desequilibrar a vida. Teseu não fez nenhuma pergunta; mas quando admitiu não saber como matar o Minotauro, Ariadne entrou em cena, simbolizando as relações pessoais.

Da mesma forma, a capacidade de *observação precisa* de Teseu, é, a princípio, muito limitada. Sendo um jovem belo e viril, a única coisa que quer é livrar a terra de bandidos. Ele parece não enxergar o valor de desenvolver uma vida pessoal, e não está nem mesmo cônscio do profundo amor que o pai lhe dedica. Quando Teseu conhece Ariadne, vemos nisso a sua evolução simbólica – passando de um ser parcial, vivendo no âmbito das ações "masculinas", para um ser total, integrando os atributos "femininos" de cuidado e de amor. A união, embora efêmera, é, além disso, simbolizada por sua ligação com ela através do fio, já que ele consegue matar o Minotauro. É a totalidade, o equilíbrio de trabalho e de amor que lhe permite ter sucesso.

O Álibi do Trabalho: Quando o pior é voltar para casa.

Harvard Business Review (título do artigo)

Mas ele, bem depressa, retorna à sua maneira habitual de ser e perde o relacionamento. Sua vida pessoal é abruptamente esquecida pela glória de seu trabalho, que é um sucesso. Ele perde a capacidade de observação precisa e regride à sua visão bitolada.

Se você quer ter a capacidade de equilibrar com sucesso a sua vida profissional e pessoal, e de não permitir que nenhuma assuma o comando, é importante observar o que está prendendo a sua atenção e energia e ver o que pode fazer a respeito.

Tanto no início como no fim da história, Teseu é de *opinião* que os componentes corretos ou melhores da vida são os feitos de um herói. Ele sente uma forte motivação para agir da forma que considera certa. É interessante notar que seu pai, o rei Egeu, havia abandonado sua mãe e retornado ao seu próprio reino, dando ao jovem um exemplo do que a vida pessoal e a realização profissional representam. Muitos de nós aceitamos que as nossas expectativas, culpas e críticas sofram a influência do julgamento de nossos pais. Não existe espaço, nessa estreita definição de viver corretamente, para qualquer desvio. No entanto, é quando Teseu se desvia dessa rota, quando se mostra livre dessa influência e aceita a ajuda de uma mulher, Ariadne, que consegue vencer o desafio de enfrentar o Minotauro. Mas então, na ilha, a fascinação do heroísmo acena para ele e os seus velhos valores retornam. Como resultado, ele falha em seus relacionamentos e isso, nós constatamos, suscita uma reação em cadeia de ligações fracassadas.

Teseu demonstra *fé em sua própria criatividade*, quando parte a fim de livrar de seus perigos a estrada para Atenas – mas existe aí uma armadilha. A sua fé não se baseia em nada interior: é uma fé cega, alicerçada no desejo de agradar ao pai e de ser um grande herói. Mais tarde, antes de partir para Creta, ele toma uma atitude para estar seguro de que terá pleno domínio sobre toda a sua criatividade – roga à deusa do amor que o guie. Quando mergulha no mar e recupera não somente o anel de Minos como também a coroa de Afrodite, sente que ela o está realmente protegendo e que ele poderá enfrentar os mais impossíveis desafios.

Seu caminho para o equilíbrio

Agora releia o mito de Teseu, encarando-o como uma história que diz algo muito profundo sobre o seu caminho através da vida. Coloque-se no papel de Teseu, mas que esse papel seja desempenhado na lenda de sua vida. Escreva então uma resposta para cada uma das seguintes perguntas:

A Culpa da Executiva: Quem está cuidando das crianças?

Fortune
(título de artigo)

1. *Que aspecto da história de Teseu mais se enquadra na jornada de sua vida? Que questão de equilíbrio ela suscita? Quais as similaridades com a situação de Teseu? O que você fez ou poderia fazer de modo diferente?*

2. *O nome Teseu significa "pessoa ou coisa que é dada em depósito". Seu pai, quando colocou as sandálias e a espada sob a rocha, também deu a Teseu a sua profissão. Que expectativas pessoais e profissionais você herdou? De quem? Como foram elas estabelecidas? Como essas influências e expectativas interferiram ou contribuíram para que você chegasse a um equilíbrio em sua vida?*

3. *No caminho de Atenas, Teseu, em muitos encontros, foi obrigado a fazer o seu trabalho de herói. Na vida, que situações análogas você tem de enfrentar, que o ameacem a parti-lo em dois, devorá-lo, atirá-lo a um precipício, ou apertá-lo até a morte?*

4. *Teseu parecia não saber o quanto seu pai e Ariadne o queriam. Você alguma vez deixou de perceber o quanto uma pessoa o amava, pelo fato de você estar completamente absorto no seu trabalho? O que aconteceu? Você está agora numa situação semelhante? Em caso positivo, fale a respeito.*

5. *Teseu não fez perguntas a respeito da adequação do seu caminho profissional – apenas seguiu-o. Que perguntas você precisa fazer sobre o seu trabalho?*

6. *A vida pessoal do ser humano resume-se em vários relacionamentos, momentos de lazer, passatempos, metas de autodesenvolvimento ou outras atividades. A ligação de Teseu com Ariadne deu mais destaque à sua vida profissional. Que aspectos de sua vida pessoal dão realce à sua vida profissional?*

7. *Quando a sua vida profissional e a pessoal se desequilibram, quais as coisas que o gratificam pessoalmente e que você tende a deixar de lado? De quais você está agora sentindo mais falta? O que poderia fazer a respeito?*

8. *Teseu tinha um sucesso enorme quando se tratava de vencer bandidos e, por isso, era considerado herói. No que você é mais bem-sucedido e, por isso, gratificado? Descreva as coisas de sua vida pessoal e profissional nas quais julga ter obtido os seus maiores sucessos. Descreva o que as outras pessoas consideram como sendo os seus maiores sucessos. Em que aspectos eles são iguais ou diferentes? Qual é o impacto da opinião de terceiros sobre o modo com que você vive a sua vida?*

9. *Teseu pediu à deusa do amor que o guiasse. A que tipo de pessoa ou de atributo você recorreria para guiá-lo e ajudá-lo a viver uma vida equilibrada, agora? Descreva quem você escolheria e por que o escolheria. De que forma ela o guiaria de um melhor modo?*

10. *O tempo mais criativo da vida de Teseu foi quando havia sinergia entre a vida pessoal e a profissional quando se encontrava em Creta, amando Ariadne, matando o Minotauro e explorando a possibilidade de uma nova vida para ele. Pare um momento e pense num tempo em que havia, na sua vida, esse tipo de sinergia. Quais eram as circunstâncias? Qual a sua experiência no caso? Se você depois se tornou desequili-*

brado, como aconteceu com Teseu, qual a causa? Como voltou ou de que forma poderia voltar ao equilíbrio?

11. *A história de Teseu é uma alegoria que pode ser interpretada em um nível superficial ou mais profundo. Ajudado pelo fio de Ariadne, Teseu invadiu o negro labirinto para enfrentar e vencer o temível Minotauro. Existe, neste momento, um Minotauro em sua vida? Qual o labirinto no qual você teria de entrar para encontrá-lo? Qual o fio de que precisaria para se proteger?*

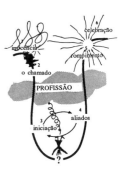

As respostas a estas perguntas começam a pintar um quadro do seu próprio caminho rumo ao equilíbrio. Você deve ter notado temas que têm participado de ambos os aspectos de sua vida, assim como algumas orientações para seguir à medida que procura equilibrar melhor as coisas.

Trace o seu caminho rumo ao equilíbrio

Ficha Visual

Em sua ficha visual, Melissa deixou claro que estava assoberbada de trabalho. Sentia que havia perdido a pista que a mantinha em sua rota, tendo caído no poço sem fundo do muito-que-fazer. Ao contrário de Teseu, ela não se sentia uma heroína em seu trabalho. Na verdade, descreveu as grandes nuvens negras "como muitas coisas que tenho de fazer e que estão me afastando de meu critério de reservar um tempo para mim mesma, para minhas amizades e para as coisas que gosto de fazer".

O desenho de Melissa é simples: mostra uma figurinha adesiva que a representa. Você provavelmente desenhará uma figura diferente da de Melissa. Deixe que a sua intuição faça o desenho. Quanto mais infantil e não elaborado for, melhor.

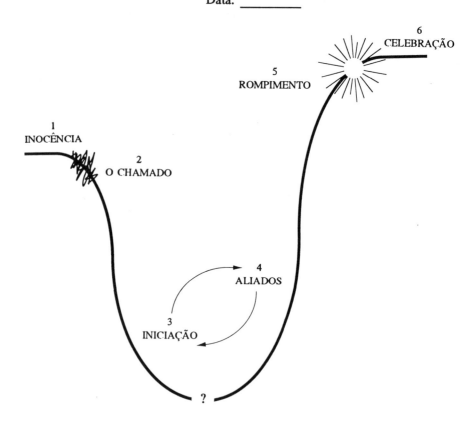

Ficha Verbal

Todas as maravilhas que você procura estão dentro de você.

Sir Thomas Browne

A ficha verbal de Melissa esclarece os desenhos que fez em sua ficha visual.

INOCÊNCIA (Sinto-me bem na minha situação)
  Entusiasmada com todos os meus projetos de trabalho.
  Amando o meu marido.
  Pensando que posso fazer tudo com facilidade!

O CHAMADO DA AVENTURA (Identifico e reconheço o meu desafio)
As coisas levam muito tempo.
Prazos fatais se aproximando!
A máquina não funciona!!!!

INICIAÇÃO (Sou realmente posta à prova)
Pânico!
Não há meios de terminar.
Sem tempo para dormir, sem tempo nenhum para os amigos, avançando com esforço.

ALIADOS (Encontro incentivo e ajuda)
Aprendendo a meditar (Ainda não como um aliado).
Stewart.

ROMPIMENTO (Chego a uma nova percepção ou resolução)
Tempo para tudo.
Respirar para relaxar (Preciso me lembrar de fazer isso!)

CELEBRAÇÃO (Regresso, diferente, ao lar)
Tempo de sobra para me distrair, amar, caminhar.
Projeto – um verdadeiro sucesso.
(Posso agora ter isso como objetivo, como a trilha a seguir – e tentar mantê-la).

> *Um timoneiro não precisa dos mesmos recursos para afundar o seu navio que os que usaria para salvá-lo. Se ele o guinasse um pouco mais para o vento, ele estaria perdido, e se o fizesse, não deliberadamente, mas por mera falta de atenção, ele estaria igualmente perdido... Portanto, fique alerta!*
>
> Epiteto

Este é um desafio que Melissa tem ainda que resolver. Embora ela se sinta presa à fase de iniciação, foi capaz de lançar algumas idéias para as três fases seguintes. "Pelo menos, sei o que tenho de fazer agora. Penso que se eu invocar a minha aliada, a meditação, isso mudará a minha atitude mental e me tirará do buraco em que me encontro neste momento", disse.

Melissa examinou sua ficha visual, depois que escreveu a ficha verbal, e declarou: "Preciso tornar a desenhá-la, de modo que o fio ultrapasse a nuvem, chegue à minha mão e vá até o ponto de celebração. Preciso desenhar uma alavanca qualquer que puxe o fio para cima, comigo agarrada a ele." Pensou mais um pouco e acrescentou: "Ou talvez que a outra ponta do fio venha a dar diretamente em minha mão livre, de forma que eu mesma seja a minha própria alavanca e, puxando a ponta do fio, consiga sair do poço!"

É impossível gozar plenamente o "dolce far niente", a menos que tenhamos muito trabalho para fazer.

Jerome K. Jerome

Ela, na verdade, não tornou a desenhar o fio, mas a percepção que teve de tirar a si mesma do poço – que era estar assoberbada de trabalho –, mostrou-lhe o caminho através do qual ela poderia restaurar o equilíbrio que sentia estar lhe faltando.

O exemplo de Melissa vale para mostrar como as idéias aparecem quando você completa essa autoverificação. Não precisa imaginar nada para fazer isso. Apenas olhe o que desenhou e escreveu e veja o que lá está expresso.

Antes de dar início à sua ficha verbal, considere, por alguns minutos, a sua vida. Observe como ela é parecida com a de Teseu, com pessoas que o amam, terras maravilhosas para explorar e o seu trabalho por fazer.

Agora, faça como Melissa fez, e escreva uma resposta para cada uma das etapas da jornada do herói. Você pode escrever uma única palavra ou um parágrafo inteiro. Não censure o que escrever. Deixe que as palavras fluam. Essa ficha é sua, particular, e ninguém precisa vê-la, a menos que você a mostre para alguém.

Uma vez que tenha completado a ficha verbal, veja o que desenhou e escreveu, sem se preocupar em descobrir onde se encontra neste caminho especial. Você achará interessante comparar as fichas e ver que diferença nota em si mesmo após terminar os exercícios deste capítulo.

Tome a sua decisão agora!

Freqüentemente, a principal razão de permitirmos que o nosso trabalho assuma o comando é que não paramos para perguntar: "É isso o que eu quero realmente? É algo que irá beneficiar tanto a mim como às outras pessoas?" Simplesmente continuamos o trabalho, porque é o que esperam de nós ou porque nem nos ocorre que possamos ter outra opção. Como Teseu, seguimos o caminho que nos foi traçado por outra pessoa, ou o caminho que nós mesmos traçamos, mas sobre o qual não questionamos.

Ficha Verbal da Jornada
Onde estou no início desta jornada
Data: _____

INOCÊNCIA (Sinto-me bem na minha situação)

O CHAMADO DA AVENTURA (Identifico e reconheço o meu desafio)

INICIAÇÃO (Sou realmente posto à prova)

ALIADOS (Encontro incentivo e ajuda)

ROMPIMENTO (Chego a uma nova percepção ou resolução)

CELEBRAÇÃO (Regresso, diferente, ao lar)

Trabalho é uma palavra de oito letras. Cabe a você decidir se essas oito letras significam "fardo" ou "amor". O trabalho, em geral, só é um fardo porque não gratifica a nossa alma. O segredo está em colocar o coração onde o talento possa florescer. Este velho mundo começará realmente a girar quando o trabalho se tornar uma expressão jovial da alma.

Al Sacharov

Podemos até acreditar que gostamos, realmente, do que estamos fazendo. Então, um dia acordamos e perguntamos: Onde está a minha alma? Quem é importante em minha vida? Qual foi a última vez em que tive a chance de me divertir? É nesse momento que compreendemos que talvez tenhamos nos guiado pelo piloto automático, quando traçamos o nosso caminho através da vida. Talvez tenhamos esquecido de ficar atentos à intuição e ao discernimento quando tomamos algumas de nossas mais importantes decisões. Talvez tenhamos esquecido que, na verdade, é saudável não ser profissional e responsável o tempo todo.

Se você deseja equilíbrio ou sinergia em sua vida, tem de tomar decisões que sejam absolutamente certas, em todas as situações que enfrentar. O problema que provavelmente terá de encarar é que nem sempre você tem o discernimento suficiente para aceitar, dentro de seu íntimo, a decisão que tomou. Assim, na próxima semana, viva segundo o lema: "Tome a sua Decisão Agora!" Sempre que pensar em fazer alguma coisa, pergunte a

> Tome a sua Decisão Agora!

si mesmo: "É *sim* ou *não*?" E observe qual a decisão que já tomou intimamente.

Não se contente com um *talvez*. Reconheça que, na hora da verdade, tudo na vida é *sim* ou *não*. Observe como o equilíbrio abandona a sua vida quando você hesita em pequenas decisões que poderiam ser tomadas instantaneamente: "Saio para jantar ou fico em casa?" "Devo ir-me agora ou trabalhar mais uma hora?" "Sorvete de chocolate ou de pistache?"

Comece com estas pequenas decisões e deixe a sua intuição agir. Reconheça que, no íntimo, você já tomou a decisão. Observe a sua intuição natural. Quanto mais você o fizer, mais ela estará a seu serviço.

Não pare nas pequenas decisões. Observe como você toma grandes decisões, resoluções que mudarão a sua vida, nas quais você estava, possivelmente, encalhado. "Devo me mudar para Seattle?" "Quero me demitir de meu emprego?" "É esta a pessoa com quem quero passar o resto de minha vida?"

Às vezes ficamos bloqueados, pensando que temos de tomar a decisão certa. Mas qual é a decisão certa? Como podemos saber? Pouco importa quantos elementos reunimos – somente ao vermos o que a vida nos apresenta, podemos avaliar o resultado de nossas decisões. Na verdade, não existem decisões certas ou erradas. Somente *opções* e *conseqüências*. Portanto, ouça a voz de sua sabedoria interior para ver que opção ela está lhe sugerindo. Tome a sua Decisão Agora! E, a partir de então, seja um herói cotidiano. Faça essa opção e veja a que aventuras as conseqüências o levarão. A seguir estão algumas coisas específicas que você pode fazer.

- Conceda a você mesmo um curto período de silêncio (de dez a trinta minutos) para entrar, diariamente, em sintonia com a sua própria essência e, especialmente, com a sua intuição. Ande ou medite durante esse tempo.
- Elimine do seu vocabulário as palavras *talvez*, *quem sabe* e a frase *não estou certo*, durante uma semana. Tome decisões sem hesitar com os *e se*. Veja como se sente, veja o que acontece.
- Tome todas as suas decisões diárias, na base de *sim* ou *não*.
- Tome, pelo menos, uma decisão importante para sua vida, na base intuitiva de um sim ou de um não.
- Antes de dormir, escreva uma pergunta para a qual você gostaria que um sonho lhe desse a resposta. Anote esse sonho ou pensamentos ou sentimentos ao acordar, e depois examine-os para ver o que podem oferecer em resposta à sua pergunta.

É importante viver segundo este lema, com convicção. Tenha-o em mente o tempo todo. Escreva-o e mantenha-o num lugar bem visível, como um lembrete. A cada dia, reserve um certo tempo para fazer uma revisão das últimas vinte e quatro horas. Como é que você equilibrou a sua vida pessoal e profissional? O que decidiu fazer? Como tem sido "Tomar a Sua Decisão Agora", em vez de resvalar para o automático?

Ao fazer essa revisão diária, escreva breves notas, para si mesmo, na margem deste livro ou em seu diário. Registre quaisquer sentimentos ou acontecimentos que tenham algo a ver com o seu caminho para um equilíbrio pessoal e profissional. Faça rabiscos para captar os seus sentimentos ou o que aconteceu. Torne isso agradável. Que seja um *sim*! Encontre modos de se entreter. E Tome a sua Decisão Agora!

– A JORNADA –

Você pôs-se a caminho rumo a um equilíbrio pessoal e profissional, refletindo sobre a analogia entre a história de sua vida e a história de Teseu e do Minotauro. Você preparou fichas visuais e verbais sobre a sua posição nesta jornada e começou a viver segundo o lema deste capítulo. Com efeito, você saiu do estado de inocência para atender ao chamado da aventura. Você respondeu sim ao desafio de explorar a possibilidade de uma maior sinergia entre sua vida pessoal e a profissional.

Olhe para o que você faz

As coisas com as quais preenchemos a nossa vida são importantes por uma série de razões. Algumas consomem enorme quantidade de tempo de nosso dia; outras são importantes, mas exigem muito pouco tempo. Guiar até o parque mais próximo ou subir ao topo de uma colina para ver o pôr-do-sol toma bastante tempo, mas admirar o pôr-do-sol no caminho de casa não exige nenhum tempo extra.

Algumas coisas são essenciais. Por exemplo, comer é essencial. Se você é motorista de ônibus, guiar é essencial. Goste ou não, essas coisas constituem uma parte essencial de sua vida pessoal ou profissional.

Algumas coisas que fazemos, é somente por um senso de dever ou de responsabilidade. Se você não tem interesse em plantas, mas rotineiramente cuida de algumas que o seu vizinho lhe deu, você não o faz porque quer, mas porque acha que deve fazê-lo. Este também pode ser o caso de você ficar até mais tarde no trabalho completando telefonemas, porque ninguém mais o fez.

Existem certos aspectos de nossa vida pessoal e profissional que fazem com que nos sintamos bem, como correr uma milha sem sentir cansaço, realizar uma transação comercial de sucesso, ajudar alguém.

Que atividades-chave você escolheria para preencher a sua vida e como elas se encaixam em cada uma das categorias seguintes: "ocupam muito tempo", "essenciais", "realizadas por um sentimento de dever", "sensação de sentir-me bem"? Escreva abaixo as suas atividades-chave, pessoais e profissionais, dentro das categorias que considere apropriadas. Algumas delas se encaixarão em mais de uma categoria. Isso é natural.

Veja as atividades que você na sua lista considerou pessoais ou profissionais. Desenhe um círculo ao redor das que são profissionais e faça uma avaliação das mesmas dentro das quatro categorias. Comece a distinguir as características das suas opções. Se achar que elas se encaixam em outras categorias que não estas quatro, aproveite o espaço que sobrar no final do exercício para especificar as características e atividades a que elas se referem. O que isso lhe diz sobre o que determina o tipo de equilíbrio em sua vida?

Ocupam tempo

Essenciais

Sentimento de dever

Sensação de sentir-me bem comigo mesmo

   Como a sua vida lhe parece quando você junta tudo isso? Você já fez um resumo disso nas últimas duas páginas. Como a sua vida pessoal e a profissional conseguem se equilibrar? Qual delas consome mais tempo e energia? Qual a mais agradável? Quais são os aspectos mais gratificantes de cada uma? Que aspectos você gostaria de eliminar?
   Leia as instruções abaixo e reserve uns minutos para executá-las, fazendo uma pausa a este sinal (....). Escute o que a sua intuição lhe diz sobre a sua vida pessoal e profissional. Não existe uma forma específica de fazer o exercício. Você pode chegar a uma verdadeira imagem visual ou simplesmente a uma noção intuitiva do equilíbrio. Veja o que acontece.

O equilíbrio

Sente-se confortavelmente e feche os olhos. Inspire e expire profundamente. Sinta o ar entrando e enchendo completamente os seus pulmões. (....) Retenha-o por uns segundos (....) e depois sinta-o deixando os seus pulmões e se dispersando. Faça isso quatro ou cinco vezes. (....)

Pense na sua vida pessoal. Que cenas, pessoas e situações lhe ocorrem à mente? (....) Como é que você está se sentindo? Apenas observe os sentimentos e as imagens mentais que chegam até você. (....)

Agora, pense em sua vida profissional. Que cenas, pessoas e situações lhe ocorrem à mente? (....) Neste instante, como está se sentindo? (....)

Imagine uma balança gigantesca – uma dotada de dois pratos sustentados por dois braços. Imagine que todas as imagens e sensações que você teve estejam sobre ou perto dessa balança. (....) O que está e o que não está colocado nos pratos? Que lado pesa mais? (....)

Sente-se, tendo em mente essa imagem por alguns minutos. (....) Depois, abra os olhos e volte ao livro.

Pense na ilustração da balança como a balança de sua vida: o que estaria colocado em cada lado? Use marcadores coloridos ou lápis de cor para desenhar o que está sobre a sua própria balança pessoal. Use toda a sua imaginação. Tente captar as imagens e os sentimentos que teve, quando de olhos fechados. Não se preocupe se o seu desenho não parecer uma obra de arte! O importante é você captar o seu senso intuitivo das coisas.

O que descobriu ao terminar esta atividade? Como é que a sua balança se equilibra? Que coisas pesaram mais? Qual o lado mais leve? Escreva as impressões sobre os seus desenhos, nas margens ou em seu diário.

Agora tente o seguinte: olhe para os desenhos como se outra pessoa os tivesse feito, e como se você os visse pela primeira vez. Faça de conta que não sabe nada sobre a pessoa que desenhou as figuras, nem o que elas significam para essa pessoa. O que você vê? Que opções de vida parece o artista ter apresentado? Que história essas figuras contam? Escreva abaixo as suas respostas, ou em seu diário.

Qual é a sua decisão agora?

Lembre-se, o objetivo de chegar a um equilíbrio pessoal e profissional não consiste, na verdade, em manter a balança com os dois pratos completamente cheios e na horizontal. Consiste numa balança que possa pender ora para um lado, ora para outro, de acordo com as demandas da situação. Assim, você não ficará preso, como aconteceu a Teseu, devido a um lado de sua vida dominar fortemente o outro.

O seu desafio não está em apenas descartar tudo o que causa desequilíbrio. Isso não é, realmente, tentar resolver o problema. Seu desafio está em restabelecer um equilíbrio dinâmico que irá energizá-lo, permitindo que você mergulhe em seu trabalho, quando necessário, e que se dedique plenamente à sua vida pessoal ou a seu lazer, em outras ocasiões.

Talvez você tenha algumas idéias sobre coisas que poderiam ser diferentes. Como, por exemplo, reorganizar as coisas que ocupam um tempo excessivo. Reconsidere se algumas das coisas que julga essenciais realmente o são. Você pode querer deixar de dar tanta atenção às coisas que faz ou às pessoas com quem você despende muito tempo, por um sentimento de dever, e ver se existe algum outro meio de resolver a questão. Você pode decidir colocar na sua vida pessoal e no seu trabalho mais elementos que o façam sentir-se bem consigo mesmo.

De modo geral, é mais fácil ter uma idéia do que pô-la em prática. Tudo se resume em tomar decisões. Coloque em pauta um problema muito importante para você, mas que ainda você não teve como resolver. Dedique, agora, alguns minutos para deixar clara esta tão importante opção que você pode ter a respeito de sua vida. Quanto mais drástica a idéia, melhor. O que precisa mudar? Como posso chegar a essa mudança?

Escreva no espaço abaixo a sua idéia ou o seu problema sob a forma de uma pergunta para si mesmo, começando com a palavra: Devo? Formule-a de maneira que possa ser respondida com uma de duas alternativas. Por exemplo: Devo continuar no meu emprego atual? Sim ou Não? Devo pegar o emprego A ou o B? – ou – Devo fazer isto ou aquilo?

Bem, o que você acha? Deve? Você pode não se sentir em condições de tomar ou não a decisão ou de tomar ou não a atitude a respeito do que escreveu.

Existe uma maneira mais fácil de fazê-lo. Atirar a moeda! Isso mesmo! Foi o que dissemos.

"Calma", você diz. "Escutem aqui, vocês não vão querer pôr a minha vida na fogueira com um jogo de azar! Eu pensei que este livro estivesse cheio de orientações psicologicamente sensatas sobre o meu caminho através da vida. O que significa essa sugestão de 'atirar a moeda'?"

Tenha paciência e confie em nós. Pegue uma moeda e deixe-a uns instantes na mão, enquanto você se recorda do seu problema. Trata-se de um problema importante que você não teve jeito de resolver; comprometa-se, agora, a submeter-se à solução apresentada pela face da moeda. Você fará aquilo que a face da moeda indicar. Assuma esse compromisso – já!

Agora decida o que vai ser o *sim* – a cara ou a coroa (uma alternativa); ou o que vai ser o *não* (a outra alternativa).

Atire a moeda e veja o que acontece. Escreva o que deu – cara ou coroa – sob as moedas ilustradas ao lado.

Considere a possibilidade de ter realmente concordado com o resultado obtido. Você está disposto a acatar essa decisão? Ou você gostaria de fazer o jogo do "melhor de três"?

Não atire a moeda já. Tome a sua decisão agora! Na verdade, não pretendíamos que você atirasse novamente a moeda. Nós quisemos pegá-lo. A questão não está em como a moeda cai. Nem mesmo em você fazer o que a moeda indica. A questão está – em qual foi a sua reação quando lhe sugerimos que poderia jogar a moeda três vezes. Isso revela qual a decisão que já existia dentro de você.

Se se sentiu satisfeito com a possibilidade de agir segundo o sim ou o não que teve como resposta, isso implica que a sua intuição está indicando que essa é uma idéia que você poderia, de fato, pôr em prática. Se, por outro lado, você quisesse jogar a moeda de novo, o que isso lhe diz? Sugere que você não estava cem por cento satisfeito com a sugestão. Se estivesse, por que poria em risco a sua decisão diante da possibilidade de dois resultados negativos? Você talvez hesitasse em pôr essa decisão em jogo. É possível que não o soubesse, conscientemente, mas a sua intuição sabia.

Reflita sobre o que se passou agora mesmo e sobre como pode seguir a voz da sua intuição a respeito da decisão que já existe dentro de você. Saiba que, qualquer que seja a decisão, ela sempre esteve dentro de você, de alguma forma. Continue a tomar decisões e fique atento. Você não precisará nem mesmo jogar a moeda para ter imediatamente conhecimento da sua própria resposta.

Sinergia entre a sua vida pessoal e a profissional

Vire a figueira para o lado o qual ela deve se inclinar e, quando você for velho, sente-se à sua sombra.

Charles Dickens

A palavra *sinergia* é tradução literal de um verbete grego que significa "trabalhando juntos". Num determinado ponto da história de Teseu, a sua vida pessoal e a profissional se entrosaram, de forma que uma deu realce à outra. Ariadne apaixonou-se por ele devido à sua natureza heróica, e ele pôde ser heróico porque ela o estava apoiando. Quando encaramos a relação entre a nossa vida pessoal e a profissional sob essa luz, a questão não está mais em "Eu estou trabalhando demais. Preciso parar a fim de 'viver' a minha vida – e sei que não posso ter as duas coisas". Pelo contrário, cada parte de sua vida pode melhorar ou realçar a outra. O resultado é que tudo parece se encaixar: quanto mais plena a vida pessoal, mais plena será a profissional.

Na filosofia chinesa, a idéia de sinergia e de entrosamento recíprocos faz parte do que é conhecido como Tao, ou "o caminho". A forma de se ter uma vida gratificante é viver de tal modo que as várias partes da vida fluam naturalmente uma da outra, não sendo separadas por compartimentos ou entrem em conflito entre si, disputando a nossa atenção.

Isto é representado pelo símbolo de dois opostos complementares, de tal modo inter-relacionados que ambos são imprescindíveis para formar o todo. Talvez você tenha visto muitas vezes este símbolo da união do Yin e do Yang.

O negro (Yin) representa o mistério, o domínio da receptividade e da profundeza, o reino simbólico feminino. O branco (Yang) representa o reino da luz brilhante, onde as coisas são claras e conhecidas, o reino da atividade e da conquista, o reino simbólico masculino. Juntos eles formam um círculo, o símbolo da plenitude e do infinito. Não são duas entidades estranhas; dentro de cada uma delas se encontra um círculo perfeito do oposto. Que símbolo poderoso para representar o equilíbrio de nossa vida profissional e pessoal! Não se trata, definitivamente, do equilíbrio de aspectos estáticos, apartados, não-relacionados e claramente definidos da vida; trata-se de um equilíbrio fluido e dinâmico em que os dois elementos estão inextricavelmente relacionados, e aí está a chave do seu poder.

Esta é uma forma muito diferente de considerar o relacionamento de sua vida pessoal e profissional, do que a apresentada pelo equilíbrio da balança. Procure ver a partir desta perspectiva Yin-Yang e do símbolo que apresentamos; use cores ou palavras para mostrar como o seu trabalho e o seu lazer se comportam ou poderiam se comportar sinergicamente.

O que você vê em seu diagrama? Observe-o e escreva os seus comentários no diário.

Outra forma de chegar à sinergia

Eis outra forma de jogar com os elementos de sua decisão. Em seu diário ou num pedaço de papel, divida uma página em branco em quatro partes, com um círculo no meio. (Veja o exemplo ao lado.) Você fará um desenho ou um símbolo em cada uma dessas partes e permitirá que a sua intuição tome a decisão por você; banque o Sherlock Holmes, enquanto isso.

Desta vez, os desenhos se referirão ao equilíbrio dos aspectos profissionais e pessoais de sua vida, porém, você pode adaptar este processo virtualmente a qualquer decisão que você tenha de tomar. Ponha uma música, apenas música, para tocar no mínimo por vinte minutos, enquanto você se dedica a essa atividade. Uma peça clássica e romântica é o mais recomendável. É importante, como você verá, que a música não termine até você completar os quatro desenhos. Procure, sem pressa, uma gravação em fita, um disco ou um programa de rádio.

1. Pegue uma caneta ou lápis de uma cor que lhe agrade e desenhe um rápido símbolo para a sua vida pessoal em uma das quatro divisões da figura. Não importa que não fique perfeito.

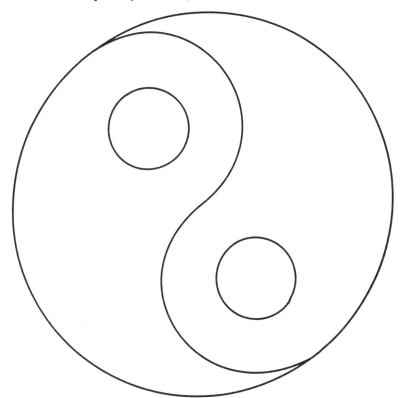

2. Na divisão ao lado, desenhe um rápido símbolo para a sua vida profissional. Repetimos: deixe que a sua mão desenhe algo, e não a sua mente.
3. No terceiro espaço, desenhe uma figura mais complexa. Faça os dois símbolos juntos neste espaço para ilustrar o seu relacionamento, agora, com a sua vida. Você pode repetir os dois símbolos, ou pode mudar-lhes a dimensão ou as cores ou traçar umas poucas linhas. Ou, então, desenhar algo completamente diferente, desde que você, metaforicamente, reúna a sua vida pessoal e a profissional no mesmo espaço e veja como coexistem.
4. Agora, observe os símbolos do seu terceiro desenho. Apenas os observe. Afaste qualquer pensamento de sua mente. Apenas observe os símbolos. Ouça a música e imagine os símbolos dançando juntos ao ritmo da música. Imagine-os fluindo e mudando de acordo com a música. Após mais ou menos um minuto, feche os olhos e continue a imaginar os símbolos dançando harmoniosamente ao som da música.
5. Na quarta parte, desenhe o que observou acima para mostrar como os símbolos se tornaram harmoniosos e se modificaram com a música. Atenha-se, apenas, às formas e cores.
6. Observe o seu último desenho. Em que ele difere do anterior? Que cores, dimensões e formas são diferentes? Quais as novas imagens que apareceram? O que isso lhe sugere a respeito de um relacionamento diferente entre a sua vida pessoal e a profissional? Use a sua criatividade mental; extraia todas as associações que possa de seu desenho; preste atenção às transformações nas imagens que sejam encaradas como mudanças metafóricas que você poderia introduzir em sua vida.
7. Agora que você visualizou uma configuração mais harmoniosa de sua vida pessoal e profissional, o último passo consiste em transformá-la em realidade. Como fará isso? De que nova maneira irá encarar as coisas? No círculo do meio, escreva uma palavra ou frase que resuma a sua conclusão pessoal a respeito de como alcançar o equilíbrio que almeja. Escreva o seu próprio lema!

Encontre o seu guia

Você está, agora, tomando decisões de forma mais rápida e eficiente? Essa maneira mais rápida e eficiente de tomar decisões o está conduzindo a um maior equilíbrio e sinergia em sua vida? Se as suas respostas são sim ou não, você poderá se tornar mais eficiente se reconhecer que as suas decisões possuem um jeito concreto de falar à sua intuição. O exercício que segue permitirá que você imprima à sua intuição uma forma e veja o que ela tem a lhe dizer. Se já tem a sensação de contar com um guia interior, essa atividade poderá vir a ser fácil e divertida; se não tem, o exercício lhe proporcionará algumas revelações interessantes.

Para entrar em contato com a sua intuição, você precisa estar relaxado e receptivo. Desligue o telefone e certifique-se de que, nos próximos vinte minutos, nada o perturbará.

Leia as instruções duas ou três vezes e depois feche os olhos e comece a meditar. Ou grave-as em ritmo lento numa fita e a toque. Se optar por esta forma, pare nos pontos assinalados a fim de ter tempo suficiente para relaxar e visualizar as imagens descritas. Ou peça a um amigo que leia as instruções para você.

Após a meditação, não somente escreva como desenhe em cores o que aconteceu. (Assegure-se de ter os lápis à mão, para não interromper o seu estado de relaxamento.)

> *Quando um homem está ocupado, por que o lazer lhe parece um imenso prazer? Acredite: se estiver dedicado ao lazer, então vai querer, imediatamente, ficar ocupado.*
>
> Robert Browning

Sente-se confortavelmente, com as costas retas e apoiadas e feche os olhos. Observe como se sente. Sinta as costas de encontro ao espaldar da cadeira e os seus pés no chão. (....) Sinta a cabeça no alto do pescoço e imagine que um fio invisível, partindo do topo da sua cabeça, a está mantendo ereta. (....)

Observe o seu cérebro. Sinta-o postado no centro de sua cabeça. Se ruídos e pensamentos interferirem, observe-os e deixe-os passar. Não os retenha. (....)

Observe a sua respiração. Fique atento à sua respiração à medida que ela penetra na garganta e nos pulmões. Sinta o ar entrar e encher os seus pulmões, de forma a permitir que você respire profundamente, até que o seu abdome e o seu ventre se levantem e se abaixem. (....) Se levantem e se abaixem. (....) Imagine o ar enchendo todas as partes sob a sua pele, de forma a você se tornar um ser pleno de ar, sentado silenciosamente e respirando. Sendo (....)

Agora, imagine que você está seguindo por uma trilha que corta uma campina ensolarada. Essa trilha leva-o a um bosque distante. Imagine ou sinta isso da maneira mais real que puder, observando o que vê, o que ouve, a sensação que a relva lhe transmite e o perfume que você sente. Você pode até mesmo colher uma amora e comê-la, para ver que gosto tem. (....)

Ao entrar no bosque, você verá uma caverna. Seu interior está iluminado por centenas de velas. (....) Uma criatura muito sábia está na caverna, esperando por você. Espere um pouco antes de entrar na caverna – observe o que há dentro dela – observe a aparência daquela criatura e a cumprimente. (....)

Essa criatura muito sábia preocupa-se com você e com a sua trajetória na vida. Pergunte-lhe tudo que quiser e fique atento às suas respostas. Tenha a certeza de se lembrar delas, após deixar a caverna. (....)

Essa criatura muito sábia tem um presente para você – algo da própria caverna. Receba-o com gratidão, pois é valioso. (....)

Chegou o momento de dizer adeus àquela sábia criatura. Saiba que você pode voltar a visitá-la quando quiser e que ela poderá visitá-lo, mesmo sem o seu conhecimento. Diga adeus e retorne através dos campos. (....)

Respire profundamente para aspirar o ar do aqui e agora, neste quarto, e abra os olhos quando estiver em condições. (....)

O que aconteceu? Escreva algumas notas na margem ou no seu diário a fim de registrar os pontos principais desse encontro. Depois use cores para captar a essência da sua experiência. Seu desenho não tem de se parecer com algo que os outros possam entender. Precisa apenas ter significado para você.

Concentre-se e deixe a intuição solta

Uma forma de reconhecer que a sua vida profissional e a pessoal estão equilibradas, é você ser capaz de se dedicar àquilo que faz, com toda a atenção e energia. Como já dissemos, você pode estar tão enfronhado em seu trabalho que, aos olhos de um terceiro, possa parecer que a sua vida não esteja equilibrada. Mas depois, se puder se absorver numa atividade de lazer com igual concentração, aí está o equilíbrio. No equilíbrio dinâmico você experimenta uma total sensação de plenitude. Um sinal disso consiste na capacidade de participar de maneira completa do presente, seja ele qual for.

De fato, se você puder chegar a uma tal concentração, descobrirá que problemas ou perguntas que tenha no fundo da mente, serão inesperadamente solucionados.

Pedimos-lhe que ponha em prática esse sentido de absoluta concentração, de forma especial. Recorde a pergunta que fez para atirar a moeda ou, se já foi respondida, imagine outra pergunta importante que queira fazer sobre a sua vida. Pense em algo com que se tenha debatido ultimamente e escreva essa pergunta no espaço previsto, na margem.

Agora que ela está segura, no lugar certo, esqueça-a por algum tempo. Isso pode ser difícil de fazer, mas o fato de tê-la escrito significa que você não precisa conservá-la dentro da sua cabeça. Você pode livrar-se dela, nesta página, e depois voltar a ela mais tarde.

Agora, você será desafiado a fazer algo muito difícil.

Nas próximas vinte e quatro horas, descubra uma coisa que quer fazer e empenhe cento e cinqüenta por cento de você nessa empreitada. Pode ser algo como se concentrar em comer uma coisa de que gosta em especial, em jogar um determinado jogo que o absorva, lavar pratos, andar ou sentar-se num lugar que ative todos os seus sentidos. Faça algo que o envolva completamente. Concentre-se nessa atividade de forma a estar verdadeiramente aí, com ela, no presente. Se não puder pensar em nada que queira fazer e que tenha o dom de absorvê-lo, então o desafio é duplo!

Tudo o que você tem a fazer é ficar profundamente mergulhado em alguma atividade ligada à sua vida profissional ou pessoal. Então, imediatamente após ter completado essa atividade tão absorvente, torne a ler a pergunta que escreveu no espaço que lhe foi reservado, pegue um lápis ou uma caneta e comece a discorrer sobre ela, neste livro ou em seu diário. Não pare para pensar ou analisar. Simplesmente preocupe-se com o caso em pauta e escreva. Deixe que a sua sábia intuição guie a redação. Escreva pelo menos durante uns dois minutos. Então leia o que foi escrito e veja que novo ângulo ou perspectiva pode emergir.

Você acabou de enfrentar algumas aventuras no seu caminho rumo ao equilíbrio dos lados pessoal e profissional de sua vida. Talvez você tivesse partido de algum ponto como Teseu, e ficado tão emaranhado em sua vida profissional, que a sua vida pessoal tornou-se inexistente. Talvez você tenha se sentido numa gangorra louca. Ou, quem sabe, sua vida esteve bem equilibrada quase o tempo todo e você tenha escolhido esse desafio a fim de ver se conseguiria, virtualmente, mantê-la equilibrada para sempre.

Até agora, você deve ter identificado os aspectos de sua vida que pretende melhorar, e os que deseja eliminar do centro do palco. Você, por diversas vezes, invocou a intuição, para que ela fosse sua aliada nesse desafio – uma aliada que Teseu não procurou, com muita freqüência, em sua aventura.

Resta agora comemorar esta sua vida recém-equilibrada. Essa celebração faz parte do retorno do herói. Como um herói cotidiano, você está prestes a regressar ao lar, à sua vida pessoal e profissional, com maior conhecimento de como viver em harmonia e equilíbrio sinergético.

– O RETORNO –

Conquiste o equilíbrio pessoal e profissional

Como possivelmente você terá constatado, durante o curso de seu caminho para a conquista do equilíbrio pessoal e profissional, sua sabedoria interior, sob a forma de intuição, guardou o segredo da harmonia desses dois aspectos de sua vida. Você aprendeu com Teseu que não são as coisas em que prova a sua grande força que lhe trarão sucesso nesse domínio; o verdadeiro sucesso deriva de aceitar e seguir o fio que o conecta à intuição.

Pedimos, a seguir, que você faça a sua declaração de herói e que identifique outras maneiras de não se esquecer do seu fio. Como transformará em realidade a sabedoria que adquiriu? E que imagens visuais captam o melhor senso de equilíbrio em sua vida? Como seria viver uma vida de harmonia pessoal e profissional? Acrescente essas respostas às perguntas constantes da sua declaração de herói.

– DECLARAÇÃO DO HERÓI –

O perfeito equilíbrio pessoal e profissional de minha vida consistiria em

A imagem visual que melhor capta esta essência de equilíbrio sinergético é

As coisas específicas que me farão lembrar do fio que me conecta à minha intuição são

Um dia de cada vez

Agora que você fez uma exposição de como seria a sua vida equilibrada, agora que identificou certos procedimentos específicos por meio dos quais permaneceu em contato com a sua sabedoria intuitiva, o desafio reside em viver equilibrado diariamente.

Teseu viveu em equilíbrio por um espaço muito curto de tempo, e depois optou por descartá-lo. Vendo o quanto isso é fácil, mesmo se souber mais, o teste da sua jornada neste caminho está na oportunidade de mudar a maneira de viver, com equilíbrio, a sua vida de todo dia.

Este exercício pede que você tente viver apenas um dia – plenamente em contato com o seu guia interior, em tudo o que fizer – de forma que esse dia contribua para um profundo e harmonioso senso de equilíbrio dinâmico em sua vida. Faça isso quando tiver pela frente um dia bastante normal e souber que poderá voltar ao seu livro dentro de vinte e quatro horas.

Antes de dar início ao seu dia, escreva, no espaço abaixo, ou desenhe o que você precisa saber sobre o equilíbrio da sua vida.

Isto parece uma ordem. Você acabou de fazer algo assim, não é mesmo? Desta vez, no entanto, pedimos-lhe que dê ênfase ao desafio de uma forma essencialmente diferente. Não pense de maneira intelectual a respeito, como talvez o tivesse feito antes. Apenas deixe que uma espécie de sentimento ou de convicção brote intuitivamente.

Fechar os olhos e recordar o cantinho calmo e quieto que existe dentro de você poderá ajudá-lo.

O Equilíbrio em Minha Vida

Agora, sem esquecer o fator equilíbrio faça tudo o que você faria normalmente durante as próximas vinte e quatro horas.

Nesta mesma hora, amanhã, abra o seu livro nesta página e reserve, de novo, alguns momentos para se lembrar daquele cantinho calmo e sereno que existe dentro de você. Reflita a respeito de como viveu as últimas vinte e quatro horas.

O que aconteceu?

O que você fez e que atitudes tomou que estimularam a sua vida? O quanto você, conscientemente, prestou atenção ao fator equilíbrio nestas vinte e quatro horas? Até que ponto você usou o piloto automático?

Anote, no espaço respectivo ou em seu diário, as suas observações a respeito desse dia. Certifique-se de incluir quaisquer notas para si mesmo, sobre mudanças importantes que tenha notado e sobre circunstâncias que o levaram a se esquecer do equilíbrio.

Observações a respeito de viver em equilíbrio durante um dia.

Avaliação: Trace o seu caminho rumo ao equilíbrio

Agora você está pronto para fazer uma nova ficha visual e verbal a respeito da sua caminhada. Como você mudou? Como mudou em termos de sua posição no caminho do herói cotidiano, visando conquistar um equilíbrio sinergético dinâmico entre os aspectos pessoais e profissionais de sua vida?

Não volte ainda às fichas que fez no início deste capítulo. Lembre-se de que as fichas visuais constituem uma espécie de traçado intuitivo de sua posição no caminho visando solucionar o desafio de conquistar um equilíbrio pessoal e profissional. A ficha verbal é a oportunidade de caracterizar esse desafio em sua vida, neste momento, em termos de uma jornada de herói. Como pessoas e acontecimentos reais de sua vida têm analogia com aspectos dessa metáfora?

Prepare as fichas verbal e visual em seu diário ou numa folha avulsa. Reserve, bem quieto, alguns momentos para ficar atento à sua respiração. Permita que a lembrança de sua jornada, durante a semana passada, entre em foco. Use cores para pintar uma figura ou outros símbolos que, na expressiva ficha visual, representem você, em seu caminho. Escreva depois, na sua ficha verbal, comentários a respeito da sua posição com relação às etapas deste desafio.

Reflexões sobre o seu caminho

Agora que você chegou ao fim deste capítulo e trabalhou durante aproximadamente uma semana no desafio concernente ao equilíbrio, escreva uma carta para si mesmo, falando de suas experiências em seu caminho. Isto pode servir para consolidar e legitimar a sua experiência até o presente momento.

Você pode guardar essa carta ou declaração como uma prova evidente da sua jornada até agora. Então, se sentir necessidade de trabalhar mais especificamente nesse desafio no futuro, ou desejar apenas uma ajuda com referência à sua capacidade de conquistar equilíbrio na vida, você poderá retornar a esta análise e ver o que conseguiu.

Comemore!

Como você está comemorando o término deste desafio? O que está fazendo para se congratular com o sucesso da sua jornada? Como está fazendo uma demonstração pública de suas mudanças intrínsecas? Certifique-se de, nos dias vindouros, continuar a manter-se grato e a comemorar o seu caminho e o seu equilíbrio sinergético na vida.

O QUINTO DESAFIO

9

Descubra o Seu Caminho Para a Prosperidade

Todas as maravilhas que você precisa estão dentro de você.

Sir Thomas Browne

Atingir o aparente sucesso convencional representado pelo dinheiro, pelo poder e pelo reconhecimento não parece ser tudo aquilo que deveríamos imaginar. No exato momento em que pensamos ter ganho a taça, surge algo em algum ponto de nossa vida para nos fazer sentir no fundo do poço. Depois, vindo como se fosse do nada, descobrimos que a vida tornou a dar um pulo para a frente.

O que, em meio a toda essa mudança, permanece constante? O que permite que nos afastemos continuamente do estado de inocência e atendamos ao chamado, pulemos para dentro do poço da iniciação e encontremos aliados que nos ajudarão a subir até o rompimento e a celebração – sempre e sempre?

Somente uma resposta nos chega através dos tempos: a necessidade de conhecer, transformar e preencher o verdadeiro eu, a essência interior, a fonte criativa interior. Os sábios continuam a nos dizer "Conhece-te a ti mesmo", e nós continuamos a nos esquivar disso, na esperança de que um pouco mais de dinheiro, ou de nos tornarmos os filhos e filhas que nossos pais sempre sonharam, ou comer uma comida especialmente gostosa, resolverá o problema!

E, no entanto, conhecer a si mesmo não é impossível. Você apenas tem que contar com uma fonte interior de compaixão. Porém, isto não significa pieguice de benfeitores, mas uma bondade afetuosa, em primeiro lugar para consigo mesmo e depois para com o próximo. Este sentimento é uma afirmação tácita de que você, e assim também o próximo, possuem uma criatividade ilimitada dentro de si. É ainda uma afirmação de que você é o canal ou instrumento de uma criatividade muito maior – de tal forma que pode se sentir desapegado de todos os prêmios que receber quando tornar realidade o verdadeiro eu.

Quando tiver chegado a esse sentimento, terá, sem dúvida, alcançado a prosperidade.

Você pode se surpreender com a história que escolhemos para ilustrar essas verdades: Cinderela. Quando reler essa história imortal (que tem sido narrada de maneiras infinitas através do mundo), extrairá muito mais dela do que podia, quando criança. Agora verá que você apresenta aspectos de *todos* os personagens. Exatamente como as filhas da madrasta de Cinderela, existe uma parte dentro de você que continua se agarrando a uma coisa após outra. Assim como o príncipe, você tem uma faceta que aprecia a bondade e a despretensão de Cinderela. Como o pai dela, você algumas vezes pode se esquecer de todos esses seus aspectos, na luta pela sobrevivência diária. Assim como a fada madrinha, você tem o poder de transformar coisas corriqueiras do dia-a-dia, em algo muito especial. E como a própria Cinderela, você é capaz de viver graças à sua natureza essencial e ter não somente a satisfação do valor pessoal, como também a de obter todos os prêmios que lhe forem concedidos.

Prossiga no seu caminho de herói cotidiano e divirta-se enquanto descobre o que a natureza da verdadeira prosperidade representa para você mesmo, quem são os seus aliados, e como pode atingir essa prosperidade.

– PREPARAÇÃO –

Cinderela

Há muito tempo, vivia numa floresta uma família pobre mas feliz. A família era constituída de um lenhador muito dedicado ao trabalho, de uma esposa amantíssima e de uma linda filha, chamada Ela, que adorava brincar no bosque fazendo brinquedos com os cones dos pinheiros, com pequenos saibros e com longas hastes de capim.

Durante um certo inverno, em que a neve esteve especialmente espessa, o vento gelado passou por entre as frestas das paredes da cabana e a esposa do lenhador ficou muito doente. Ela cuidou da mãe com carinho. Fazia caldos para alimentá-la e cantava canções para alegrá-la. Mas o inverno foi muito longo e a sua doença muito grave – e uma noite, a mulher do lenhador morreu. Sua filha Ela rezou uma oração para a mãe, a fim de que a sua alma encontrasse paz. Seu luto acompanhou os costumes tradicionais: esfregar cinza do fogão nos cabelos.

O lenhador também ficou muito triste e, após um certo tempo, sentiu-se extremamente sozinho. Pouco a pouco, ele teve a oportunidade de conhecer uma excelente dama com duas filhas, que haviam vindo

para aqueles lados da floresta. Ele se casou com essa senhora e a trouxe para dentro de casa para ser a madrasta de Ela, na esperança de que a felicidade voltasse à sua cabana.

Acontece que as filhas dessa fina senhora não estavam acostumadas ao estilo de vida do lenhador. Nem trouxeram a felicidade consigo. Caçoavam de Ela: "Olhe só para você", diziam, escarnecendo; "tirando cinza do fogão e se sujando toda com ela. Para quê?" E a espicaçavam chamando-a de Cinder-Ela. Cinder-Ela! Cinder-Ela! E assim ela se tornou conhecida como Cinderela. As filhas da madrasta de Cinderela, Farra e Drula, estavam bastante insatisfeitas com a vida simples que agora levavam.

"Por que não podemos ter lindos vestidos?", queixavam-se. "Este caldo está ralo! Por que não podemos comer doces polvilhados de açúcar em pratos de prata? Esta vida é inútil, sem sentido. Quem haverá de querer se casar conosco se tudo que temos são trapos? Por que não nos cobrem de finas sedas e brocados? Então, teríamos, realmente algum valor!"

O lenhador esforçou-se muito para ensinar a Farra e a Drula o que a sua querida esposa havia ensinado a Ela. Ele tentou ensinar-lhes compaixão para com todos os seres vivos, integridade e honestidade. Tentou ensinar-lhes que a beleza verdadeira não é a que está à vista, e mostrar-lhes as maravilhas da floresta. Mas Farra e Drula não estavam interessadas. Tornaram-se mal-humoradas e enraivecidas.

"Não tente nos enganar", aparteava Farra. "Nós aqui não passamos de gente ensebada."

"Quem se importa com estas estúpidas florzinhas silvestres, fora de moda?", vociferava Drula. "Eu quero sandálias de seda para meus pés."

Os anos foram passando e as filhas da madrasta iam se tornando cada vez mais insatisfeitas. Farra dizia: "Veja! Nós não passamos de gente esfarrapada. Se você fosse à cidade e comprasse cobertores de pele e pratos de ouro, as coisas seriam diferentes."

"Isso mesmo!", lamentava-se Drula. "Se você nos levasse à cidade para conhecer pessoas da sociedade, alguém nos daria chinelos de prata e dinheiro, e poderíamos nos casar com nobres e príncipes e não teríamos de viver nesta pequena cabana em ruínas."

Enquanto as irmãs se queixavam, ansiando por luxo e pensando num jeito de se casarem com príncipes e com nobres, Cinderela trabalhava da aurora ao pôr-do-sol e cuidava para que o fogo não se apagasse. Ela lavava roupa e esfregava o chão, cozinhava para a madrasta e suas filhas e para o seu velho e tristonho pai; remendava e, na primavera, plantava flores ao redor da casa. Embora o seu coração estivesse cheio de dor pela perda da mãe, estava também cheio de amor, e algumas vezes esse amor transbordava sob a forma de canções.

Farra e Drula abanavam a cabeça e comentavam: "Nossa irmã não sabe o que é importante."

E quando a primavera estava caminhando para o verão, as filhas da madrasta ouviram falar que o príncipe ia dar um baile magnífico. Todos os cavalheiros e damas de todos os condados do reino deveriam estar presentes.

"Nós temos de ir para encontrar os nossos nobres e nos casarmos", disse Farra.

"Isso mesmo", respondeu Drula. "Cinderela, você terá de fazer os nossos vestidos. O melhor que puder. E é bom que sejam muito bonitos!"

"Mas com o que vou fazê-los?", perguntou Cinderela.

"Não sabemos, mas é melhor fazê-los depressa." E elas deram um pontapé em Cinderela, para mostrar que não estavam brincando. "E não se esqueça de preparar o nosso almoço, de remendar as nossas botas e de lavar os nossos xales", recomendavam.

Cinderela também queria ir ao baile. Ela sonhava em dançar ao som de uma linda melodia, nos braços de um jovem. Não precisava ser um príncipe, mas uma boa pessoa. Porém, o tempo era curto; ela nem ao menos sabia como iria fazer as roupas de suas irmãs, quanto mais a sua.

Sentou-se e contemplou a noite, pensando no que fazer. Viu as árvores agitando-se levemente à brisa noturna e ao luar, e teve uma idéia. Recolheu uns raios de lua, teceu-os e fez com eles dois lindos vestidos para Farra e Drula, vestidos que brilhavam palidamente e pareciam dançar.

A aurora já havia surgido quando os terminou e ia dormir, mas as irmãs acordaram e gritaram: "Onde está o nosso café, Cinderela?"

Então Cinderela pôs o mingau no fogo e, enquanto ele cozinhava, mostrou às irmãs os vestidos que havia feito. Ficaram espantadas e encantadas com a beleza deles, embora, é claro, não o dissessem à Cinderela. Nem ao menos lhe agradeceram. Então Cinderela lhes disse: "Sabem, acho que vou fazer um vestido igual para mim e também irei ao baile."

"Você?", grunhiu Farra. Farra e Drula riram-se. "Você está coberta de cinzas! Ninguém se interessaria por você!"

"Além do mais", chiou Drula, "não haverá mais tempo para recolher outros raios de luar antes desta noite. De todo jeito, precisamos de você para acertar os nossos vestidos, preparar-nos o lanche, pentear-nos e pintar-nos."

Cinderela suspirou. Ela sabia que não haveria tempo para colher raios de luar. Sabia que as irmãs estavam exigindo demais dela. "Mas elas são infelizes e não sabem", disse para si mesmo. "Se lhes posso proporcionar um pequeno prazer, elas se tornarão melhores. Talvez aprendam a amar e a ser amadas." E Cinderela continuou as suas tarefas.

Nessa noite, Farra e Drula foram ao baile. Os seus vestidos eram realmente lindos, mas havia algo estranho naquilo tudo. Cinderela viu que as irmãs não estavam bonitas, mas não podia entender por quê. Após terem partido, a lua nasceu e Cinderela olhou para as árvores e suspirou.

"Agora não dá mais tempo para fazer um vestido de luar. E eu gostaria muito de ir ao baile!"

No mesmo instante, uma esfera de luz apareceu! Com um zumbido, girou em frente de Cinderela, crescendo cada vez mais e após um pequeno *puff*, surgiu uma linda criatura no lugar da esfera de luz.

"Quem é você?", perguntou Cinderela, surpresa.

"Sou a sua fada madrinha, e vim realizar o seu desejo. Você não somente irá ao baile, como terá um lindo vestido e uma carruagem à sua disposição."

"Mas... eu não preciso...", gaguejou Cinderela.

"Não importa", disse a fada madrinha e, com a sua varinha de condão, apontou para o luar. Num segundo, os raios da lua juntaram-se e enrolaram-se ao redor de Cinderela, de forma que ela ganhou um vestido cem vezes mais bonito que os de suas irmãs. Então, os raios de luar enrolaram-se em seus pés e em vez de sandálias rasgadas, ela ganhou um sapatinho que brilhava como as estrelas do céu. Pareciam feitos de cristal mágico e, em seus pés, eram macios como teias de aranha.

207

"Mas por aqui não há nada que se pareça com uma carruagem", comentou Cinderela, "e, com certeza, não há cavalos nem cocheiros que os dirijam. Só camundongos e uma velha abóbora!"

No mesmo instante, seis camundongos transformaram-se em seis magníficos cavalos brancos e a abóbora cresceu com a rapidez de um raio e transformou-se numa bela carruagem dourada, completada com um cocheiro.

"Eis a carruagem", disse a fada madrinha. "Agora suba e pare de tremer, menina. Mas lembre-se de que a mágica termina à meia-noite. Você *precisa* estar em casa por volta de meia-noite!"

Dizendo isso, a fada madrinha desapareceu numa nuvem luminosa. Cinderela subiu à carruagem-abóbora e os cavalos partiram, levando-a ao baile.

Cinderela divertiu-se imensamente no baile.

Um rapaz muito bonito convidou-a para dançar e eles dançaram como num sonho. Enquanto dançavam, Cinderela falou-lhe de sua vida e o quanto ela amava a floresta. Contou que a sua mãe havia morrido e que esta era a primeira vez, desde que sua mãe morrera, que ela saía da floresta. Contou que cuidava de suas irmãs. O jovem solicitou mais uma dança à Cinderela. Depois outra e mais outra.

Subitamente, o relógio da parede começou a tocar a meia-noite.

"Oh, meus Deus!", balbuciou Cinderela. "Preciso ir." E desvencilhou-se dos braços do rapaz.

"Espere!", gritou o príncipe, pois aquele jovem era o príncipe. "Não parta! Quem é você?"

Mas Cinderela partiu. Correu para a carruagem, que disparou, mais rápida que a luz, chegando à casa do lenhador, ao último toque da meia-noite.

Quando silenciou a música do carrilhão, Cinderela se viu sozinha, ao lado da lareira, vestida com seus velhos andrajos. Beliscou-se, perguntando: "Foi um sonho?" Mas não, ela se sentia muito feliz e realizada para ter sonhado com o rapaz com quem dançara. Voltou-se para a lareira e colocou mais lenha no fogo. "Eu posso não ser rica nem importante, mas esta noite eu jamais esquecerei. Sou feliz e rica de recordações."

Então notou que estava usando apenas uma sandália. "Onde pode estar a outra?", pensou. Procurou em toda parte por ela. Nada de sandália! "Devo tê-la perdido quando fugi do baile", concluiu. "Bem, amanhã, posso fazer outra para mim."

No dia seguinte, Farra e Drula não deixavam de falar no baile.

"Oh, aquele rapaz de jaqueta de veludo e anel de diamante dourado dançou comigo", vangloriava-se Farra.

"Bem", retorquiu Drula, "aquele com dezesseis garanhões e cem pavões dançou comigo!"

"E você, divertiu-se dançando com o atiçador de fogo da lareira?", perguntaram à Cinderela. E riram. Elas não tinham idéia de que a linda jovem que havia cativado o príncipe era Cinderela. Cinderela não disse uma palavra, pois sabia que só iria ser espezinhada. Ademais, queria guardar as suas lindas lembranças como um segredo. Elas nutriam a sua alma enquanto trabalhava.

Uns dias mais tarde, Farra disse a Drula: "Você ouviu? O príncipe apaixonou-se por alguém que fugiu dele à meia-noite. E ela perdeu o seu sapatinho de cristal. Assim, ele está procurando pelo reino a dona do sapatinho. Ele o está provando em todas as moças, e quando encontrar aquela em que o sapatinho couber, casar-se-á com ela!"

"Oh", disse Drula, com voz entrecortada, "isso seria melhor do que casar com o rapaz dos garanhões e dos pavões. Vamos experimentar o sapatinho!"

Não tiveram que esperar muito. No dia seguinte mesmo, a carruagem do príncipe chegou à sua cabana. Ele estava cansado e triste. Estivera experimentando o sapatinho em todas as moças e esta era a cabana mais pobre, a mais distante e a última do reino. Ele estava cansado de ouvir: "Oh, ele me cabe. Sou eu! Sou eu!" – quando podia ver claramente que os pés eram muito grandes ou muito pequenos ou muito largos ou muito estreitos. Além do mais, nenhuma daquelas jovens possuía a graça, a gentileza e o calor daquela que ele havia tido em seus braços.

"Alô, alô!", disse o príncipe, descendo da carruagem e encaminhando-se para a porta da cabana. "Há alguma moça nesta casa?"

"Oh, sim, nós duas!", responderam Farra e Drula. E nós adoramos dançar com o príncipe no baile. (O que era mentira, pois nenhuma delas dançara com o príncipe.)

"Ele deve estar procurando por mim", disse Farra, de olho no ouro da carruagem.

"Não, não, por mim, claro!", interrompeu Drula, de olho nos magníficos cavalos.

O lacaio disse: "Bem, vamos experimentar em você." Ele tentou pôr o sapatinho no pé de Farra, mas ele era muito grande e quase o quebrou.

"Espere um pouco! Ele deve ter inchado de tanto dançar, você sabe", Farra exclamou. "Deixe-me tentar de novo." E empurrou tanto o seu pé para dentro do sapatinho que o arranhou e feriu.

"Oh, eu quero tanto aquele ouro!", ela suspirou, esquecida da dor.

"Desculpe, senhorita", disse o lacaio, tirando o sapatinho. "Não lhe serve." Farra sentou-se no chão e começou a chorar.

"Bem, desde que eu sou a única jovem que resta, devo ser eu!", Drula falou, no seu tom mais atraente. "Por que não esquecemos de uma vez esse sapato? O melhor que tenho a fazer é entrar nessa carruagem puxada por tão belos cavalos!"

"Não, moça! Você precisa experimentar o sapatinho", disse o lacaio. "São ordens do príncipe."

De forma que Drula pôs o pé no sapato, mas o seu pé era muito magro. "Oh, dancei tanto com o príncipe naquela noite, que a carne do meu pé se foi!", ela disse.

O lacaio não acreditou nela. "Sinto muito, moça. Não cabe." Deu as costas a Drula e foi à carruagem falar com o príncipe.

Após uma breve e sussurrada troca de idéias, ele voltou para junto de Drula. "Você tem *certeza* de que não há nenhuma outra moça aqui? Nós vasculhamos todo o reino e a dona do sapatinho deve estar em algum lugar. Você tem mesmo certeza de que não há mais ninguém?"

"Não há ninguém, mesmo!", retrucou Drula. "Eu lhe digo, sou eu!"

Justamente nesse momento, Cinderela saiu da cabana para pegar água no poço.

"Quem é ela?", perguntou o lacaio.

"Ela? Oh, não é ninguém", Drula respondeu mais que depressa. "É uma irmã por afinidade. Não é quem você está procurando."

"Tenho de experimentar nela. Ordens do príncipe!"

Ele chamou Cinderela e colocou o sapatinho em seu pé, antes mesmo que ela se desse conta do que se passava. O sapatinho coube como uma luva. Cinderela sentiu-se maravilhosamente com ele.

"Coube perfeitamente!", o lacaio gritou.

Ao ouvir isso, o príncipe esqueceu as suas mágoas e saltou da carruagem. Tomou Cinderela em seus braços e, cantarolando uma valsa, dançou com ela ao redor da carruagem.

"Pare! Pare!", pediu Cinderela. "Não posso ir com você."

"Por que não?", perguntou o príncipe, pondo Cinderela no chão.

"Porque não tenho riquezas, propriedades e servos. Não sou uma dama da corte. Não tenho dinheiro nem ouro. Sou a filha de um pobre lenhador, ainda chorando por minha mãe e tentando tomar conta de meu pai e de minhas irmãs. Você não vai me querer!"

"É isso mesmo!", exclamaram Farra e Drula a uma só voz.

"Tolice!", disse o príncipe. "Essa é a razão por que a quero. Não estou atrás de riqueza ou de posição na corte. Estou farto de tudo isso. Procuro uma alma verdadeira que saiba amar e ser amada. Estou à procura de um verdadeiro ser humano com quem vou partilhar a minha vida. Alguém dotado de compaixão, integridade e honestidade. Estava procurando por você!"

Ao dizer isso, ajoelhou-se num só joelho e pegou a mão de Cinderela. "Oh, jovem de beleza interior, você quer se casar comigo? É com você que desejo passar a minha vida! Com você, que sabe cantar canções que falam de raios da lua e que pode trazer a luz do sol para dentro do meu coração!"

"Mas", começou Cinderela, "que será de meu pai, de minhas irmãs e da minha madrasta?"

"Eles que venham para o palácio", disse o príncipe.

"Nesse caso, sim!", respondeu Cinderela. "Eu me casarei com você!"

E Cinderela e o príncipe entraram na carruagem e partiram em direção ao mais belo pôr-do-sol jamais visto.

Os muitos significados de Cinderela

Embora Cinderela seja uma história européia, ela contém muitas verdades do Oriente. O modo de ser de Cinderela comprova a tradição oriental do *dharma* – correto modo de viver, sem apego aos resultados, realizando o seu "propósito na vida". Além disso, a história está toda permeada pelo conceito ocidental e cristão da alma verdadeira que sabe amar e ser amada, como diz o príncipe. Cinderela revela-nos a essência da compaixão.

Ao contrário de nossos outros heróis, Cinderela usa todos os quatro instrumentos da criatividade, sem hesitação. Como tal, ela é exemplar, alguém que domina o aparente conflito entre dinheiro (e todos os seus objetivos exteriores) e um rico sentimento de autovalia interior. É assim que ela é. Ela faz o seu trabalho sem se queixar, mesmo quando é difícil, e não se abate. Ela incorpora a própria essência da verdadeira prosperidade, que desabrocha quando o príncipe declara, abertamente, o valor de suas qualidades intrínsecas.

Cinderela manifesta *fé na sua própria criatividade*, pela devoção por sua mãe e por sua habilidade para chegar ao rompimento, quando faz os vestidos para suas irmãs. A fada madrinha, que desempenha o papel de sua aliada, é um dos grandes símbolos literários da fonte criadora que todos possuímos em nosso âmago. A madrinha personifica o poder de Cinderela para encontrar a verdadeira prosperidade, e para lembrar-nos que todos nós temos sempre a resposta, a força e o potencial necessários para enfrentar os nossos desafios. A nossa essência interior é dotada das qualidades de intuição, vontade, alegria, vigor e – acima de tudo – compaixão. É a bondade afetuosa da fada madrinha que conquista os nossos corações, porque sempre desejamos contar com o apoio incondicional de alguém – nossos pais, parentes, namorados, amigos ou cônjuges. A mensagem de Cinderela é que essa bondade afetuosa sempre esteve aqui, dentro de nós. Só precisamos ter lucidez suficiente para enxergar isso.

Como Cinderela conseguiu essa lucidez? Demonstrando uma total *ausência de crítica*. Jamais a ouvimos criticar as suas irmãs, embora possamos facilmente ver os seus erros. Ela as observa e faz o que deve ser feito. A única vez que o seu criticismo quase chega a fazer uma afirmação é quando diz ao príncipe: "Você não vai me querer." Este criticismo e culpa íntima representam um último esforço no sentido de mantê-la no fundo do poço, no exato momento em que ela está prestes a chegar ao rompimento.

O príncipe, no entanto, proclama a beleza interior de Cinderela e não faz caso de suas dúvidas: ele a arrebata para se casarem. Seu papel é o de demonstrar como o amor pode derrubar as barreiras que a crítica constrói.

Em todo o mundo da mitologia e dos contos de fadas, o casamento representa a união sagrada dos aspectos complementares do ser humano, os quais precisam estar presentes se devemos viver uma vida plena e criativa. Essa união pode ser interpretada sob a forma de muitas uniões simbólicas: prosperidade interior e exterior, como na história de Cinderela; vida pessoal e profissional; coração e intelecto; afirmação e receptividade – para citar apenas algumas. Essa união não é facilmente alcançada. Vemos que Cinderela, se não tivesse passado pela iniciação que foi a morte de sua mãe e a maldade de suas irmãs, não teria podido casar-se com o príncipe.

O príncipe é o principal representante da qualidade da *observação precisa*, no conto de Cinderela. Cinderela vê tudo bem claramente porque não sofre, virtualmente, a influência da crítica. Ela entende mesmo que comentar sobre a noite do baile é inútil, de forma que guarda essa alegria para si. O príncipe, contudo, é capaz de divisar, além das aparências, o verdadeiro valor de Cinderela. Embora represente na história o amor romântico, o seu casamento com Cinderela constitui uma metáfora de nossa própria habilidade de conjugar esse sutil aspecto observador de nosso eu interior com o eu exterior que atua no mundo. É uma metáfora representativa de nosso nascimento no mundo de nossa sabedoria, de nossa alegria, coragem e compaixão, próprias e interiores.

> *As palavras "borralho" e "cinzas" nos contos de fadas são palavras-códigos que expressam períodos sombrios, difíceis, incontroláveis.*
>
> Robert Bly

Se você puder ver as coisas, mesmo as mais simples, de maneira pura, o seu valor cresce – o que equivale a ficar conhecendo o seu próprio valor. E, claro, quando você tem profunda consciência do seu próprio valor como ser humano, isso é prosperidade; pois mesmo em circunstâncias difíceis, o seu valor intrínseco não pode ser desmerecido.

Cinderela formula uma série de *perguntas engenhosas*, mesmo se, à primeira vista, possam parecer bastante simples. Ela pergunta à fada madrinha quem é ela, refletindo o nosso próprio desejo de conhecer a fonte de nossa criatividade e poder. A si mesma pergunta onde está o seu sapatinho, o qual, em última análise, corresponde à chave de sua prosperidade. Obviamente, ela não tem esse conhecimento, mas também não se preocupa com o que não pode ser recobrado. Pelo contrário, acredita em poder substituí-lo.

O príncipe – o que é muito significativo –, pergunta quem Cinderela é e onde estava enquanto ele percorria os seus domínios à procura da dona do sapatinho de cristal. Ele está em busca das qualidades que os transformarão num todo – precisa tanto dela como ela dele.

As irmãs também fazem perguntas, mas não perguntas engenhosas, porque não querem respostas. Suas perguntas constituem, simplesmente, uma forma de expressar o desgosto que sentem com suas vidas. As suas perguntas se contrapõem a perguntas realmente poderosas e engenhosas, que podem nos revelar a nossa força interior.

As perguntas mais profundas de Cinderela nascem sob a forma de desejos. As suas perguntas mais fortes e substanciais despontam quando ela formula um desejo. Parece entrar em transe quando faz os vestidos de suas irmãs, quando tem a idéia de confeccioná-los com raios de luar. Ela gostaria de ir ao baile e, quando expressa esse desejo, a sua fada madrinha – uma concretização do espírito criativo – de súbito lhe aparece. O desejo de saber pode representar uma conexão com a sua criatividade interior.

Você, provavelmente, não está sozinho ao pensar que tudo isso é muito bom e bonito, mas que a sua vida não é um conto de fadas. Você talvez guarde, dentro de si, mais aspectos daquelas terríveis irmãs ou do lenhador, do que propriamente aspectos de Cinderela, de sua fada madrinha ou do príncipe. Você não seria realmente humano se não se preocupasse um pouco com dinheiro, se não alimentasse alguns pensamentos competitivos bem ocultos e desejos de sentir ter entrado numa fecunda corrente de autovalor.

Você possui a base de sua essência interior e, sobretudo, do seu aspecto de compaixão, que pode ajudá-lo a lidar com o desafio de identificar a verdadeira prosperidade. No entanto, como muitos de nós, a influência de terceiros está, talvez, muito viva com relação a dinheiro e recompensas exteriores. Por um lado, é possível que você só se sinta realizado se alcançar um certo nível material de sucesso. Por outro lado, pode achar que não está "certo" correr atrás de dinheiro e que seria melhor evitá-lo. O seu desafio seria contrabalançar esses dois pontos de vista negativos.

Seu caminho para a verdadeira prosperidade

Uma história como a de Cinderela não morre porque transmite algo essencial sobre as características da condição humana. Como um sonho extremamente real, essa história lembra-nos que temos força e possuímos as armas para enfrentar o desafio entre o dinheiro e a autovalorização, que é a origem da busca da prosperidade. E, ao mesmo tempo, mostrar-lhe a natureza intrínseca desse desafio.

Agora, releia a história, como se você fosse todos os personagens, em toda a sua magnificência. O cenário, os objetos e o próprio narrador também fazem parte de você e de sua vida. Responda a seguir cada uma das perguntas que seguem.

Use o espaço correspondente ou o seu diário. Lembre-se de que a melhor maneira de proceder consiste em registrar o que primeiro vier à sua mente, mesmo se você, depois, modificar algo. Confie em sua intuição.

1. Embora Cinderela tenha boas qualidades e, no fim, saia vitoriosa, durante quase todo o transcurso da história ela tem uma vida difícil. Lembra-se de como você se sentiu a respeito de suas dificuldades (a morte da mãe, o que a forçou a executar um trabalho servil para as suas duas irmãs, por demais exigentes) quando tomou conhecimento da história? Você já passou por isso em sua própria vida? Você passa por isso agora? Fale de um tempo em que se sentiu como Cinderela.

2. Imagine que, neste exato momento, você se encontra na situação descrita acima. Como se sente? Quais as suas emoções? Quais as sensações físicas? Em que lugar elas se localizam em seu corpo? Que tipos de pensamentos atravessam a sua mente?

*O sucesso depende de coragem, de perseverança e, sobretudo, da vontade de ser quem você é, por mais estranho que isso possa parecer...
Então, você estará em condições de dizer: "Encontrei o meu herói – que sou eu!"*

George Sheehan

3. *A idéia de Cinderela de fazer os vestidos de suas irmãs com raios de luar indica um momento mágico de descobrimento. Você, também, talvez tenha conhecido ocasiões como essa, mágicas à sua maneira. Relembre um desses seus momentos de descoberta e descreva-o em seus termos mágicos.*

4. *As irmãs malvadas podem ser consideradas como representativas do seu lado sombrio – o lado que você possui, mas do qual não gosta, ou não deseja que os outros vejam. Que características você possui que lhe causam vergonha? (Lembre-se que esses aspectos podem bem originar-se da influência de terceiros; podem não integrar a sua essência ou o eu verdadeiro.)*

5. *A fada madrinha representa a compaixão que faz parte de sua própria essência interior. Quem o ajudou ou o admirou de tal maneira que lhe permitiu ter um vislumbre da sua essência? Como você se sente estando perto dessa pessoa? O que isso lhe revela a respeito do seu eu verdadeiro?*

6. *Em diversas passagens da história, Cinderela hesita. Ela não aceita, de imediato, as recompensas exteriores (a fada madrinha, o príncipe) que surgiram de sua conexão com o seu eu verdadeiro. Pense num tempo em que você não tivesse, talvez, aceitado um presente que lhe oferecessem. Fale a respeito. O que, em semelhante situação, você faria hoje?*

7. *Surgem na história inúmeras referências a dinheiro e a muitos símbolos visuais de prosperidade. As irmãs malvadas*

nunca acham que têm o bastante – sempre querem mais. O príncipe tem tanto que só está em busca de uma alma verdadeira. Cinderela parece não se interessar nem por dinheiro nem por recompensas por parte de terceiros. Quando ela sonha em ir ao baile e dançar, não pensa num príncipe como o seu par, mas numa boa pessoa. Qual dessas perspectivas combina mais com você? Qual o seu ponto de vista com relação a dinheiro?

8. *A fada madrinha transforma coisas banais – camundongos, abóbora – em maravilhas. Que aspectos de sua vida parecem comuns, mas que são, para você, extremamente preciosos?*

9. *Acaso existe em sua vida um sapatinho de cristal perdido, algum aspecto que você mesmo está ignorando e que lhe proporcionará a chave de seu próprio e profundo senso de prosperidade? Qual é? Quem ou o que está, muito provavelmente, à procura do seu verdadeiro ser – quem ou o que lhe conferirá uma sensação de plenitude, quando descobrir que o sapatinho lhe serve?*

Agora que você respondeu a essas perguntas, o que aprendeu a respeito da sua própria história? Que aspectos do seu eu tornaram-se mais claros? Estas perguntas deveriam ajudá-lo a elucidar a natureza do seu próprio caminho rumo à prosperidade, e as suas próprias qualidades, assim como as circunstâncias de sua vida que o impelem ou o impedem de chegar a isso.

Você pode não ter a mesma preocupação com a prosperidade que tenha um outro leitor. Você pode ter se identificado com o pobre lenhador que trabalha com afinco para sobreviver, ou com o príncipe que tem tudo, mas que anseia por uma união verdadeira com outra pessoa, ou mesmo ter se identificado com a fada madrinha ou com as irmãs por afinidade, como exemplos de qualidades ou defeitos que você gostaria de desenvolver ou abrandar.

Ver-se refletido nessa história inesquecível constitui o ponto de partida deste caminho. Os exercícios constantes do próximo capítulo permitem-lhe empreender a sua própria jornada de autodescoberta. É a riqueza que existe dentro de você que pode lhe conferir um duradouro senso de prosperidade, a despeito das contingências exteriores de sua vida.

Trace o seu caminho para a prosperidade

Ficha Visual

A ficha visual feita por Melissa é muito interessante. Num certo sentido, o seu desafio para encontrar a verdadeira prosperidade foi o complemento para a jornada apresentada na história de Cinderela.

"O meu estágio na fase de inocência ocorreu quando eu era uma adolescente de dezesseis anos", ela nos disse. "Eu pensava que o dinheiro fosse uma coisa ruim. Ponto final. E que o amor fosse uma coisa boa. E que você não podia ter ambos. De forma que escolhi o amor e não me importei muito com ganhar dinheiro. Quase decidi que o dinheiro não existia para mim. Eu, realmente, sentia-me feliz, satisfeita comigo mesma mas, por incrível que pareça, ressentia-me por ser pobre."

O chamado para Melissa foi por ela ser auto-suficiente. Ela desenhou uma casa, representando o seu próprio lugar para viver e deixou bem claro que ela não a poderia ter se não permitisse que a prosperidade material se tornasse uma parte de sua vida. A sua iniciação consistiu nos vários anos em que trabalhou numa série de empregos temporários, sempre em contato com o público, de forma que podia ganhar dinheiro e, ao mesmo tempo, sentir-se bem consigo. "Creio que o meu desafio foi o oposto ao da minha gente", ela disse. "Eu tive de aprender que tudo estava bem com respeito à prosperidade material. Mas talvez o motivo que me levava a pensar o contrário, era que eu não estava certa de merecer essa prosperidade."

Melissa desenhou um rosto sorridente no centro do rompimento, para mostrar que não tinha que se sentir mal consigo mesma pelo fato de viver bem. "Aprendi a respeito de um bom viver ao conhecer pessoas que estão prosperando no mundo *e* que são almas humanas cheias de compaixão." Ela desenhou essas figuras como suas aliadas.

A comemoração, que ela percebe ter quase alcançado, mostra o quanto se sente bem com a prosperidade e a abundância na sua vida.

Agora, prepare a sua ficha visual. Lembre-se de que você, sem dúvida, desenhará algo muito diferente de Melissa. Brinque com o seu desenho. Deixe que a sua imaginação o esboce – quanto mais infantil e espontâneo ele for, melhor. Não se preocupe se não entender o seu significado. A questão é fazê-lo.

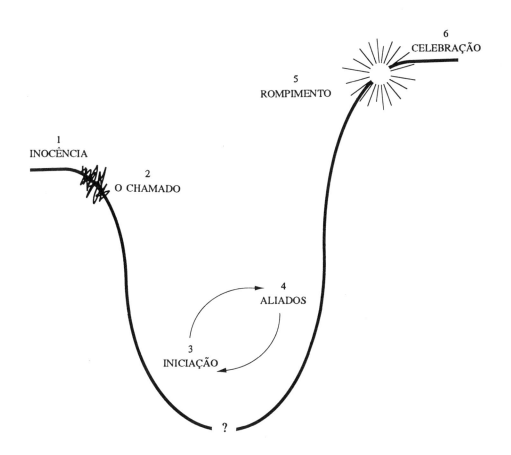

Ficha Verbal

Os comentários de Melissa na sua ficha verbal esclarecem as imagens que desenhou na ficha visual.

INOCÊNCIA (Sinto-me bem na minha situação.)
   Adolescente *hippie*.
   Amor é bom. Dinheiro é ruim.
   Minha importância depende da qualidade do afeto.

O CHAMADO DA AVENTURA (Identifico e reconheço o meu desafio.)
Saio pelo mundo sozinha, tendo de ganhar a vida!

INICIAÇÃO (Sou realmente testada.)
Tento viver honestamente.
Sinto como se estivesse indo para muitas direções, trabalhando duro e não ganhando muito, mesmo estando, moralmente, fazendo o trabalho certo.

ALIADOS (Encontro incentivo e ajuda.)
Pessoas que conheci, seres humanos de alma bondosa, e que possuíam bens na vida.

ROMPIMENTO (Chego a uma nova percepção ou resolução.)
Aqui estou eu! Sou uma boa pessoa. Se eu cuidar bem de mim, posso ser ainda melhor para os outros.

CELEBRAÇÃO (Regresso, diferente, ao lar.)
Quando sei disso numa porcentagem de 100%, entendo e vivo uma vida que o comprova.

Os problemas de Melissa com relação a dinheiro e autovalor podem ser muito diferentes dos seus. As pessoas estão, freqüentemente, debatendo-se com a idéia de que o autovalor pode ser encarado como prosperidade e, pela primeira vez, considerando as maneiras mais interiorizadas nas quais se sintam muito ricas e realizadas. Em ambas as hipóteses, a compreensão da prosperidade pode significar um valor interno *e* um externo, uma mudança de perspectiva liberadora e gratificante, desde que você esteja vivendo com compaixão e agindo de acordo com a sua essência criativa.

Agora, escreva a sua resposta para cada uma das fases da jornada do herói. Não censure o que escrever. Deixe as palavras fluírem livremente. Essas fichas são exclusivamente suas e ninguém precisará vê-las, a menos que você as mostre.

O valor de preencher esta auto-avaliação está em dar início a uma sondagem, a uma observação e a um questionamento, isentos de críticas sobre o ponto exato em que você se encontra neste caminho particular.

Ficha Verbal da Jornada
Onde estou no início desta jornada
Data: _____

INOCÊNCIA (Sinto-me bem na minha situação.)

O CHAMADO DA AVENTURA (Identifico e reconheço o meu desafio.)

Deveríamos chegar à perfeita existência através da existência imperfeita.

Shunryu Suzuki

INICIAÇÃO (Sou realmente testado.)

ALIADOS (Encontro incentivo e ajuda.)

ROMPIMENTO (Chego a uma nova percepção ou resolução.)

CELEBRAÇÃO (Regresso, diferente, ao lar.)

Seja você mesmo!

Cinderela dá-nos um exemplo de alguém que vive de acordo com a sua essência interior. Mesmo quando se encontra em situação desagradável, não altera o seu modo de ser. Não fica alienada, não se deixa abater. Ela não se acha melhor que os outros. O seu ideal nasce de dentro para fora: não tenta copiar o que os outros fazem.

O lema deste capítulo será: "Seja Você Mesmo!" Quando você viver nestes termos, passará pela experiência de ser como Cinderela, sendo você mesmo na mais ampla acepção da palavra. Esta é a verdadeira prosperidade. A sugestão feita por este lema é a de você se desprender de suas pretensões exteriores, de qualquer excitação ou alienação que possa sentir. Depois de expulsar tudo isso, você será simplesmente você mesmo e estará em condições de trabalhar com afinco e realizar muita coisa

> *A alavanca da criatividade parece ser... a sua tendência para se realizar, para se transformar nas suas potencialidades.*
>
> Carl Rogers

> *O dólar todo-poderoso, esse grande objeto de devoção universal em toda a nossa terra, parece não ter devotos nessas povoações peculiares.*
>
> Washington Irving

com alegria. Então conhecerá a prosperidade em seu mais rico e pleno sentido.

É claro que não é fácil Ser Você Mesmo, assim, de imediato. Antes de mais nada, terá de se liberar da ansiedade competitiva. Deixe de valorizar tanto os resultados. Procure ver o que significa não ter que se superar continuamente, e se aceitar exatamente como é, vivendo de acordo com o poder que tal compreensão confere.

Durante o tempo em que você estiver trabalhando neste capítulo que trata do desafio de conhecer a verdadeira prosperidade, execute todas as suas tarefas e atividades da seguinte maneira:

Não queira a aprovação de terceiros. Procure ser fiel aos altos padrões que você estabeleceu para seu trabalho, sem a preocupação de agradar a terceiros. Se você se surpreender procurando aprovação, diga a si mesmo: "Não queira aprovação" e continue a fazer o que estava fazendo.

Não faça comparações entre você ou seu trabalho e os outros. Se você se sentir superior ou inferior a alguém, diga a si mesmo: "Não faça comparações" e continue a fazer o que estava fazendo.

Não espere prêmios ou reconhecimento. Faça um bom trabalho e viva bem a sua vida porque lhe agrada proceder assim. Se você se vir sobretudo motivado por prêmios ou reconhecimento, diga a si mesmo: "Não espere prêmios ou reconhecimento" e siga em frente. Isto não é sugerir que você rejeite prêmios ou reconhecimento quando eles vierem ao seu encontro – como inevitavelmente ocorrerá. Apenas procure não lutar por isso.

Trabalhe com afinco e faça o melhor que puder pelo seu próprio bem. Ser Você Mesmo equivale a ser fiel aos seus próprios padrões intrínsecos, a despeito do que o mundo possa pensar. Sinta prazer durante a execução de seu trabalho, no qual você empenha o melhor de sua capacidade. Se vier a pensar ou a se preocupar com o que os outros pensarão, diga a você mesmo: "Faça o melhor que puder fazer" e siga em frente.

Lembre-se, você não tirará proveito de viver com este lema a menos que pare para analisar as suas experiências. Reserve um certo tempo, diariamente (a maioria das pessoas prefere à noite) para refletir sobre as suas últimas vinte e quatro horas. Faça comentários diários nas margens deste livro ou em seu diário, a respeito de como você viveu segundo este lema. Quais as suas experiências? O que pensou, sentiu e percebeu? O que aconteceu? E durante todo o tempo não se esqueça de *Ser Você Mesmo*.

> *Seja Você Mesmo!*

– A JORNADA –

Durante toda a sua caminhada, você deve ter, freqüentemente, percebido que é ótimo possuir riqueza material mas que, na vida, o sentimento de sucesso envolve algo bem mais profundo que isso. Implica sentir-se bem consigo mesmo como ser humano – como um ser humano que não passa de um pobre diabo, como milhares de outras pessoas neste planeta e, ao mesmo tempo, uma alma extremamente digna e valiosa.

Nesta jornada, você pode assemelhar-se a uma Cinderela dos tempos modernos, tirando proveito de seu entrosamento com a riqueza interior e exterior. A jornada tem início com um exame do seu entrosamento com a riqueza exterior e depois se volta para a exploração dos seus sentimentos com relação à sua riqueza interior.

Descobrimos que, em nossa cultura, as pessoas passam maus momentos falando sobre dinheiro – o quanto ganham, quais as suas aspirações sobre o dinheiro, em que o gastam, qual o seu valor líquido, quanto têm de economia, se e como controlam o seu talão de cheques, quanto dinheiro têm economizado, quantos problemas têm em termos de dívidas, e assim por diante. Não importa quanto dinheiro você tenha ou não, provavelmente há algo implícito na última sentença que você prefira não discutir a respeito – não com estranhos, certamente, e talvez ainda menos com os seus colegas de trabalho ou com as pessoas que lhe são próximas.

As pessoas, em geral, têm mais dificuldade em falar e em cogitar de problemas relacionados com dinheiro do que com a morte, relações sociais ou religião. Parece que o dinheiro constitui uma exteriorização de seus sentimentos de medo ou culpa. Quando você não está em contato com o seu eu, com a sua substância intrínseca, o dinheiro pode se tornar o principal indicador de quem você é. Portanto, você pode aplicar uma enorme força psíquica em questões como possuir bastante ou muito pouco dinheiro, pedir aumento de salário ou enfrentar a tarefa de fazer a declaração anual do imposto de renda. Esta ênfase no dinheiro evita o reconhecimento do autovalor. Você se esquece de que não é preciso haver conflito entre o dinheiro, com todas as suas recompensas exteriores, e um sentimento de autovalorização, com a conseqüente prosperidade interior e exterior.

Afinal, o que é o dinheiro?

Todos os dias, de todos os modos, eu me sinto cada vez melhor.

Émil Coué

Eu louvo e canto a mim mesmo em versos.

Walt Whitman

Examinemos a sua relação com o dinheiro e com a prosperidade exterior. Puxe uma nota de um dólar – apenas uma simples nota verde de um dólar. Segure-a.

Sente-se bem quieto e veja como se sente ao tê-la entre os dedos. Cheire-a. Contemple-a por um ou dois minutos. Você, alguma vez, examinou uma nota de um dólar tão de perto? O que significam todas essas ilustrações? Por que estão lá? Quanto você sabe a respeito desse pedaço de papel que está em suas mãos?

Ao terminar de ler este parágrafo, feche os olhos e deixe que, durante cinco minutos, a sua mente se povoe de imagens concernentes a essa nota de um dólar. Continue a segurá-la. Feche os olhos após ler cada uma das perguntas que seguem. Abra-os e escreva ou desenhe as respostas.

O que esse dinheiro que você está segurando representa?

O que você faria por dinheiro?

O que você não faria por dinheiro?

O que você faria com dinheiro?

O que você não faria com dinheiro?

Que angústias o afligem ao segurar dinheiro?

Que tipo de energia você sente ao segurá-lo?

> *Pensando em conseguir de uma só vez todos os ovos de ouro que a galinha poderia lhe dar, ele a matou e a abriu apenas para descobrir que não havia nada dentro dela.*
>
> Esopo

Olhe para o verso da sua nota de um dólar. Verá uma pirâmide, igual às grandes pirâmides do Egito, simbolizando todos os mistérios da antiguidade e toda a sabedoria dos tempos. A pirâmide está encimada por um olho, reminiscência daquilo que é conhecido, em algumas filosofias orientais, como a terceira visão. Ela representa, para muitas pessoas e até para os líderes e fundadores dos Estados Unidos, a sabedoria espiritual e intuitiva. Esse símbolo e outros estampados na nota significam que o valor do dinheiro é algo inteiramente diferente do que normalmente lhe conferimos. Mas para você, o que ele significa? Contemple este símbolo e escreva ou desenhe, em seu diário ou na margem deste livro, o que ele pode estar lhe dizendo sobre a sua relação com o dinheiro.

Agora, ponha de lado a nota de um dólar e veja o que escreveu ou desenhou. Redija um resumo ou um parágrafo ou desenhe uma vinheta a respeito do seu relacionamento com o dinheiro.

Herança

Suponha que um parente, há muito esquecido, tenha morrido e deixado para você dez mil dólares, livres de impostos. Escreva abaixo o que você faria com o dinheiro.

$ 10.000

*Eu lhe agradeço,
  Senhor, por este dia
  maravilhoso:
pelo espírito verde e
  ágil do arvoredo e
  pelo céu azul, de
  verdadeiro sonho;
e por tudo que é
  natural, tudo o que é
  infinito, tudo o que é
  positivo.*

        e. e. cummings

Suponha, agora, que você ficou sabendo que houve um engano e que a sua herança, livre de impostos, é realmente de um milhão de dólares. O que faria com esse dinheiro?

$ 1.000.000

E agora, suponha que – milagre dos milagres! – você ficou sabendo que a pessoa encarregada de administrar o espólio do seu parente é um desastre no que se refere a números e que a sua herança é verdadeiramente de dez milhões de dólares (ainda livres de impostos). O que faria agora?

$ 10.000.000

As pessoas apresentam reações as mais diversas ao imaginarem essas possibilidades. As suas reações revelam, amiúde, algo sobre o valor que conferem ao dinheiro e à riqueza material em sua vida. Que tipo de reação foi a sua? Considere as perguntas que seguem e escreva as respostas.

1. *O que você notou ao imaginar as três situações? O que você tencionava fazer com o dinheiro sofreu alteração ao aumentarem as cifras? Em caso positivo, de que forma se alterou?*

2. *Houve uma certa diferença quanto ao que você gastaria consigo e com os outros? De que modo essa diferença sofreu a influência do montante envolvido?*

3. *Houve um momento em que você não podia imaginar ter tanto dinheiro? Qual foi esse momento? Como você se sentiu, imaginando-se com todo esse dinheiro?*

4. *Você se imaginou vivendo simplesmente como Cinderela, numa cabana, num bosque, ou de forma mais opulenta, como Cinderela no palácio do príncipe? Você imaginou uma mudança significativa em seu modo de viver?*

Se o dinheiro for a sua esperança de independência, você jamais a terá. A única segurança verdadeira consiste numa reserva de sabedoria, de experiência e de competência.

Henry Ford

Seus problemas de dinheiro e de prosperidade

Partindo da questão da herança, veja se você é econômico ou pródigo. Você sente uma forte atração pela riqueza material ou sente que não a merece, ou é uma pessoa bem equilibrada – capaz de gostar do tipo de vida que leva, não preocupada em demasia com a riqueza material, nem alienada dela?

Fale consigo mesmo a respeito da questão que envolve dinheiro. Sob a lista a seguir, intitulada *MAIS DINHEIRO*, registre as suas preocupações, critérios e crenças sobre a prodigalidade material. Você pode redigir algo como "A riqueza material é a coisa mais importante para mim agora", ou "As pessoas ricas são egoístas". Faça o mesmo na parte referente a *MENOS DINHEIRO*. Você pode acrescentar "Eu não me considero uma pessoa rica, porque ninguém em minha família é rico", ou "Não é justo receber mais que o salário mínimo".

Concentre-se na sua atitude com relação à prosperidade material. Seja específico. Dê início a esta jornada expondo no papel, com clareza, a natureza de seus problemas sobre o dinheiro. Se você escrever em apenas um dos lados da lista, tudo bem. É muito importante que fale consigo mesmo a respeito de problemas ligados a dinheiro, para que possa se afastar de uma perspectiva baseada na opinião de terceiros quanto à prosperidade material, e seguir rumo à integração da prosperidade, na experiência de ser você mesmo.

Mais Dinheiro   Menos Dinheiro

Conheça-se de forma mais completa

O que existe além de nós ou o que se estende diante de nós é mínimo quando comparado ao que temos dentro de nós.

Ralph Waldo Emerson

Existe uma história sobre um rapaz que queria chegar à iluminação. Para ele, a riqueza não se media em dólares ou em BMWs, mas em saber tudo que pudesse a respeito das filosofias espirituais. Lia livro após livro e estudava todas as religiões. Tinha muitos mestres e gurus. Ele, sem dúvida alguma, sabia mais sobre a iluminação que qualquer de seus amigos. Em seu modo de ver, ele estava bem a caminho de se tornar um homem muito rico.

Esse jovem teve oportunidade de ir ao Japão visitar um famoso mestre Zen. Ao entrar em contato com esse mestre, o jovem começou, imediatamente, a tentar impressioná-lo com o seu vasto conhecimento espiritual. O mestre Zen escutou atentamente e ofereceu-lhe uma xícara de chá. O jovem acenou com a cabeça para indicar ao mestre que queria chá e continuou a falar.

– Oh, mestre, há tanta coisa que posso aprender com o senhor, tanto que o senhor me pode proporcionar! E veja, somos quase iguais. Veja quanto eu sei...

O rapaz falava.

O mestre servia chá na xícara do jovem.

O rapaz continuava a falar.

O mestre continuava a pôr chá na xícara.

As palavras do rapaz jorravam de sua boca, demonstrando a sua riqueza de conhecimentos. O mestre estava ocupado com o chá. O rapaz continuava a falar.

O chá caía do bule para a xícara. Encheu a xícara e transbordou, entornando na mesa e no colo do rapaz. E o mestre continuava a despejar o chá.

– Êi! – exclamou o jovem. – Pare! O que está fazendo? O senhor não pode pôr mais chá aqui!

– Não – respondeu o mestre. – A menos que você esvazie a xícara!

Assim como o mestre Zen sugere, procure esvaziar a sua xícara de idéias preconcebidas a respeito de prosperidade. Procure estar aberto e pronto a receber o que vier. Se uma parte de você se identifica, mesmo que pouquinho, com as irmãs de Cinderela, e reconhece que, de certa forma, o seu valor pessoal está vinculado ao valor material, procure afastar essa perspectiva imediatamente. Observe o que acontece a seus desafios em matéria de dinheiro e de prosperidade quando, intencionalmente, esvazia a sua xícara.

Os vários exercícios que seguem dizem respeito a desvelar e a descobrir o tesouro escondido que existe dentro de você.

Quem é você?

A resposta inicial pode consistir em citar o seu nome ou descrever a sua profissão ou alguns de seus papéis na vida. Talvez possa inserir nela alguns fatos a respeito de seus antecedentes e de suas amizades. Isso é *um pouco* do que você é mas, sem dúvida alguma, não é tudo. E quanto às suas mais profundas esperanças e temores? E os seus ideais para a realização de suas potencialidades na vida? O que a sua intuição diz quanto ao que você é?

Reserve uns instantes para que a sua mente possa se acalmar. Sente-se quieto, com as costas retas e apoiadas, sem cruzar pernas e braços. Observe a sua respiração. Talvez você prefira ler algumas vezes o exercício, antes de executá-lo.

Ao inspirar, imagine o ar entrando em seus pulmões e chegando a um ponto situado no centro de seu corpo, atrás do umbigo. A cada respiração aflui mais ar a esse espaço central, enchendo-o com um vazio límpido e luminoso. Ao inspirar, imagine esse espaço claro, vago, situado no centro de seu corpo, alargando-se mais e mais. Cada respiração acrescenta ao seu interior um ar mais luminoso e mais puro.

À medida que você inspira, o espaço central dentro de você cresce mais e mais, até dar a impressão de estar enchendo todo o seu corpo, por dentro de sua pele.

Deixe que esse ar puro penetre e preencha todo o espaço existente sob a sua pele, de forma a interpenetrar todo o seu corpo; deixe que a operação se repita a cada nova inspiração e que atinja também a sua cabeça, enchendo-a com um ar puro e luminoso.

Sinta essa quietude e permaneça muito, muito relaxado, experimentando a paz que se irradia do seu ponto central, preenchendo você.

Nada existe dentro de você a não ser claridade; nada, a não ser o vazio.

Quando se sentir completamente calmo e relaxado, responda às questões que seguem. Permita que a sua intuição, assim como a sua mente, dêem as respostas. Se tiver problemas para responder, em algum ponto, retorne àquele estado inicial de quietude e relaxamento. Depois formule a pergunta novamente.

Quem sou eu? Faça a si mesmo essa pergunta e, na margem deste livro ou em seu diário, escreva vinte palavras e frases que esclareçam quem você é. Crie uma imagem tão rica quanto puder juntamente com estas vintes declarações. Não se esqueça de usar adjetivos e verbos, assim como substantivos, e também de empregar metáforas, incluindo os seus mais árduos desafios, assim como os seus mais esplendorosos sucessos.

Quem eu era quando criança? Escreva na margem vinte palavras ou frases para descrever como você era quando criança. De novo, deixe que a sua intuição dê as respostas e pinte-as com as palavras mais coloridas que você encontrar.

Quem serei no futuro? Escreva doze palavras ou frases que descrevam como você será daqui a dez anos. Descreva o seu mundo interior, assim como o seu aspecto exterior.

Quem minha fada madrinha diz que eu sou? Imagine que estamos dando de presente a alguém a realização de três desejos e que a sua fada madrinha queira que eles se refiram a você. Como ela descreveria você? Ela somente pode dizer a *verdade* a seu respeito. Escreva doze verdades que a fada madrinha poderia nos dizer.

Quem as irmãs malvadas dizem que eu sou? Imagine, agora, que estamos tentando decidir se concederemos a realização dos três desejos às suas duas irmãs malvadas ou a você, e que as suas irmãs têm a oportunidade de nos revelar *verdades* a seu respeito, tentando nos convencer a não lhe conceder os três desejos. Escreva doze verdades que elas poderiam declarar.

Faça uma revisão do que redigiu. Que espécie de coisas escreveu? Você descreveu, sobretudo, os papéis que desempenha na vida ou as suas características, as suas aspirações e os sentimentos mais íntimos? Há algo que queira acrescentar? Em caso positivo, volte atrás e coloque o que quiser para completar o quadro sobre si mesmo.

As camadas do seu eu

Muitas pessoas comparam o processo de explorar a si próprias ao descascar de uma cebola. Retiram a parte externa da casca – os aspectos que revelam ao mundo – para que surjam outras e outras camadas de si mesmas. Não é o fato de a cebola ter uma casca separada que apareça externamente, mas de essa parte externa ser uma de muitas camadas. Se a parte superficial for retirada, o que estava sob ela torna-se, agora, aparente.

Você pode ir tirando mais e mais cascas de si mesmo, até chegar ao seu âmago. Mais perto do centro, a cebola é mais doce e suculenta, enquanto as camadas externas são mais secas.

Pense, agora, em você como sendo essa cebola. Quais são as suas cascas? Faça uma revisão das relações feitas no exercício anterior, e depois desenhe ou escreva as mais importantes descrições de si mesmo na ilustração em corte transversal da cebola, desenhando-as ou escrevendo-as nas camadas, mostrando assim o quão próximas elas se encontram do seu âmago.

Ao fazê-lo, divirta-se. Procure usar cores e rabiscar em várias direções. Procure não escrever, mas usar formas e cores simbólicas. Talvez prefira adicionar, no espaço que circunda a cebola em corte transversal, algo ao desenho e mostrar coisas que são importantes para você ou que o influenciaram.

Imagine que você seja um estranho que tenha encontrado todas essas respostas num livro que lhe emprestaram. Qual a sua impressão sobre a pessoa que preencheu todas as listas e completou este desenho da cebola, equivalendo às camadas do eu?

- Que temas vêm à tona?
- Quais os valores dessa pessoa?
- Como é essa pessoa?
- Qual a verdadeira individualidade dessa pessoa?
- Qual a unicidade dessa pessoa?

Proceda a uma revisão das listas, de acordo com a necessidade, para chegar a uma descrição bem precisa. Reveja o diagrama do seu eu como as cascas de uma cebola, a fim de ter uma projeção ainda mais exata desse quadro.

Colagem do meu eu

Você acabou de rever a sua descrição de si mesmo sob o prisma de uma outra pessoa. Até que ponto tem se preocupado a respeito de como as outras pessoas o vêem? Você se vê como realmente é? Até que ponto as outras pessoas o vêem como você realmente é? Enfim, quem é você, na realidade? Que aspectos da sua verdadeira realidade estão ocultos de muita gente? Que aspectos seus você tende a revelar às pessoas?

Do mesmo modo, quando está com outras pessoas, até que ponto você as conhece e aprecia verdadeiramente, e até que ponto o seu contato com elas é mascarado por critérios baseados numa primeira impressão ou nas recordações de outras pessoas que você conheceu?

Vemos freqüentemente em revistas retratos de pessoas que nos dizem muitas coisas. Algumas das nossas impressões podem ser corretas, e muitas, produtos do nosso próprio julgamento. Encontramos também, nas revistas, uma série de ilustrações representando coisas que gostaríamos de possuir na vida — símbolos de uma boa vida.

Folheie uma revista e recorte dez ou doze figuras de pessoas e objetos que, de certo modo, representem você. Algumas dessas figuras podem refletir sonhos muito íntimos, muito pessoais; outras revelam como você gostaria de ser ou aspectos seus dos quais não gosta, e algumas podem retratar aspectos que você demonstra em certas ocasiões e não em outras. Procure figuras que representem aspectos seus que lembrem o lenhador, as irmãs malvadas, a fada madrinha, o príncipe e Cinderela. Procure figuras que espelhem a sua riqueza interior e a prosperidade exterior.

Veja quais figuras você escolheria como ilustração de um artigo sobre você, numa revista. Quais você não publicaria de jeito nenhum?

Para fazer uma colagem do seu eu, cole esses recortes numa página de seu diário ou numa folha avulsa. Coloque os mesmos de forma que a disposição demonstre o seu inter-relacionamento. Talvez prefira considerar o centro da página como representando o seu eu interior, e as extremidades, o seu eu exterior ou aparente. Talvez reserve um espaço para o seu eu real e outro para o eu que represente os papéis e as expectativas de terceiros, e mais espaços para os seus valores e ideais elevados e para as suas qualidades menos perfeitas.

Divirta-se com essas figuras. Faça mais colagens se lhe sobrarem recortes. Ponha-os num lugar onde possa vê-los diariamente e enxergar o que eles refletem do ser complexo que é você.

Você agora acaba de identificar muitas das qualidades que traz consigo nesta sua jornada criativa. Algumas ajudam, outras atrapalham. Muito comumente, não reconhecemos a nossa força e superenfatizamos ou mesmo inventamos fraquezas. A nossa auto-imagem, freqüentemente, tem menos a ver com a realidade do que com a fantasia que criamos. Ver-nos a nós mesmos através de lentes embaçadas distorce a percepção de quem somos e do que podemos realizar.

Os exercícios que seguem irão ajudá-lo a ver claro a sua força e as suas fraquezas da forma que foram descritas anteriormente pela fada madrinha e pelas irmãs malvadas.

O que está errado com você é...

O que está errado com você? O que você faz para sabotar a sua jornada criativa na vida? O que as pessoas realmente disseram a você quando apontaram as suas faltas? O que você disse a si mesmo quando reconheceu as suas faltas? Quais dos perversos julgamentos feitos pelas irmãs malvadas você agora aceita? Escreva alguns desses comentários nos círculos ao lado.

Prosperidade significa livrar-se de preconceitos

Releia o que escreveu. Com esse tipo de coisas cochichando em seu cérebro, você provavelmente encontrará dificuldade para se sentir uma pessoa interiormente próspera. Esses preconceitos insignificantes prejudicam todo o seu senso de autovalor. É importante compreender que eles se baseiam em velhas meias-verdades referentes às expectativas de terceiros.

Quem está dizendo ou disse essas coisas para você? Ao lado de cada citação escreva o nome da pessoa que lhe está falando através dessa citação.

Quais dessas declarações você faz a si mesmo? Escreva seu nome ao lado de cada uma delas. Algumas podem ser feitas por você, assim como por muitas outras pessoas. Em quais delas você acredita? Ponha ao lado destas um A. Quais são as falsas, exageradas ou não totalmente exatas? Coloque ao lado destas um F maiúsculo. Se você fez aqui muitos comentários desagra-

dáveis, terá, provavelmente, uma série de Fs. Qual deles não representa apenas uma observação mas sim uma dose de pensamentos negativos? Ponha um grande PN ao lado destes. O que faz com que você se zangue ou seja ruim para si mesmo? Coloque um Z junto a esses. O que o ajuda a se sentir forte e feliz consigo mesmo e com a vida? Desenhe um coração ao redor.

Agora olhe para a folha. Quais as citações que contribuem para a sua criatividade? Quais atrapalham? Como atrapalham? Você pode achar que nenhuma dessas frases serve de ajuda, por mais próxima da verdade que possa estar. A sua criatividade natural desabrochará mais facilmente se essas citações forem banidas do seu repertório.

Como afirmação de sua intenção de se livrar do poder exercido por esses preconceitos, leia-os em voz alta e depois grave sobre eles o símbolo universal que é o *Não*. E, realmente, diga algo como "Não vou mais ouvi-los" ou "Sumam!"

Elimine os julgamentos futuros

De modo geral, nós não temos total consciência da dimensão de nossos julgamentos. Um estudante, que jamais pensara em si mesmo como uma pessoa crítica, resolveu contar as vezes em que, durante o dia, fazia julgamentos. Antes do dia terminar, havia contado setenta e oito! É um número bem alto para alguém que nunca antes se considerara crítico. Outros estudantes ficaram igualmente surpresos.

Você pode evitar que esses julgamentos exerçam um poder insidioso, eliminando-os ao aparecerem. Quando você se vir dizendo ou pensando uma dessas coisas, simplesmente *pare*, e as substitua por uma frase que seja favorável ao desenvolvimento da sua criatividade. Talvez fazê-lo requeira um pouco de prática.

Por exemplo, se você se surpreende pensando: "Idiota, você devia saber!", pare e diga algo assim: "Fiz o melhor que pude mas, desta vez, obtive resultados realmente estranhos e inesperados" ou "Sou um investigador, procurando chegar a uma vida perfeita". Tome cuidado, procure evitar frases alienadas ou exageradas e concentrar-se em declarações verdadeiras e objetivas.

Tome nota de todas as vezes que se surpreender dizendo algo prejudicial ou tolo a respeito de si mesmo. Leve um papel consigo e faça nele um sinal toda vez que isso acontecer. Quanto mais sinais aparecerem nesse papel, mais você estará destruindo os fatores que minam a sua criatividade e permitindo, dessa forma, que os seus sentimentos e o seu autovalor floresçam.

Se você deseja, realmente, barrar os pensamentos negativos que anulam os seus sentimentos de autovalorização e de riqueza interior, anote cada situação que dá origem a tais pensamentos, escreva a declaração e, *em voz alta, faça* uma auto-afirmação peremptória e firme, que emane do seu eu interior.

O caráter é o que você sabe que é, e não o que os outros acham de você.

Marva Collins e
Civia Tamarkin

Novas maneiras de fazer uso das suas qualidades

Você acabou de examinar a sua atitude sobre as barreiras que interferem em sua criatividade. Quais são os seus valores verdadeiros? Quais as qualidades que a sua fada madrinha lhe atribui? Como você se sente com relação a elas? Você crê e experimenta uma sensação de autovalorização e de riqueza interior quando pensa nelas? Você duvida de si mesmo?

Se, algumas vezes, você duvida de si mesmo, quando isso acontece com maior intensidade? Que frases judiciosas foram mais efetivas para levá-lo a duvidar de si mesmo? Na vida, a verdadeira criatividade incita-o não apenas a anular os pensamentos negativos, como a tomar conhecimento de suas qualidades e usá-las. Como herói cotidiano, você depara freqüentemente com desafios especialmente difíceis, em que é obrigado a usar as suas forças de maneira nova e dentro de outro contexto.

Pense numa questão ou problema com o qual você esteja sempre se confrontando. Como poderia usar o máximo de sua energia para enfrentar e vencer esse desafio? Não é preciso fazê-lo diretamente. Por exemplo, se uma de suas qualidades consiste em sua habilidade de expressar o amor fazendo uma comida nutritiva e saborosa para as pessoas, talvez possa fazer algo gostoso para si próprio, como uma forma de expressar amor por si mesmo e de se sentir energizado e forte para enfrentar os seus graves problemas.

Tome nota da sua atual preocupação no alto da página de seu diário ou em outro lugar. Depois, use a sua criatividade para inventar maneiras de usar cada uma das qualidades mencionadas por sua fada madrinha, a fim de enfrentar e superar esse problema. Anote o método que empregar para pôr em prática cada qualidade. Ao fazê-lo, divirta-se e veja que coisas maravilhosas você pode descobrir!

Reflexões sobre o tesouro que existe dentro de você

A riqueza do mundo consiste na paz.

Inscrição num templo japonês

E, agora, como se sente? Você se sentiu muito deprimido enquanto analisava os seus pensamentos negativos? Sentiu-se melhor quando invocou a sua criatividade interior para ter soluções que lhe permitissem usar as suas qualidades a fim de enfrentar um problema atual?

Ter a sensação de riqueza interior não significa que você não tenha dúvidas a respeito de si mesmo ou atributos que o desagradem. Pelo contrário, significa que você está levando em consideração as suas qualidades e que pode servir-se delas para afastar os aspectos menos maravilhosos de si mesmo. É isto que significa ser você mesmo. Por isso lhe pedimos que pensasse em *todos* os personagens que figuram na história de Cinderela como aspectos seus.

Cada um de nós, na trajetória para sermos os heróis de nossa própria vida, possuímos e descobrimos os nossos débitos e créditos pessoais. Isso é muito humano. Os nossos créditos são as coisas que consideramos como qualidades ou tesouros; o nosso débito, aquilo que consideramos como nossos defeitos. O fato de você ser você mesmo consiste, exatamente, em compreender essa verdade e em não se vangloriar de suas qualidades, esquecendo-se de seus defeitos.

Em seu trabalho, você pode ter comparado relatórios de perdas e danos. Pode ter feito uma lista comparativa dos prós e dos contras apresentados por duas pessoas que se candidatam a um emprego, ou de dois projetos em que esteja interessado. Talvez tenha pesado as vantagens e as desvantagens de mudar de serviço. A idéia de um balanço pode não lhe ser nova.

O seu mais importante recurso é um recurso humano: você. Use a sua folha de balanço pessoal – não financeira – para comparar os seus débitos e créditos. Seria interessante considerar e anotar alguns dos itens mais importantes da lista de sua fada madrinha e de suas irmãs. E não se esqueça da relação de seus amigos e conhecidos, e de aliados que participaram das avaliações de suas trajetórias visuais e verbais.

Créditos Pessoais	Débitos Pessoais

Ao olhar para a sua folha de balanço, indague: "Como posso tirar o máximo proveito de meus créditos (ou desenvolver novos créditos) e reduzir ao mínimo o meu débito (ou transformá-lo em crédito)?" Há algumas coisas que você pode fazer.

Questione os seus débitos

Faça uma revisão em sua lista e pergunte a si próprio se esse débito é realmente um débito ou pensamentos negativos a respeito de si mesmo. Por exemplo, se você escreveu que é por demais ativo ou nada inteligente ou preguiçoso, pergunte a si próprio se é *mesmo* assim. Selecione três de seus débitos e responda silenciosamente às perguntas seguintes, no recesso de sua mente, ou escrevendo neste livro ou em seu diário.

Queremos que as revistas escrevam a respeito da GE como um lugar... em que esse sentimento de realização seja reconhecido tanto no livro de bolso como na alma.

Jack Welch

O que significa débito para você?

Em que situações você está (em débito)?

Quando o débito o favorece?

O que aconteceria se você não fosse devedor?

Quanto valem o seu débito e o seu crédito?

A maioria dos relatórios de perdas-e-danos atribui um valor numérico a todos os itens que figuram na lista, de forma que você, a um simples olhar, pode ver como eles se comportam uns com relação aos outros. Seria arbitrário conferir valores numéricos a aspectos pessoais. Existe, entretanto, uma outra forma de identificar o valor relativo de seu débito-crédito. Olhe a sua lista. Imagine que o espaço que separa os dois lados representa uma zona de neutralidade. Considere que o lado esquerdo concentra o débito em seu mais alto grau, e que o lado direito concentra os créditos mais valiosos.

Os seres humanos são dotados de uma capacidade incomparável de ser uma porção de coisas.

Albert Bandura

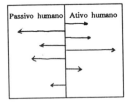

Sob cada item constante da relação, desenhe uma flecha partindo da linha central (neutra), rumo à margem (extremo) da página. Faça com que o comprimento dessa linha indique a importância de cada débito e de cada crédito. Assim, sob cada débito, você vai traçar uma flecha que parta do centro e se dirija para a esquerda. As coisas consideradas como débitos de importância mínima terão sob si flechas muito curtas. As consideradas como débitos de grande importância terão sob si flechas mais longas. Sob cada crédito, você traçará uma flecha que vai do centro para a direita. Flechas mais longas equivalem a créditos mais importantes. Estas flechas fornecem-lhe um quadro que, num relance, mostrará o seu débito e o seu crédito pessoais.

Quando observamos o comprimento das linhas, no exemplo que ilustramos ao lado, vemos que essa pessoa considera como muito grave o débito constante do alto da lista e não tão grave o que figura no fim da lista. Da mesma forma, os dois primeiros créditos dessa pessoa parecem ter um valor médio, sendo o terceiro o mais importante e o quarto, um pouco menos.

Reduza o débito e capitalize o crédito

Uma vez que tenha desenhado as flechas indicativas da importância de seu débito e do crédito pessoais, torne a examinar a sua folha de balanço não-financeiro. Há algo mais a fazer.

Que coisas presentes no débito você pode abolir ou reduzir? Que coisas constantes do crédito você pode aumentar ou acrescentar?

Usando um lápis de cor diferente para cada caso, faça, agora, em sua folha de balanço, um apanhado dos débitos dos quais você poderia, realisticamente, reduzir ou livrar-se, e dos créditos que você poderia, realisticamente, aperfeiçoar.

Faça sob cada flecha um novo traço, usando uma outra cor mas, desta vez, o comprimento da flecha indicará as mudanças que você introduzirá para melhorar o equilíbrio entre o seu débito e o seu crédito pessoais. Uma flecha mais curta, apontando para a esquerda, indica um débito pelo qual você pode fazer algo, para que se torne um débito menor. Uma flecha mais longa, apontando para a direita, indica um crédito que você pode fortalecer. Algumas das flechas que você desenhar com a segunda cor podem ter o mesmo comprimento das primeiras. Outras, comprimentos diferentes.

Intenções baseadas na autopercepção

Agora, seja prático. Quais são, exatamente, os débitos e os créditos que você alteraria? Que coisas você faria de modo diferente? Qual a sua intenção a respeito? Algumas vezes, o simples fato de você identificar algo sobre si mesmo resulta em mudanças em sua vida. É como se, pelo fato de contar com um maior esclarecimento pessoal, de certo modo o resultado seria você passar a ser um tanto diferente em aspectos que acarretam efeitos profundos.

Algumas vezes, você precisa apenas de um leve empurrão para sair de uma posição em que esteja simplesmente vendo com maior clareza quem você é e quem poderia ser se conhecesse a verdadeira prosperidade, para entrar em ação e dar um passo definitivo rumo a essa prosperidade. O que você pode realmente fazer, ao longo do seu trajeto, para encontrar o caminho da prosperidade – para o seu propósito de possuir um rico sentimento de autovalorização?

Olhe para as flechas que desenhou, sobretudo para os casos em que a segunda flecha sob um débito seja consideravelmente mais curta ou mais longa do que a primeira. Use o espaço abaixo para fazer declarações de intenção a respeito de cinco débitos ou créditos. Que mudanças *específicas* de atitude ou de comportamento você está querendo fazer? Permita que a sua natureza intrínseca sugira a providência que irá tomar para reduzir o seu débito a um mínimo e aumentar o seu crédito. Escreva no espaço abaixo.

> *O mundo, cedo ou tarde, irá nos dominar. Ganhando e perdendo, exaurimos as nossas forças.*
>
> John Milton

– O RETORNO –

Encontre o caminho da verdadeira prosperidade

Em seu caminho rumo à prosperidade você enfrentou uma série de aventuras. Analisou a sua relação com o dinheiro e com riqueza material. Desenterrou as riquezas e os tesouros que existiam dentro de si e afastou alguns dos pensamentos negativos que mantinham todo esse tesouro oculto. Você conheceu os efeitos da essência criativa existente no âmago do seu eu real

Um grande antídoto contra o egoísmo é a generosidade... Dê, mesmo que isso requeira de você um esforço consciente. Pelo fato de partilhar tudo o que possui, seu egoísmo se abrandará.

Laurence e Barbara Tarlo

e passou a admitir que a verdadeira prosperidade poderá lhe pertencer se você for receptivo às formas pelas quais ela se apresentar.

O passo final consiste em reconhecer e aceitar a prosperidade que já faz parte de sua vida. Quem é este eu, dono de tanta riqueza? O que o faz rico? Complete estas perguntas em sua declaração de herói e depois desenhe uma linda jóia para representar tudo que existe em abundância em sua vida. Faça dela uma reprodução de tudo o que você aprecia em si mesmo. Deixe-a simbolizar os seus mais encarecidos sonhos.

– DECLARAÇÃO DO HERÓI –

O meu eu é a minha verdadeira riqueza porque

Esta jóia representa a minha verdadeira prosperidade

Um dia de cada vez

Agora que você fez uma declaração a respeito do seu eu e da sua prosperidade, o seu desafio consiste em você ser você mesmo e em gozar, diariamente, de um rico sentimento de autovalorização. Cinderela conseguiu isso através de todas as suas amarguras e o príncipe alcançou a prosperidade verdadeira ao valorizar essas qualidades em Cinderela. O teste de sua jornada está em ser, ao mesmo tempo, a Cinderela e o príncipe, e sobretudo a sua própria fada madrinha, e assim encontrar o seu caminho para a prosperidade. Isso tem início se você viver, apenas um dia, com uma rica sensação de seu autovalor e de toda a riqueza que existe em sua vida.

Comece o próximo exercício quando tiver um dia bem normal pela frente e souber que poderá voltar a este livro dentro de vinte e quatro horas.

No espaço abaixo, escreva sobre o que é a prosperidade em sua vida.

Isso soa como uma simples instrução. Você já o fez numa página precedente, não é verdade? Desta vez, no entanto, você é solicitado a encarar a tarefa de uma forma qualitativamente diferente. Você não tem que pensar de maneira intelectual em prosperidade e escrever a respeito, como provavelmente fez na página anterior. Você tem que permitir que um sentimento ou uma sensação de conhecimento da sua prosperidade venha à tona *intuitivamente*. Muito o ajudará fechar os olhos e recordar aquele cantinho quieto e sereno que existe dentro de você.

Faça isso por alguns momentos, antes de descrever ou de desenhar abaixo um símbolo para a sua prosperidade.

O outro grande antídoto contra o egoísmo é a gratidão. Se você contemplar tudo o que tem e todas as bênçãos que recebeu, a gratidão despontará e afugentará o egoísmo.

Laurence e Barbara Tarlo

Minha Prosperidade, Meu Eu

Agora faça tudo o que tiver de fazer nas próximas vinte e quatro horas, sem se esquecer de ser realmente você. A esta hora, amanhã, abra este livro, nesta página e, por uns minutos, recolha-se ao cantinho quieto e sereno que existe dentro de você. Reflita a respeito de como viveu durante estas últimas vinte e quatro horas.

O que aconteceu?

- Que coisas você fez e que atitudes tomou que lhe conferiram uma sensação de riqueza interior?
- Até que ponto você esteve conscientemente atento para ser você mesmo nestas vinte e quatro horas?
- Até que ponto você se deixou levar pelo piloto automático?

> *De que serve ao homem possuir o mundo inteiro se vier a perder a sua alma?*
>
> Marcos 8:36

Escreva agora as suas observações a respeito de seu dia. Não se esqueça de incluir todos os comentários concernentes a diferenças importantes que tenha notado e a situações que o forçaram a esquecer a riqueza do seu eu interior.

Observações Sobre Viver um Dia de Acordo com a Riqueza do Meu Eu Interior

Avaliação: Trace o seu caminho rumo à prosperidade

A última parte deste capítulo, assim como aconteceu com cada um dos desafios, consiste em fazer mais uma avaliação visual e verbal da sua caminhada. Quanto você mudou? Quanto você mudou em termos da posição em que se encontra na sua jornada de herói, no sentido de conhecer e de sentir a verdadeira prosperidade?

Não volte ainda às avaliações que fez no início deste capítulo. Lembre-se de que a representação visual é um mapa intuitivo do ponto em que você se encontra, neste momento, em sua busca criativa para conhecer e sentir a verdadeira prosperidade. A avaliação verbal é uma oportunidade de caracterizar, neste momento, esse desafio em termos da jornada de um herói. Como os acontecimentos e as pessoas reais em sua vida entram em paralelo com aspectos desta metáfora?

Prepare um esboço da sua representação visual e reserve uns instantes para permanecer quieto e em silêncio e prestar atenção à sua respiração. Permita que a sensação que sentiu durante a sua jornada da última semana venha à tona. Use cores para desenhar uma figura ou um outro símbolo que espelhe você nesta representação pictórica-expressiva. Depois, na sua avaliação verbal, escreva algumas notas a respeito de onde você se encontra com relação aos seis estágios da jornada.

Reflexões sobre o seu caminho

Agora que você chegou ao fim deste capítulo, após trabalhar no desafio da prosperidade durante uma semana aproximadamente, escreva sobre a sua experiência no decorrer dessa busca. Isso pode servir para consolidar e legitimar a sua experiência até o presente. Escreva em forma de carta para si mesmo (ou para nós ou para algum amigo ou parente), a fim de se servir desse estilo direto e informal.

Você pode guardar essa carta ou declaração como uma sensível evidência da sua jornada até este ponto. Depois, se no futuro sentir necessidade de trabalhar mais especificamente neste desafio ou precisar de um incentivo para conhecer e apreciar a verdadeira prosperidade, você poderá retornar e rever o que realizou.

Comemore!

De que forma você está comemorando o término desta jornada? O que está fazendo para se recompensar por uma jornada tão bem-sucedida? Como está demonstrando publicamente as suas mudanças intrínsecas? Não se esqueça de, nos dias que virão, continuar a reconhecer e a celebrar a sua jornada, assim como a profunda riqueza que você conquistou em sua vida.

EPÍLOGO

Viva o Seu Próprio Mito

O nosso maior empreendimento é a nossa vida diária.

John Cage

*O grande caminho não tem porteiras –
Milhares de estradas afluem a ele.
Quando percorremos esse caminho sem porteiras,
Caminhamos livremente entre o céu e a terra.*

Mamon Ekai
(monge Zen)

O caminho do herói cotidiano leva você a destruir barreiras – as barreiras das suas presunções quanto ao que pode ou não fazer, as barreiras que o mantiveram dentro de um terreno acanhado e seguro – enquanto todo o vasto mundo se estendia à sua volta, esperando que você visse tudo o que existia para ser descoberto. Neste livro, você considerou o mito da jornada do herói sob muitos ângulos, mas houve sempre um aspecto que impôs no centro de cada história: o ato da transformação pessoal. A Bela Adormecida e o seu príncipe, a Bela e a Fera, o camponês que desposou uma deusa, Teseu, Ariadne e Cinderela, refletem facetas do seu eu interior à medida que você enfrenta os desafios. O caminho do herói cotidiano está alicerçado na fé – na fé de se atirar ao desconhecido e perseguir os mais altos ideais, mesmo se as suas dúvidas quanto aos resultados forem bem profundas.

Como você se sente sobre si mesmo e quanto à forma como se comportou com relação aos desafios deste livro? Esperamos que tenha encontrado uma nova energia, não só para enfrentar os cinco desafios expostos no livro, como para enfrentar outros desafios. Se existe uma verdade em tudo isso, é que você tem de se aventurar, em suas jornadas de herói, muitas e muitas vezes em sua vida. Desafios surgirão, persistirão e reaparecerão sob novas formas. Mas como um herói cotidiano, você, com mais facilidade e menos esforço, atenderá ao chamado, partirá os grilhões da inocência, poderá avaliar, sentir prazer e aprender a cada momento.

Faça um balanço das suas jornadas

Onde você se encontra, agora, com relação aos cinco desafios deste livro? No Capítulo 2, você respondeu a essa pergunta desenhando figurinhas que colou sobre as cinco trajetórias, representando as etapas do processo criativo ou da jornada do herói. Agora, pare um instante para ilustrar, visualmente, a posição em que se acha, hoje, quanto a esses desafios, desenhando novamente uma figurinha em cada trajetória. Comemore a sua movimentação ao longo dos caminhos (mesmo que você se encontre ainda numa das fases menos consistentes de um ou dois desses desafios), com cores vivas.

Escreva, depois, uma sentença ou mais, a respeito do que descobriu e do que precisa ser feito a seguir, na jornada de sua vida.

O seu próprio mito, pelo qual viver

Esperamos que, como um resultado do manuseio deste livro, você caminhe sempre pela via do herói cotidiano, com vigor e sabedoria, a fim de enfrentar os desafios que a vida lhe apresenta. Quando encara o seu desafio como uma das histórias de jornadas de heróis, você sente o despertar de uma nova consciência sobre o significado do desafio e quanto à sua capacidade para resolvê-lo. Existem sempre sinais, ocultos sob a forma de símbolos, de recursos interiores e do caminho que transforma os blocos que obstruem a sua estrada em blocos de construção.

O exercício final consiste em você erigir o seu próprio mito, aquele que guarda as sementes do seu espírito criativo, as raízes da sua trajetória heróica. É melhor fazê-lo tendo em mente um desafio bastante significativo. Considere o seu maior desafio até agora. Ele pode ser um dos cinco em que você trabalhou neste livro, ou um outro, como o de melhorar a sua saúde ou aplicar a sua criatividade numa organização. Qual a sua posição até agora com relação a esse desafio? Para onde você está se dirigindo? Que dragões combateu? Quais o feriram? Quais você venceu e com quais está ainda convivendo?

Pense nesse desafio em termos das fases da jornada do herói. Qual o seu estado de inocência? Qual o seu chamado à aventura? Qual foi ou é a sua iniciação? Quais foram ou podem ser os seus aliados? Como seria o rompimento? (Talvez você não o saiba ainda.) Você pode imaginar uma comemoração para o momento em que resolver esse desafio?

Não se preocupe se não puder responder a todas as perguntas, mas procure estar certo de ter uma idéia bem clara do seu desafio. Pense nos sentimentos que ele lhe suscita e lembre-se de que da sua dor podem nascer a força e a sabedoria do herói. Em algumas culturas, os curandeiros e os feiticeiros são aqueles que passaram pelas mais agudas perdas ou pelas maiores dores. Por exemplo, quando Édipo descobriu que havia, inadvertidamente, matado seu pai e desposado a mãe, desesperado furou os olhos. Mas após essa tragédia, tornou-se tão sábio que o povo de Atenas o procurava para ajuda e conselhos. Em versão mais moderna, "O Coelho de Veludo" tornou-se "real", após ter sido rejeitado e escorraçado.

> *O espantoso é que a eficácia característica em tocar e em inspirar os centros criativos mais profundos reside na mais curta história infantil – assim como o perfume do oceano está contido numa gotinha ou todo o mistério da vida dentro do ovo de uma mosca. Pois os símbolos da mitologia constituem... produções espontâneas da psique e cada um guarda, dentro de si, intocado, o poder germinador da sua fonte.*
>
> Joseph Campbell

> *Puxe a sua cadeira para perto da borda de um precipício e eu lhe contarei uma história.*
>
> F. Scott Fitzgerald

Pense no desafio como se fosse um dragão. Dizem que há duas formas de se pegar um dragão. A mais fáci' é pelo rabo; no entanto, este não é, necessariamente, o modo de domesticá-lo e, na verdade, ele pode se voltar e lançar fogo em você. Alternativamente, você poderia agarrá-lo pelo focinho. É mais difícil, mais arriscado, mas quando você subjugar um dragão dessa maneira, poderá domá-lo facilmente. De igual modo, existem duas formas de você encontrar o seu mito-guia, cada uma com as suas vantagens e com as suas armadilhas.

A forma fácil, mas não necessariamente a mais eficiente, é pensar no mito ou na história que no momento atual tenha mais importância para você. Se nenhuma lhe acorrer à mente, consulte a lista da página 48, Capítulo 4. Uma vez que a tenha selecionado, reflita sobre as seguintes questões:

- No que o herói desse mito se assemelha a você? De que forma as lutas do herói se assemelham às suas?
- Como o estado de inocência do herói se parece com o seu estado inicial de inocência?
- Que elementos de seu chamado à aventura você divisa?
- De que forma a iniciação do herói reflete as suas próprias tentativas?
- Quais são os aliados em sua vida?
- O que provoca o rompimento do herói? Você pode traçar paralelos com a sua vida?
- Como o herói se transforma na fase final da celebração? Que pistas isso lhe sugere para que a sua própria situação se transforme?
- Se você tivesse que resumir numa sentença o quanto essa história reflete o seu espírito criativo, qual seria ela?

Assim como o sonho pode lhe dar conselhos quando você pensa nele durante vários dias ou semanas, assim também é a história que você escolheu. Leve-a consigo, nas malhas de sua consciência, e note como outros significados lhe acorrem à mente. Porém, enquanto você for o autor, o ator e o produtor dos seus sonhos, *alguém* criou essa história. Portanto, podem existir alguns aspectos nesta história que encontram ressonância em você, e outros que não encontram ressonância alguma.

Há alguns anos, um de nós, Lorna, enquanto se preparava para receber o seu título de Ph.D., estava fortemente identificada com o mito grego de Eros e de Psiquê. Psiquê tem diante de si quatro tarefas de execução impossível antes de se transformar. Porém, no último instante, ela comete um erro que resulta na aparente negação de tudo o que havia conquistado. (Tudo, no final, acaba bem.) Lorna se identificou tão de perto com uma série de aspectos dessa história que não ficou surpresa quando, depois da defesa de tese, um defeito no computador destruiu o seu trabalho e a cópia inclusa, o que significou que tudo teve de ser redatilografado. Até que ponto não foi ela mesma a causa desse fenômeno, pelo fato de se identificar com um mito dotado na sua extremidade de um condutor embutido de longo alcance? Será que o "dragão" teria se voltado contra ela, se ela tivesse se dedicado a um mito mais apropriado, de sua criação? Desde então Lorna voltou aos seus próprios mitos.

Toda mulher desempenha o papel principal na história secreta da sua vida.

Jean Shinoda Bolen

Contar – e viver – de acordo com o seu mito pessoal é o segundo modo de resolver o seu desafio, equivalendo a pegar o dragão pelo focinho. Você atingirá dessa forma um melhor enquadramento. As pessoas, às vezes, acham isso difícil, porém as imagens e enredos que a sua intuição apresenta, tendem a caracterizar-se por um imediatismo e um vigor que abrem, através do seu desafio, novos caminhos. Vejamos o exemplo de Douglas.

Douglas era uma pessoa solitária e não se saía bem no trato com terceiros. No trabalho sentia-se uma pessoa fora do seu elemento e sempre foi diferente dos seus colegas. Embora não o percebesse plenamente, o problema de relacionamento surgiu quando ele cursava o primeiro grau. Sua família estava se mudando do campo para a cidade de Nova Iorque, e Douglas estava arrasado por ter de partir. Na costa leste, era espezinhado pelas crianças da nova escola, que o chamavam de caipira. Desenvolveu um comportamento anti-social que, de uma forma ou de outra, veio a constituir a sua marca registrada até os vinte e cinco anos, aproximadamente.

A história que ele contou para esclarecer esse seu desafio em matéria de relacionamentos versava sobre uma semente arrancada de um campo de flores por uma tempestade e enterrada num solo desprovido de nutrientes. Ou, pelo menos, assim parecia. Na verdade, a semente, sob a chuva, germinou, transformando-se não numa flor, mas num belo e frondoso carvalho, proporcionando sombra para os pequenos animais e para as pessoas que, sob ele, quisessem fazer piqueniques.

Douglas não pretendia que a sua história acabasse da forma que acabou. Quando se viu contando o fim, chegou à profunda compreensão de que ele era, metaforicamente, como aquela semente – nutrido indiretamente pelas tempestades da vida, destinado não a ser uma flor mas, a seu tempo, forte e valoroso. Essa transformação de sua vida num mito permitiu a Douglas chegar ao rompimento e acreditar numa saída.

Só existe uma jornada: caminhar para dentro de si mesmo.

Rainer Maria Rilke

*Não confunda jamais conhecimento com sabedoria.
Um o ajuda a ganhar a vida; o outro a construir uma vida.*

Sandra Carey

Não rejeite as coisas celestiais, não negligencie as coisas humanas, e você estará próximo de chegar à Verdade.

Chuang-tsu

Para transformar a sua vida num mito e elevá-la de uma história local ao nível do que Jean Houston denomina "a grande história da transformação", você deve começar com uma idéia precisa do seu desafio e então recontá-lo como um mito. Dê carta branca à sua intuição para que ela invente uma história. Você não precisa saber como irá terminar. Na verdade, ela, obviamente, não precisa versar sobre um desafio. Comece com "Era uma vez..." e continue a partir daí. Deixe que os personagens sejam fadas, animais, objetos, qualquer coisa menos as pessoas literalmente envolvidas em seu desafio. Conte a história de seu mito, acompanhando todas as seis fases da jornada do herói, mesmo que o seu desafio não esteja resolvido na vida real. Sugerimos que você escreva a sua história. Se for mais fácil, poderá preferir ditá-la ou gravá-la em fita e depois escrevê-la. Qualquer que seja o método adotado, é importante que a história flua livremente a fim de depois passá-la para o papel.

Como acontece com a maioria dos exercícios deste livro, certifique-se de que não será interrompido e reserve uns poucos minutos antes de começar, para sentar-se quieto, fechar os olhos e observar a sua respiração. Procure sentir-se bem confortável. Nesse estado de relaxamento mental, conscientize-se do que parece ser o mais poderoso desafio de sua vida, sabendo que está prestes a modificá-lo. Lembre-se de incluir em seu mito todos os elementos da jornada do herói, mesmo se o seu desafio não estiver resolvido na vida real. Estes elementos são:

- um estado inicial de inocência;
- um acontecimento ou situação que convoque o herói à aventura;
- um período de iniciação, teste principal dos recursos do herói;
- aliados que ajudam o herói a descobrir o seu espírito criativo;
- rompimento, conduzindo a uma nova percepção ou situação saneadora; e
- comemoração da transformação e reconhecimento do caminho do herói.

Você pode achar útil criar a sua história ou enriquecê-la com os elementos abaixo. Você pode optar por um item de cada categoria ou outros que você mesmo escolher, mas procure entrelaçar todos os doze componentes em seu mito. Se você preferir adotar um método menos ortodoxo para selecionar os elementos da história, jogue dados. Agora, escolha um item de cada categoria para incluir em sua história.

Localização: (1) cidade, (2) campos ensolarados, (3) floresta, (4) caverna, (5) mundo submarino, (6) _____;
Personagem Masculino: (1) rei, (2) deus, (3) príncipe, (4) guerreiro, (5) mágico, (6) _____;
Personagem Feminino: (1) rainha, (2) deusa, (3) princesa, (4) curandeira, (5) feiticeira, (6) _____;
Aliado: (1) pessoa sábia, (2) criança, (3) estranho silencioso, (4) serpente, (5) ave canora, (6) _____;
Inimigo: (1) ladrão, (2) mentiroso, (3) assassino, (4) duende malvado, (5) dragão, (6) _____;
Relações: (1) mãe, (2) pai, (3) irmã, (4) irmão, (5) primo há muito desaparecido, (6) _____;
Papel: (1) professor, (2) cozinheiro, (3) mendigo, (4) amante, (5) vigarista, (6) _____;
Objeto Precioso: (1) espelho, (2) semente, (3) jóia, (4) espada, (5) taça, (6) _____;
Alimento: (1) fruto da terra, (2) carnes cozidas, (3) vinho, (4) pão, (5) mel, (6) _____;
Planta: (1) rosa, (2) carvalho, (3) cacto *aloe vera*, (4) beladona venenosa, (5) cogumelo, (6) _____;
Instrumentos Mágicos: (1) cristal, (2) varinha, (3) pó dourado, (4) amuleto, (5) cânticos sagrados, (6) _____;
Armas do herói: (1) tinta invisível, (2) bota de sete léguas, (3) manto invisível, (4) ungüento miraculoso, (5) máquina do tempo, (6) _____.

> *Não é herói aquele que destrói uma armada poderosa.*
> *O verdadeiro herói é aquele que cruza o oceano da mente e dos sentidos.*
>
> Yogue Vasishtha
>
> *Uma pessoa sábia está aberta a tudo o que vem ao seu encontro: tanto faz se parece ser bom ou mau, ela o enfrenta. Quando você se torna o senhor da sua mente, nada, em si, é bom ou mau. Tudo o que acontece faz parte do seu destino.*
>
> Gurumayi Chidvilasananda

Em nossos grupos de trabalho, algumas vezes tocamos música e pedimos aos participantes que dancem a sua história ao som da melodia. Isso aprofunda a experiência, uma vez que você não pensa no mito apenas com palavras, mas sente-o em seu corpo. Tente fazê-lo agora, mesmo que use um mito já existente. Toque uma música clássica, sem palavras, com cinco a vinte minutos de duração, e evoque sentimentos profundos. Sinta a sua história em sua alma. Use linguagem corporal e movimentos para expressar a sua história.

Imagine que o seu mito será publicado e que precisa de uma ilustração para a capa. Faça uma ilustração de página inteira de seu espírito criativo, como se estivesse concretizado em seu mito. Não se apresse – use cores. Procure não planejar o que vai desenhar, ou como desenhar, mas deixe que a ilustração nasça de suas mãos e do material de desenho. À medida que você desenha, desvende a riqueza de sentimentos ocultos em sua história.

Uma vez que você tenha criado o seu mito, incorporando-o a si, através da dança, e preparado a ilustração de sua capa, faça uma pausa, leia a sua história com outros olhos e a analise em termos da jornada de um herói. Como os elementos que

> *Se você pode sonhar e não fazer dos sonhos o seu guia,*
> *Se pode pensar e não fazer dos pensamentos a sua meta;*
> *Se pode conhecer o triunfo e o desastre e tratar esses dois impostores da mesma maneira ....*
>
> Rudyard Kipling

compõem a jornada do herói se manifestam em seu mito? Como o seu mito se equipara à sua vida? Que outros indícios vê a respeito de como você pode ser um herói cotidiano como o herói da sua história?

Não esqueça a sua história por, pelo menos, várias semanas após tê-la escrito. Pense nela durante esse tempo e veja que novas perspectivas podem emergir. Procure por encontros ou objetos ocasionais que tenham algo a ver com ela – uma pessoa que se assemelhe a um personagem, ou uma série de animais ou situações como em sua história. As pessoas nos falam, às vezes, de coincidências incríveis, nas quais as suas próprias histórias parecem dar vida a quase tudo que imaginam. Dizem que isso confirma o poder do seu mito, de seu espírito criativo e de si mesmos como heróis cotidianos.

Post-Scriptum

> *O verdadeiro santo circula entre o povo, come e dorme com ele, compra e vende no mercado, se casa e participa de acontecimentos sociais, mas nunca se esquece de Deus – nem por um único momento.*
>
> Abu Said Ibn Abi-L-Tkayr

Quando você tiver terminado de ler este livro e houver descrito o seu mito, não o esqueça na prateleira ou no fundo de uma gaveta. Consulte-o de vez em quando para descobrir novos significados nas percepções a respeito de seu caminho criativo, destinado a vencer desafios. Descobrimos que ao folhear os nossos diários, compreendemos, de repente, o que um desenho significa, meses após tê-lo feito. Algumas vezes, as revelações surgem imediatamente depois de vermos os padrões expressos em nossas atitudes e desenhos; algumas vezes, depois de contemplá-los, mais tarde, com novos olhos.

Quando tiver de enfrentar outros desafios, faça uma revisão de como você superou os cinco apresentados nestas páginas. Existe algo, na forma pela qual você enfrentou um deles, que possa ser aplicado a este novo? À medida que você percorre o seu caminho de herói cotidiano, adapte os exercícios e invoque o seu espírito criativo como um aliado, ao deparar com novos desafios em sua vida.

E nunca se esqueça de que, não importa o que faça, você é um herói. Eis aqui uma última história para ilustrar esta afirmação. Foi narrada pelo mestre de meditação Swami Muktananda, já falecido, que a intitulou "O Clube do Senhor". Nós alteramos o título ligeiramente.

– O CLUBE DO HERÓI –

Parece que um grupo de heróis, de todas as profissões – atletas, donas de casa, funcionários públicos, militares, comerciantes, médicos e enfermeiros, pessoal de salvamento, aviadores, pesquisadores e artistas – resolveu se reunir e fundar um clube. Os heróis decidiram que esse seria um clube fechado, tão fechado que, na verdade, ninguém – a não ser os sócios – poderia freqüentá-lo. Mas quando se encontraram pela primeira vez, surgiu um problema: não havia ninguém que os servisse ou que cuidasse dos interesses do clube.

Então, um dos sócios teve uma idéia razoável, se bem que não-heróica. Eles escreveriam em pedacinhos de papel todas as tarefas a serem feitas e sorteariam o trabalho que teriam de executar nessa reunião. Assim, um foi o presidente, outro, o cozinheiro, outro, o garçom. Um era o porteiro, outros limpavam os banheiros, lavavam as vidraças, cuidavam dos memorandos, encarregavam-se do entretenimento, preocupavam-se com as finanças e providenciavam o transporte.

Na reunião seguinte, o antigo presidente cuidou de detalhes culinários e o que fora zelador supervisionou os assuntos em discussão. As tarefas alternavam-se a cada reunião. Todo mundo estava feliz. E nenhum dos membros se esqueceu, jamais, de que pouco importa a natureza do trabalho: eles eram e sempre seriam, fundamentalmente, heróis.

Estudante de Zen: "Mestre, o que é o Zen?"
Mestre: "Zen é comer quando se está comendo, trabalhar quando se está trabalhando e relaxar quando se está relaxando."
Estudante: "Mas Mestre, isso é tão simples!"
Mestre: "É, mas muito pouca gente o faz."

Não se esqueça disso!
Desejamos-lhe boa sorte em todos os seus empreendimentos. Boa viagem!

Sobre os Autores

Lorna Catford, Ph.D., ensina na Escola de Comércio da Universidade de Stanford e é professora de Psicologia da Universidade Estadual da Califórnia, em Sonoma. Tem feito pesquisas internacionais sobre a solução criativa de problemas e liderado seminários sobre criatividade dirigidos a organizações comerciais, estudantis e privadas, por mais de quinze anos. A dra. Catford é terapeuta licenciada, tendo uma clínica particular especializada em usar a jornada do herói como base para a solução criativa de problemas. Mora em Forestville, Califórnia.

Michael Ray, Ph.D., é o primeiro professor de criatividade e inovação nomeado pela John G. McCoy-Banc One Corporation, e é professor de marketing na Universidade de Stanford. É co-autor da obra *Creativity in Business* e muito conhecido por suas pesquisas no campo do pensamento criativo. O dr. Ray apareceu em diversos programas nacionais de televisão, incluindo "20/20" e a série da PBS intitulada "O Espírito Criativo". Junto com a dra. Catford, ministrou um curso sobre os conceitos do herói cotidiano a estudantes de comércio, executivos e profissionais, que foi divulgado nas revistas *Time* e *Fortune* e no jornal *New York Times*. Mora em Santa Cruz, Califórnia.

Leia também:

A ESTRATÉGIA DO GOLFINHO:
A Conquista de Vitórias num Mundo Caótico

Dudley Lynch e Paul L. Kordis

"Eis aqui idéias que... podem levar as pessoas que trabalham em empresas a ter uma vida mais plena de realizações, eliminando os medos e as inibições que caracterizam tão bem a atividade empresarial."
MILTON MOSCOWITZ, autor de
The 100 Best Companies for in America.

"Lynch e Kordis, em *A Estratégia do Golfinho*, desenvolveram os conceitos que tenho adotado na minha prática de consultoria, levando-os a um ponto de congruência 'quase perfeito'".
JAMES L. MURPHY, diretor-executivo, de liderança e desenvolvimento organizacional da U.S. West, Inc., em Denver.

"*A Estratégia do Golfinho* analisa um novo e engenhoso meio de preparar líderes empresariais para aquele audacioso mas excitante 'Novo Dia'. Os professores de todas as faculdades de administração de empresas do país precisam prestar atenção neste livro."
DON EDWARD BECK,
National Values Center.

"A melhor aplicação de estratégias pós-New Age para administração que já conheci."
WARREN BENNIS, eminente professor de administração de empresas da University of Southern California.

"*A Estratégia do Golfinho* é um manual prático e orientado para os negócios que ensina como ser pessoal e institucionalmente mais receptivo a este novo mundo que está se formando."
RICHARD LAMM,
Center for Public Policy and Contemporary Issues.

"*A Estratégia do Golfinho* é sabedoria prática posta numa forma simples e divertida. É um livro obrigatório."
WILLIS HARMAN,
presidente do Instituto de Ciências Noéticas e co-autor de
O Trabalho Criativo, publicado pela Editora Cultrix, São Paulo.

EDITORA CULTRIX

PONTO de RUPTURA e TRANSFORMAÇÃO
Como entender e moldar as forças da mutação

George Land
Beth Jarman

"Ao longo deste século, vêm ocorrendo mudanças sociais, políticas e tecnológicas sem precedentes. Mudanças mais profundas estão à nossa frente. Para tomar as decisões que nos serão exigidas, devemos compreender a natureza da própria mudança – suas causas e seus efeitos –, os riscos e possibilidades que ela traz. É urgente e vital saber como criar um futuro mais desejável e mais humano."

Instituto Smithsoniano

A espantosa avalanche de mudanças que atinge cotidianamente nossa vida pessoal, nossas organizações, a nossa nação e o planeta promete prosseguir. Incontáveis especialistas relatam, em um número imenso de livros e artigos, que a mudança em curso é mais rápida e tempestuosa do que as de todas as épocas da história humana. Embora precisos, esses relatos obscurecem o real sentido do que está acontecendo.

A mudança em curso não é somente mais rápida, mais complexa, mais turbulenta, mais imprevisível. *A mudança em curso é diferente de todas as outras.*

Estamos num Ponto de Ruptura. O fato novo que devemos encarar é: *a própria mudança mudou!*

Ponto de Ruptura e Transformação é um livro que trata de todas as interrogações acerca da mudança. Quantas mudanças mais teremos? Com que rapidez vão acontecer? Para onde leva tudo isso? E, o que é mais importante: como podemos lidar com ela de maneira bem sucedida?

Neste livro, George Land e Beth Jarman respondem e aprofundam essas indagações, ampliando a compreensão da maneira como podemos entender o ponto de ruptura social que hoje envolve o mundo e fornecendo os instrumentos e habilidades pessoais necessários para lidarmos com as amplas transformações da nossa época.

EDITORA CULTRIX

Leia também:

PERTENCENDO AO UNIVERSO

Explorações nas fronteiras da ciência
e da espiritualidade

FRITJOF CAPRA
e
DAVID STEINDL-RAST
com Thomas Matus

Desde 1975, quando Fritjof Capra escreveu *O Tao da Física*, best-seller internacional sobre a ciência e a religião oriental, os leitores descobriram, ou redescobriram, uma tradição notavelmente rica de espiritualidade cristã bem mais compatível com o seu modo de pensar. *Pertencendo ao Universo* estabelece um vínculo entre a ciência e a espiritualidade ocidental de maneira tão surpreendente quanto *O Tao da Física* vinculava a ciência com a religião oriental.

Nesta obra, Capra e David Steindl-Rast, monge beneditino comparado por muitos a Thomas Merton, investigam os paralelismos entre o pensamento do "novo paradigma" na ciência e na religião, que, juntas, oferecem uma visão notavelmente compatível do universo — um modelo holístico e profundo baseado numa percepção da complexa natureza da verdade e do mito da objetividade.

Estes diálogos cheios de vigor e de vida projetam novas luzes sobre as surpreendentes e inéditas conexões entre a ciência e a experiência de Deus. Como peritos reconhecidos em seus campos — Capra em física teórica e em teoria sistêmica e Steindl-Rast em espiritualidade contemporânea e em ecumenismo —, ambos se deslocaram para além de suas especializações, em direção a uma criativa busca de significado, num nível ao mesmo tempo interdisciplinar e de cruzamento cultural. O resultado é este livro admirável no qual eles descobrem uma compatibilidade profunda nas fronteiras do pensamento científico e da experiência religiosa, onde as descobertas da ciência e a sabedoria da espiritualidade produzem introvisões paralelas a respeito da natureza última da realidade.

FRITJOF CAPRA (Ph.D. em física, Viena), físico e especialista em teoria sistêmica, autor dos *best-sellers* internacionais: *O Tao da Física, O Ponto de Mutação, Sabedoria Incomum, As Conexões Ocultas* e *A Teia da Vida*, todos publicados pela Editora Cultrix, é o fundador e o presidente do Elmwood Institute, organização para o desenvolvimento de novas idéias no campo da Ecologia, em Berkeley, Califórnia.

DAVID STEINDL-RAST (Ph.D. em psicologia, Viena), autor de *Gratefulness* e de *A Listening Heart*, assim como Thomas Matus, é membro da comunidade beneditina camaldulense de Big Sur, Califórnia.

EDITORA CULTRIX

O TRABALHO CRIATIVO
O Papel Construtivo dos Negócios numa Sociedade em Transformação

Willis Harman e *John Hormann*

Quais são os novos meios de se fazer negócios capazes de proporcionar a todos os cidadãos oportunidades para um trabalho significativo e gratificante? E por que só agora essa ação é possível?

Uma profunda transformação no papel do trabalho e dos negócios está em andamento. Sua energia propulsora não brota de uma administração engenhosa, ou de líderes carismáticos, mas é uma irrupção de novas metas e valores mais profundos que inclui uma grande faixa de pessoas. Existem fortes evidências de que a valorização do aprendizado, do ensino e do desenvolvimento humano indica uma sociedade em vias de curar a si mesma.

Os negócios, grandes e pequenos, estão numa posição singular para canalizar essas aspirações em prol de um trabalho significativo voltado para a transformação construtiva do mercado de trabalho. Muitos negócios estão já em bem-sucedido estágio de funcionamento, com base em novas regras recém-elaboradas: sobreviver, prosperar e colaborar.

....

"Uma obra-prima. Harman e Hormann atacam os maiores problemas que atormentam o ser humano atual com uma perspectiva eclética única, compassiva, fruto de uma laboriosa e minuciosa pesquisa. O livro resultante é uma fonte de inestimável valor para todos os que se interessam pelo futuro do trabalho."

— Larry Wilson, fundador e diretor-executivo dos Pecos River Learning Centers, Inc.

"Não conheço outro tema de tanta relevância para a nossa vida na Terra agora do que o modo como fazemos negócios. O comércio pode destruir ou recuperar o planeta. Este livro insuperável sobre o trabalho no futuro é uma crítica extraordinária sobre o tema crucial da nossa década: a responsabilidade social."

— Paul Hawken, empresário, consultor, autor de *The Next Economy*.

"Livro desbravador. Se me fosse perguntado que livro considero essencial para abrir novas perspectivas de vida e fazer uma contribuição significativa, eu indicaria este. Harman e Hormann divulgam uma sabedoria que reúne apenas o melhor da economia, da psicologia dos negócios, da física, da engenharia, da filosofia. Oremos para que algum dia, logo no início do próximo milênio, sejamos capazes de olhar para o passado e dizer que seguimos as diretrizes sugeridas por este livro."

— Michael L. Ray, co-autor de *Creativity in Business*.

EDITORA CULTRIX

IMPRESSO NA
sumago gráfica editorial ltda
rua itauna, 789   vila maria
02111-031   são paulo   sp
telefax 11 **6955 5636**
sumago@terra.com.br

G R Á F I C A